U0136246

王志宇

臺灣史研究名家論集

（初編）

蘭臺出版社

作者簡介（依姓氏筆劃排序）

王志宇　1965 年出生於臺灣彰化縣田中鎮，1988 年移居臺中。現為逢甲大學歷史與文物研究所專任教授，曾任逢甲大學歷史與文物研究所所長、臺灣古文書學會理事長、臺灣口述歷史學會理事等職。專攻臺灣史、臺灣宗教及民俗、方志學，並對近代中國史頗有涉略，著有《臺灣的恩主公信仰》、《苑裡慈和宮志》、《儒家思想的實踐者－廖英鳴先生口述歷史》、《寺廟與村落－臺灣漢人社會的歷史文化觀察》等書，編有《片雲天共遠》、《傳承與創新－逢甲大學近十年的發展，1998-2007》、《閩臺神靈與社會》、《大里市史》等書，並著有相關論文三十餘篇，也參與《集集鎮志》、《竹山鎮志》、《苑裡鎮志》、《外埔鄉志》、《臺中市志》、《南投縣志》、《新修彰化縣志》、《大村鄉志》、《續修南投縣志》等方志的寫作，論述豐碩。

汪毅夫　男，1950 年 3 月生，臺灣省臺南市人。曾任福建社會科學院研究員，現任中華全國臺灣同胞聯誼會會長，福建師範大學社會歷史學院兼職教授、博士生導師，享受國務院特殊津貼專家。撰有學術著作《中國文化與閩臺社會》、《閩臺區域社會研究》、《閩臺緣與閩南風》、《閩臺地方史研究》、《閩臺地方史論稿》、《閩臺婦女史研究》等 15 種，200 餘萬字。曾獲福建省社會科學優秀成果獎 7 項。

卓克華　文化大學史學碩士，廈門大學歷史博士。曾先後兼任過中山、空中、新竹師範、中原、中國醫藥、中國技術、文化等等大學教職，現在佛光大學歷史系所為專職教授。先後擔任過臺灣眾多縣市的古蹟審查委員，現為文化部古蹟勞務主持人之一。早年專攻臺灣經濟史，近二十年轉向古蹟史、宗教史、社會史，撰寫古蹟調查研究報告書超過八十本，已出版學術著作有《清代臺灣行郊研究》、《從寺廟發現歷史》、《寺廟與臺灣開發史》、《古蹟·歷史·金門人》、《竹塹媽祖與寺廟》、《民間文書與媽祖廟之研究》、《臺灣古道與交通研究—從古蹟發現歷史卷之二》，著作等身，為臺灣知名學者。

周宗賢　臺灣臺南市人，生於 1943 年。文化大學史學碩士。曾任淡江大學歷史系教授、系主任、主任、所長，內政部暨文建會古蹟評

鑑委員。現任淡江大學歷史系榮譽教授，臺北市、新北市文化
資產審議委員。學術專長為臺灣史、臺灣民間組織、臺灣文化
資產研究、淡水學等，著有《逆子孤軍──鄭成功》、《清代臺
灣海防經營的研究》、《黃朝琴傳》、《臺南縣噍吧哖事件的調查
研究》、《淡水輝煌的歲月》等。是臺灣知名的臺灣史、臺灣文
化資產研究的學者。

林仁川　1941 年 10 月出生於龍岩市。1964 年復旦大學歷史系本科畢業，
1967 年研究生畢業。教育部文科百所重點研究基地──廈門大
學臺灣研究中心首任主任、教授、博士生導師，享受國務院特
殊津貼專家。曾兼任福建省人大常委會常委、廈門市政協副主
席。現任兩岸關係和平發展協同創新中心教授，廈門市炎黃文
化研究會會長。主要著作有《大陸與臺灣歷史淵源》、《閩台文
化交融史》、《臺灣社會經濟史研究》、《明末清初私人海上貿
易》、《閩台緣》等多部專著。編寫十三集大型電視專題片《海
峽兩岸歷史淵源》劇本和國家級博物館《中國閩台緣博物館》、
《客家族譜博物館》展覽文本。在國內外各種刊物上發表學術
論文近百篇。多次承擔國家文化出版重點工程、國家哲學社會
科學重大項目、教育部文科重點項目，均任課題組長。主持編
寫《現代臺灣研究叢書》、《圖文臺灣》、《中國地域文化通覽─
─臺灣卷》、《臺灣大百科全書──文化分冊》。曾多次榮獲全國
及省部級哲學社會科學優秀成果獎。

林國平　歷史學博士，兩岸協創新中心福建師範大學文化研究中心首席
專家，福建師範大學社會歷史學院教授、博士生導師，福建省
高等院校教學名師，享受國務院特殊津貼的專家。主要從事閩
臺民間宗教信仰研究，代表作有《林兆恩與三一教》、《福建民
間信仰》、《閩臺民間信仰源流》、《籤占與中國社會文化》等。

韋煙灶　學歷：國立臺灣師範大學文學博士【地理學】（2003）
　　　　現職：國立臺灣師範大學地理學系教授
　　　　學術專長：鄉土地理、水文學（地下水學）、土壤地理學、地理
教育
　　　　主要著作（專書）：《鄉土教學與教學資源調查》（2002）、《臺灣
全志：卷二土地志（土壤篇）》【與郭鴻裕合著】（2010）、《與海
相遇之地：新竹沿海的人地變遷》（2013）
　　　　研究領域：早期的研究偏向於自然地理學，奠定後來地理研究
之厚實知能。2004 年以後的研究重心逐漸轉向鄉土地理、歷史

地理（閩客族群關係）與地名學研究，已發表相關學術期刊論文約 40 篇。

徐亞湘　臺北藝術大學戲劇系教授、中國文化大學戲劇系兼任教授、《戲劇學刊》主編、中華戲劇學會理事、華岡藝校董事。學術專長為臺灣戲劇史、中國話劇史、中國戲劇 及劇場史。著有戲劇專書《日治時期中國戲班在臺灣》、《日治時期臺灣戲曲史論──現代化作用下的劇種與劇場》、《Sounds From the Other Side》、《臺灣劇史沉思》等十餘冊。

陳支平　1952 年出生，歷史學博士。現任廈門大學人文與藝術學部主任委員、國學研究院院長，兩岸關係和平發展協同創新中心首席專家，兼任中國西南民族學會會長、中國明史學會常務副會長、中國朱子學會副會長、中國民族學與人類學研究會副會長等學術，職務。主要著作有《清代賦役制度演變新探》、《近 500 年來福建的家族社會與文化》、《明史新編》、《福建族譜》、《客家源流新論》、《民間文書與明清賦役史研究》、《歷史學的困惑》、《透視中國東南》、《民間文書與明清族商研究》、《臺灣文獻與史實鉤沉》、《史學水龍頭集》、《虛室止止集》等，編纂大型叢書《臺灣文獻彙刊》100 冊等。2006 年胡錦濤總書記訪問美國時，曾把《臺灣文獻彙刊》作為禮品之一贈送給耶魯大學。是書 2009 年入選「建國 60 周年教育成就展」。

陳哲三　1943 生，南投縣竹山鎮人，東海大學歷史系歷史研究所畢業，逢甲大學歷史與文物研究所教授，退休。先治中國現代史，著有：《中華民國大學院之研究》（臺北，商務印書館，1976）、《鄒魯研究初集》（臺北，華世出版社，1980）、《中國革命史論及史料》（臺北，商務印書館，1982）、《問學與師友》（臺中，大學圖書供應社，1985）等書。後治臺灣史，著有《竹山鹿谷發達史》（臺中，啟華出版社，1972）、《臺灣史論初集》（臺中，大學圖書供應社，1983）、《古文書與臺灣史研究》（臺北，文史哲出版社，2009）。教學研究之餘，又主修《逢甲大學校史》（未刊稿，1983）、《集集鎮志》（南投，集集鎮公所，1998）、《竹山鎮志》（南投，竹山鎮公所，2001）、《南投縣志》（南投縣政府，2010）、《南投農田水利會志》（南投，南投農田水利會，2008）等書。

陳進傳　1948 年生，台灣宜蘭人。淡江大學歷史系、歐洲研究所畢業，

曾任宜蘭大學副教授、教授，嶺東科技大學教授，現為佛光大
學文化資產與創意學系教授。早年先治明史，著有論文多篇，
其後研究轉向宜蘭史，並曾擔任宜蘭縣文化、文獻、古蹟、藝
術各種委員會委員及宜蘭縣政府顧問，撰述《清代噶瑪蘭古碑
之研究》、《宜蘭傳統漢人家族之研究》、《宜蘭擺厘陳家發展史》
（合著）、《宜蘭本地歌仔—陳旺欉生命紀實》（合著）、《宜蘭布
馬陣—林榮春生命紀實》（合著）、《宜蘭的傳統碗盤》（合著）
等及論文約 80 篇。

鄭喜夫　台南市籍澎湖人，民國三十一年生。財校財務科畢業、興大歷
史所碩士。高考會審人員考試及格。曾任臺灣省及北、高二市
文獻會委員，內政部民政司專門委員。編著有臺灣史管窺初輯、
民國連雅堂先生橫年譜、民國邱倉海先生逢甲年譜、清鄭六亭
先生兼才年譜、重修臺灣省通志財稅、文職表、武職表、武職
表三篇、南投縣志商業篇、臺灣當代人瑞綜錄初稿等書十餘種。

鄧孔昭　1953 年生，福建省三明市人。1978 年廈門大學歷史系畢業。後
留系任教。1982 年轉入臺灣研究所。先後任助理研究員、副研
究員、研究員、教授。1996 年起，兼任臺灣研究所副所長，2004
年改為副院長。2012 年退休。現為兩岸關係和平發展協調創新
中心成員。
已經出版的著作有：《臺灣通史辨誤》、《鄭成功與明鄭在臺灣》
等。

戴文鋒　1961 年生，臺南人，國立臺灣大學歷史學學士、國立成功大學
歷史語言研究所碩士、國立中正大學歷史研究所博士，日本國
立一橋大學言語社會研究科客員研究員，國立臺南大學臺灣文
化研究所教授兼所長。學術領域為臺灣史、臺灣民俗、臺灣民
間信仰、臺灣文化資產，重要專著有《府城媽祖行腳》、《萬
年傳香火、世代沐法華——萬華寺廟》（以上 2002）、《萬華
觀光案內》（2004）、《走過・歷史・記憶——鏡頭下的永康》
（2008）、《萬年縣治所考辨》（2009）、《東山鄉志》、《在
地的瑰寶——永康民俗祭儀與文化資產》、《永康的歷史遺跡
與民間信仰文化》（以上 2010）、《九如王爺奶回娘家傳統民
俗活動之研究》（2013）、《重修屏東縣志・民間信仰》（2014）、
《山谷長歌——噍吧哖事件在地繪影與歷史圖像》（2015）等
十餘冊。

目　錄

臺灣史研究名家論集——總序

　　《臺灣史研究名家論集》(初編)即將印行,忝爲這套叢刊的主編,依出書慣例不得不說幾句應景話兒。

　　這十幾年我個人習慣於每學期末,打完成績上網登錄後,抱著輕鬆心情前往探訪學長杜潔祥兄,一則敘敘舊,問問半年近況,二則聊聊兩岸出版情況,三則學界動態及學思心得。聊著聊著,不覺日沉西下,興盡而歸,期待半年後再見。大約三年前的見面閒聊,偶然談出了一個新企劃。潔祥兄自從離開佛光大學教職後,「我從江湖來,重回江湖去」(潔祥自況),創辦花木蘭出版社,專門將臺灣近六十年的博碩論文,有計畫的分類出版,洋洋灑灑已有數十套,近年出書量及速度,幾乎平均一日一本,全年高達三百本以上,煞是驚人。而其選書之嚴謹,校對之仔細,書刊之精美,更是博得學界、業界的稱讚,而海峽對岸也稱許他爲「出版家」,而不是「出版商」。這一大套叢刊中有一套《臺灣歷史文化叢刊》,是我當初建議提出的構想,不料獲得彼首肯,出版以來,反映不惡。但是出書者均是時下的年輕一輩博、碩士生,而他們的老師,老一輩的名師呢?是否也該蒐集整理編輯出版?

　　看似偶然的想法,卻也是必然要去做的一件出版大事。臺灣史研究的發展過程,套句許雪姬教授的名言「由鮮學經顯學到險學」,她擔心的理由有三:一、大陸學界有關臺灣史的任務性研究,都有步步進逼本地臺灣史研究的趨勢,加上廈大培養一大批三年即可拿到博士學位的臺灣學生,人數眾多,會導致臺灣本土訓練的學生找工作更加雪上加霜;二、學門上歷史系有被社會科學、文學瓜分,入侵之虞;三、在研究上被跨界研究擠壓下,史家最重要的技藝——史料的考訂,最後受到影響,變成以理代証,被跨學科的專史研究壓迫的難以喘氣。中研院臺史所林玉茹也有同樣憂慮,提出五大問題:一、是臺灣史研究受到統獨思想的影響;二、學術成熟度仍不夠,一批缺乏專業性的人可以跨行教授臺灣史,或是隨時轉戰研究臺灣史;三、是研究人力不足,尤其地方文史工作者,大多學術訓練不足,基礎條件有限,甚至有僞造史料或創造歷史

的情形，他們研究成果未受到學術檢驗，卻廣爲流通；四、史料收集整理問題，文獻資料躍居成「市場商品」，竟成天價；五、方法問題，研究者對於田野訪查或口述歷史必需心存警覺和批判性。

十數年過去了，這些現象與憂慮仍然存在，臺灣史學界仍然充滿「焦慮與自信」，這些焦慮不是上文引用的表面問題，骨子裡頭真正怕的是生存危機、價值危機、信仰危機，除此外，還有一種「高平庸化」的危機。平心而論，臺灣史的研究，不論就主題、架構、觀點、書寫、理論、方法等等。整體而言，已達國際級高水準，整個研究已是爛熟，不免凝固形成一僵硬範式，很難創新突破而造成「高平庸化」的危機現象。而「高平庸化」的結果又導致格局小，瑣碎化、重複化的現象，君不見近十年博碩士論文題目多半類似，其中固然也有因不同學門有所創見者，也不乏有精闢的論述成果，但遺憾的是多數內容雷同，資料重複，學生作品如此；學者的著述也高明不到哪裡，調研案雖多，題材同，資料同，析論也大同小異。於是乎只有盡量挖掘更多史料，出版更多古文書，作爲研究創新之新材料，不過似新實舊，對臺灣史學研究的深入化反而轉成格局小，理論重複，結論重疊，只是堆砌層累的套語陳腔，好友臺師大潘朝陽教授，曾諷喻地說：「早晚會出現一本研究羅斯福路水溝蓋的博士論文」，誠哉斯言，其言雖苛，卻是一句對這現象極佳註腳。至於受統獨意識形態影響下的著作，更不值得一提。這種種現狀，實在令人沮喪、悲觀，此即焦慮之由來。

職是之故，面對臺灣史這一「高平庸化」的瓶頸，要如何掙脫困境呢？個人的想法有二：一是嚴守學術規範予以審查評價，不必考慮史學之外的政治立場、意識形態、身份認同等，二是返回原點，重尋典範。於是個人動了念頭，很想將老一輩的著作重新整理，出版成套書，此一構想，獲得潔祥兄的支持，兩人初步商談，訂下幾條原則，一、收入此套叢書者以五十歲（含）以上爲主；二、是史家、行家、專家，不必限制爲學者，或在大專院校，研究機構者；三、論文集由個人自選代表作，求舊作不排除新作；四、此套書爲長期計畫，篩選四、五十位名家代表

作，分成數輯分年出版，每輯以二十位爲原則；五、每本書字數以二十萬字爲原則，書刊排列起來，也整齊美觀。商談一有結論，我迅即初步擬定名單，一一聯絡邀稿，卻不料潔祥兄卻因某些原因而放棄出版，變成我極尷尬之局面，已向人約稿了，卻不出版了。之後拿著企劃書向兩家出版社商談，均被婉拒，在已絕望之下，幸得蘭臺出版社盧瑞琴女史遞出橄欖枝，願意出版，才解決困局。但又因財力、人力、市場的考慮，只能每輯以十人爲主，這下又出現新困擾，已約的二十幾位名家如何交待如何篩選？兩人多次商討之下，盧女史不計盈虧，終於同意擴大爲十五位，並不篩選，以來稿先後及編排作業爲原則，後來者編入續輯。

　　我個人深信史學畢竟是一門成果和經驗累積的學科，只有不斷累積掌握前賢的著作，溫故知新，才可以引發更新的問題意識，拓展更新的方法、理論，才能使歷史有更寬宏更深入的研究。面對已成書的樣稿，我內心實有感發，充滿欣喜、熟悉、親切、遺憾、失落種種複雜感想。本叢刊初編自有遺珠之憾，也並非臺灣史名家只有這十四位，此乃初編，將有續編，我個人只是斗膽出面邀請同道之師長友朋，共襄盛舉，任憑諸位自行選擇其可傳世、可存者，編輯成書，公諸同好。總之，這套叢書是十四位名家半生著述精華所在，精采可期，將是臺灣史研究的一座豐功碑及里程碑，可以藏諸名山，垂範後世，開啓門徑，臺灣史的未來新方向即孕育在這套叢書中。展視書稿，披卷流連，略綴數語以說明叢刊的成書經過，及對臺灣史的一些想法，期待與焦慮。

卓克華

2016.2.22 元宵　於三書樓

臺灣史研究名家論集——推薦序

　　臺灣史研究的興盛，主要是從二十世紀八十年代開始的。臺灣史研究的興起與興盛，一開始便與政治有著密切的聯繫。從大陸方面講，「文化大革命」的結束與「改革開放」政策的實行，使得大陸各界，當然包括政界和學界，把較多的注意力放置在臺灣問題之上。而從臺灣方面講，隨著「本土意識」的增強，以及之後的「臺獨」運動的推進，學界也把較多的精力轉移到對於臺灣歷史文化及其現狀的研究之上。經過二三十年的摸索與磨練，臺灣歷史文化的學術研究，逐漸蔚為大觀，成果喜人。以大陸的習慣性語言來定位，臺灣史研究，可以稱之為「臺灣史研究學科」了。

　　由於二十世紀八十年代以來臺灣史研究的興起與興盛，大體上是由此而來，這就造成現今的中國臺灣史研究的隊伍，存在著兩個明顯的特徵。其一，大部分的所謂臺灣史研究學者，特別是大陸的學者，都是「半路出家」，跨行或轉行而來，並沒有受過比較系統而嚴格的臺灣史學科的基礎訓練，各自的學術參差不齊，惡補應景和現買現賣的現象頗為不少。其二，無論是大陸的學者，還是臺灣的學者，對於臺灣史的研究，似乎都很難擺脫政治性的干擾。儘管眾多的研究者們，依然希望秉承嚴正客觀的歷史學之原則，但是由於各自政治立場的不同，大家對於臺灣歷史文化的關注點和解讀意趣，還是存在著諸多的差異，有些差異甚至是南轅北轍的。

　　儘管如此，從學術發展的立場出發，臺灣史研究的這兩個特徵，也未嘗不是一件好事。不同的政治立場、學術立場；不同的學術行當、學術素養，必然形成多視野、多層次、多思維的學術成果。即使是學術立場、觀點迥異的學術成果，也可以引起人們的不同思考與討論。借用大陸的一句套話，就是「百花齊放」，或者「毒草齊放」了。百花也好，毒草也罷，正是有了這般林林總總的百花和毒草，薈兮蔚兮，百草豐茂，在兩岸學者的共同努力之下，形成了臺灣史研究的熱潮。

　　蘭臺出版社有鑑於此，聯絡大陸和臺灣的數十位臺灣史研究學者，

出版了這套《臺灣史研究名家論集》。在這部洋洋大觀的名家論集中，既有較早拓荒性從事臺灣史研究的鄭喜夫、周宗賢、林仁川等老先生的論著，也有諸如王志宇、戴文鋒等年富力強的中生代的力作。在這眾多的研究者中，各自的政治社會立場姑且不論，僅以學術出生及其素養而言，既有歷史學、語言文學的，也有宗教學、戲劇學、地理學等等。研究者們從各自不同的學術行當和研究意趣出發，專研各自不同的研究專題，多有發見，多有創新。因此可以毫不誇張地說，這套《臺灣史研究名家論集》，在一定程度上體現了當今海峽兩岸臺灣史學術研究的基本現狀與學術水平。這套論集的出版，相信對於推動今後臺灣史研究的進一步開拓與深入，無疑將產生良好積極的作用。

陳支平

2016 年 3 月于廈門大學國學研究院

推薦序

「讀歷史有什麼用？」歷史學者最常遇到這個問題。如果可能我請他們讀杜維運師《史學方法論》中〈歷史的功用與弊害〉。但我通常的回答是：歷史是一座寶藏，其中應有盡有，取之不盡，用之不竭，都是古人留下的智慧。小之可用以待人處事，大之可用以治國平天下。歷史所寫的已是太史公所言：「原始察終，見盛觀衰」，「考之行事，稽其成敗興壞之理」。有時間，我會說一個西漢時候的故事。首都長安邊左馮翊郡賊曹掾張扶在放假日，別人都休假，他不休假，照常辦公治事。郡守薛宣下一道教令給他，說：「蓋禮貴和，人道尚通。日至，吏以令休，所繇來久。曹雖有公職事，家亦望私恩惠。掾宜從眾，歸對妻子，設酒肴，請鄰里，壹笑相樂，斯亦可矣！」故事寫在《漢書》〈薛宣朱博傳〉中。人是人子，人夫，人兄，人父，人生，人師，人同時有許多腳角，每個腳色都有其應盡的責任。人要能盡他的責任，才沒有遺憾，才會美滿幸福。長官、企業主無權剝奪屬下盡他人生的責任。長官、企業主能學薛宣的人文精神，屬下的人生將有可能美滿，社會才有可能安和樂利。

志宇教授治史三十年，功力深厚，著作豐富，已出版《台灣恩主公信仰》、《寺廟與村落——台灣漢人社會的歷史文化觀察》等多種，廣受學界好評，尤其在宗教學、宗教史領域。宗教充滿神秘色彩，史料又取得不易，宗教學、宗教史便如一個瀰漫濃霧的森林，歷史學者常視之為畏途。然而志宇教授投身於宗教方面研究二十年，深入堂奧，自得其樂，欲罷不能，論文一篇一篇誕生。今應蘭臺出版社邀約，將成書之外之力作十篇集結出版，有無祀孤魂信仰，有台灣民間信仰的鬼神觀，有媽祖信仰，有新興鸞堂，有廟會活動與地方社會等，每一篇都能解決某一宗教學、宗教史的問題，做出一定的貢獻。相信書出之後，影響將更深遠，世人對台灣歷史文化的了解也將更為深入。

我與志宇教授相識相知近三十年，看到他刻苦好學，治學嚴謹，勤於寫作，十分讚佩。過去十餘年擔任行政工作，尚有如此可觀成績，將

來如能卸下行政，成就將不可限量也。書出之前，志宇教授希望我寫序，
略書感懷以應之。

陳哲三

2014.11.10 於行嘉齋

推薦序

　　初聞志宇兄之名，是因為他的博士論文，引起我的興趣而神往，但一直無緣結識。後來，我在台南師院的研究生許玉河要畢業口試，他研究澎湖的鸞堂，因久仰志宇兄是台灣研究鸞堂的傑出學者，邀請他前來口試，而結下了善緣。志宇兄在玉河的論文口試中，無私的提點，顯示出他對優秀後學的照顧與鼓勵，凡此皆因其對臺灣史的熱情。此後，志同道合，結下深厚的情誼。

　　志宇兄當年以鸞堂研究展露頭角，至今仍為學界稱頌。他任職逢甲大學以來，不但展現其行政長才，曾擔任過院長室、校秘書室的秘書，目前是「歷史與文物研究所」的所長，期間積極辦理過幾次學術研討會；此外，還擔任「臺灣古文書學會」理事長，兩任任期內頗有建樹。在忙碌的行政壓力下，他在專業研究上，一直沒有中斷，且屢有佳績。

　　志宇兄對臺灣中部地方的區域史、宗教信仰與地域社會的研究，一直有很好的表現。2009 年他才出版《寺廟與村落：臺灣漢人社會的歷史文化觀察》一書，以苗栗苑裡及南投竹山兩地寺廟的田野調查研究為例，試圖說明地方村落與寺廟之間的關係。他擅長於田野調查，並以田野調查所得的民間資料，做為研究的文本，因此能建構貼近庶民大眾的歷史，生動活潑，充滿庶民的生命力量，這是他研究的特色。

　　上月接志宇兄來電，談完他最近的研究動態之後，提到他應「蘭臺出版社」之邀，要出版「臺灣歷史名家論集」，囑本人替他寫個小序文。基於對他長年研究的關注，我欣然同意。從其文稿可知志宇兄將他過去幾年來，討論有關臺灣地區有關民間信仰、民間教派、宗教與地方社會、地方史以及民俗研究的論文，集成本書。本書中的文章，大致而言皆以宗教信仰為思考核心，討論圍繞在宗教信仰的社會及政治等相關問題。此外，也蒐錄了地方史的相關論述，尤其是〈中秋烤肉〉一文，是他嘗試進行台灣民俗研究的第一篇論述。這些文章，展現出志宇兄對臺灣民間社會，尤其是宗教信仰的關心與成果，也可觀察到他的治學方法及脈絡。

　　志宇兄在百忙的行政事務中，仍然著作不斷，可見他能充分掌握時間，也隨時能讓自己安靜下來，進入研究的情境，是從事研究的好料子。志宇兄正處盛年，此書的出版，將有助於臺灣史的研究，相信不久他又會有佳作貢獻學界。值本書出版之際，謹以數言，表示祝賀之意。

國立中央大學歷史研究所教授

吳學明　謹誌

台灣的無祀孤魂信仰新論
——以竹山地區祠廟為中心的探討

摘　要

　　本文以竹山地區的祠廟為中心，並以細密的田野調查資料為基礎，說明竹山一地無祀孤魂信仰的狀況，並藉此探討過去學界所提出的無祀孤魂信仰之觀念。作者提出幾個看法：（一）無祀孤魂的來源相當多，其稱呼因來源不同而有其它別稱，不過民間對於此種無祀孤魂，常以有應公或百姓公稱之，此二名稱可為無祀孤魂的總稱。（二）有姓或名的無祀孤魂與無姓無名的無祀孤魂是有些許區隔的，前者在後來的發展中，比較有機會轉變為神祇。（三）過去認定大眾爺是鬼王的說法應是從日治時代開始，此應是受到新莊地藏庵調查資料的影響。然而作者認為新莊地藏庵大眾爺的鬼王神格應該只是個案，不能視為通例。在台灣民間信仰中，對於神鬼的觀念是相當活潑的，無祀孤魂有種種的機會蛻變為神祇，對此類信仰應以「發展中的神靈」視之。

關鍵詞：無祀孤魂、有應公、百姓公、大眾爺、厲鬼、竹山

壹、前言

　　無祀孤魂信仰源起於漢人的靈魂信仰，認為人的靈魂不滅，所以生人對人死後的靈魂有種種的對應方式。[1]台灣民間認為人死後就成鬼，鬼分為兩類，一為善鬼，即是祖靈，亦稱有緣鬼魂，得到子孫的祭祀。另一為惡鬼，即是厲鬼，亦稱無緣鬼魂，此又分為沒有子孫祭祀在陰間淪為乞丐餓鬼的無嗣孤魂，以及自殺、夭折、橫死的凶死亡魂。善鬼得以庇佑子孫，而惡鬼則會作祟人間[2]。對於此種厲鬼，一般人通常以有應公或百姓公稱之，以有應公崇拜的對象是厲鬼，其目的在以建祠祭祀的手段將厲鬼轉換為厲神，因而亦有以厲神稱之者。[3]此種信仰也成為台灣地區相當普遍的信仰崇拜之一。

　　過去的論者對此信仰有種種看法，如仇德哉認為：「有應公又稱有英公、百姓公、金斗公、恩公、萬善同歸、無祀陰光、萬恩主、萬恩公、萬善諸公、萬應公、萬善爺、聖公諸稱。有應者，取其有求必應之意，鄉愚迷信，於人力無能為之情況下，動輒求諸鬼神，咸認有求必應。其構成者，亦無子無主之孤魂，屬厲之範疇[4]。」類似此種無主孤魂信仰於台灣各地區因其來源或性質略有不同，有種種的稱呼，因此仇德哉將義民爺、大眾爺、大眾媽、有應公、有應媽、百姓公、金斗公、萬善公，以及陰光、地基主等均視為無主幽魂，均屬厲鬼，宜共享厲壇之祭[5]。

1　有關中國人的靈魂信仰以及變化可參見徐吉軍，〈論中國民間喪俗靈魂信仰的演變〉，見漢學研究中心編印，《民間信仰與中國文化國際研討會論文集》，（台北：編者，1994），頁 885-902。

2　阮昌銳，〈義民爺的崇拜及其功能〉，《中國民間信仰之研究》，（台北：台灣省立博物館，1990），頁 263。亦有從死者與生者的差等關係，將鬼分為家鬼，指的是有主之新喪未葬者或有主無嗣者；二是野鬼，即普通的無主、無祀之鬼；三是厲鬼，即凶死、枉死、疫死、暴屍在外而無主、無祀之鬼見呂理政，〈鬼的信仰及其相關儀式〉，《民俗曲藝》90（1994），頁 153。

3　呂理政，〈鬼的信仰及其相關儀式〉，頁 153。

4　仇德哉編著，《台灣之寺廟與神明（四）》，（台中：台灣省文獻委員會，1983），頁 390。

5　仇德哉編著，《台灣之寺廟與神明（四）》，頁 381。鍾華操大致也持此觀點，將百姓公有應公等視為祀於小祠的無主骸骨和無主孤魂，見氏著，《台灣地區神明的由來》，（台中：台灣省文獻會，1979），頁 380-383。

他甚至將王爺、元帥爺等皆視爲無祀鬼厲[6]，此種看法是否適當，頗值得再討論。而黃文博則將各類無祀孤魂皆視爲有應公，因此將其分爲野墓有應公、水流有應公、戰亡有應公、成仁有應公、殉職有應公、車禍有應公、田頭有應公、囡仔有應公、女娘有應公、外人有應公、發財有應公、牲畜有應公、飄渺有應公等十三類[7]。研究者間諸多的歧異性看法反映了台灣無祀孤魂信仰的複雜性，也點出了與台灣民間生活關係密切的無祀鬼厲，值得注意。究竟複雜的無祀孤魂信仰在台灣社會中有什麼區分？有什麼意義？這種厲鬼信仰配合上台灣社會的神祇崇奉，究竟反映著什麼樣的社會價值觀？這都是相當值得再深入探討的問題。

　　筆者近幾年來在南投縣竹山地區進行田野調查時，發現一般的無祀鬼魂信仰不僅有種種的稱謂，如三世恩公、齊伯公、蔡三公、莊仙公等，各類無祀孤魂廟的發展亦有不同的情況，可提供若干線索來反省過去的研究。由於無祀孤魂之小祠分散於台灣各地，個人無法針對全台的無祀孤魂祠廟進行調查，而區域性的研究應是比較可行的方式。礙於篇幅所限，有關無祀孤魂信仰中頗受爭議的王爺神格屬性問題，筆者擬另行撰文探討，而不在本文討論。本篇論文將以竹山的調查研究爲基礎，以該地的無祀孤魂信仰爲對象，說明有關無祀孤魂研究中的幾個問題。

貳、台灣的無祀孤魂崇拜及其問題

　　台灣民間在有清一代對有應公建廟奉祀，並成爲普遍現象，與內地迥異，其信仰可能緣起於厲祭之故習以及義塚之普設[8]。這部分的來源可從台灣地方志的記載來瞭解。蔣毓英的《台灣府志》記載：

> 郡邑有司，每歲春清明日、秋七月十五日、冬十月一日，先期一
> 日，主祭官牒至城隍。至祭日，設城隍位於壇上，用羊一、豕一；

6　仇德哉編著，《台灣之寺廟與神明（四）》，頁 312、376。

7　黃文博，〈有求必應——台灣民間有應公信仰〉，《台灣冥魂傳奇》，（台北：台原，1992），頁 186-193。

8　戴文鋒，〈台灣民間有應公信仰考實〉，《台灣風物》46：4（1996），頁 53-54。

設無祀鬼神牌於壇下，用羊二、豕二，以米三石為飯羹，香燭酒紙隨用，其祭文載會典，甚悽惻。府屬壇在東安坊，台灣縣附府祭；鳳、諸二縣之壇草創，致祭無定所也[9]。

余文儀的《續修台灣府志》亦記載：「祭厲壇儀注：每歲凡三祭：春祭清明日，秋祭七月十五日，冬祭十月初一日。每祭用羊三、豕三、飯米三石，香燭酒紙隨用……設無祀鬼神壇於壇下左右（書曰『本府境內無祀鬼神』），祭物羊二、豕二，盛置於器，同羹飯等鋪設各鬼神位前。[10]」《鳳山縣志》直指此種厲祭之典起於明洪武三年，其云：「厲祭之典，由來舊矣。至各府、州、縣設壇以祭無祀鬼神，則自明洪武三年始。[11]」

從厲壇之祭漸轉為民間無祀祠廟之祭，無非是受到清代開墾台灣，海寇生番，種種險境，造成犧牲者眾的結果，民間取其祭孤之意，建祠奉祀，以平鬼怨。故《澎湖紀略》言：

無祀祠者，蓋彷古泰厲、公厲之祭也……設無祀鬼神牌於下，左右排列祭物、果品、羹飯、香燭、楮帛、冥衣數百具以祭焉。此定制也。今澎湖易壇以廟，雖非古制，而祭孤之禮，意則一也。其間祠祀，俱係歷任守土文武職官因感時事，捐俸創興；蓋以為非廟則主無所依，而守廟之人亦無所居焉。亦何嫌於與古制之不相若也哉！[12]

台灣的無祀祠廟到了日治時代被日人視為淫祠，妨害社會的進步，無怪乎戰後台灣的研究者指出清代台灣的地方官並未將有應公廟視為淫祠，因為無祀祠本源於厲祭之故習與義塚之普設，故亦得到官方之鼓倡。[13]

由於台灣無祀孤魂信仰的昌盛，引起部分學者的注意。過去有關台灣無祀孤魂信仰的調查與研究，早期以日治時代日本人的調查為主，在

9　清蔣毓英，《台灣府志》，卷七「祀典」，頁103。
10　清余文儀，《續修台灣府志》，頁337。
11　清陳文達等，《鳳山縣志》，頁43。
12　清胡建偉，《澎湖紀略》，頁42-43。
13　戴文鋒，〈台灣民間有應公信仰考實〉，頁99。

大正4年（1915）開始的宗教調查，已有所注意，將崇拜無緣枯骨的習俗稱爲有應公信仰，並將之視爲淫祠，認爲是社會進步的障礙。[14] 由於日人將無祀孤魂信仰視爲妨礙社會進步的習俗，幾乎爲當時的調查者所注目，其後在片岡巖所著的《台灣風俗誌》（1921），伊能嘉矩的《台灣文化志》（1928）鈴木清一郎的《台灣舊慣冠婚葬祭與年中行事》（1934），增田福太郎的《台灣本島人の宗教》（1935），曾景來所著之《台灣宗教と迷信陋習》（1938）等，皆有所討論。[15] 戰後有關台灣的無祀孤魂研究專著不多，但許多相關的論著，皆略有論及。[16] 如早期的廖漢臣談「有應公」，指出祂和過去的厲壇制度關係密切，並指出現在台灣許多祠廟奉祀有應公、金斗公、萬應公、老大公、普渡公、大墓公、萬善爺、大眾爺、義民爺、義勇公等，所奉主神皆與昔日的南壇、北壇等相同，都是「無緣的鬼魂」。他分析台灣地區此種信仰昌盛的原因在於：（一）受移民社會的影響，清代死亡的很多。（二）因清代台灣移民與開發特性的影響，死亡的人，多無人看顧。這些無祀孤魂因死因不同，而有不同的稱呼，如死於平亂的人稱爲義民爺，死於械鬥的人稱爲老大公、義勇公等。[17] 也有學者指出台灣的無祀孤魂信仰與民間社會的關係，如林美

14　丸井圭治郎，《台灣宗教調查報告書（第一卷）》（1919），（台北：捷幼出版社，1993翻印），頁4-5。

15　片岡巖認爲萬善同歸、有應公、萬應公都是將無緣枯骨葬在一起的崇奉，也認爲大眾廟另名有應公、萬善同歸。見氏著，《台灣風俗誌》，（台北：眾文，1990二版），頁35，664。伊能嘉矩認爲有應公原係導因於鼓勵掩埋枯骨，而另行變形，與祈求孤魂冥福之迷信結合之信仰。見氏著，江慶林等譯，《台灣文化志》（中卷），（台中：台灣省文獻會，1991），頁192。鈴木清一郎將王爺、哪吒、五顯帝、有應公等視爲雜神，在祖先崇拜與台灣人的神仙觀念部分，皆特別提及有應公等無主幽鬼的崇拜情況，見氏著，馮作民譯，《台灣舊慣習俗信仰》，（台北：眾文，1989增訂一版），頁6，22-23，599-602。增田福太郎將有應公、水流公、大眾爺等視爲幽鬼崇拜，見氏著，《台灣本島人の宗教》，（東京：株式會社養賢堂，1939）頁62-63。曾景來特立「有應公崇拜」一章討論台灣的有應公信仰，見氏著，《台灣宗教と迷信陋習》，（台北：台灣宗教研究會，1939再版），頁87-118。

16　此部分在早期一些雜論式的文章裡，都有所提及，如王力修，〈談「有應公」〉，《台灣風物》19：3、4（1969），頁30；蔡懋棠，〈本省民間信仰雜談〉，《台灣風物》25：3（1975），頁3-5。另外 Laurence G. Thompson, "Yu-ying Kung: The Cult of Bereaved Spirits in Taiwan." in idem., ed., Studia Asiatica: Essays in *Felicitation of the Seventy-fifth Anniversary of Professor Ch'en Shou-yi*, San Francisco: Chinese Material Center, pp.267-277 亦有論及，轉見自康豹，〈新莊地藏庵的大眾爺崇拜〉，《人文學報》16（1997），頁125。

17　廖漢臣，〈有應公〉，《台灣風物》17：2（1967），頁17-20。

容以有應公、中元祭祀與祭品的豐盛等現象，試圖說明這些崇拜與儀式反映台灣民間公眾祭祀的需要性及其社會意義。[18]而鄭志明則以亡靈為對象，討論台灣的鬼文化問題，認為台灣的鬼魂信仰有四大特性：一是鬼的亡靈崇拜取代自然鬼的「妖」崇拜；二是民間發展出種種的宗教儀式以防制鬼煞來保平安；三是為與鬼靈建立有好關係，發展出種種祈福求報的宗教祭祀儀式；四是因應人鬼的靈性交流，導致通靈巫師與解運巫術的流行。[19]

　　除上列泛論式的論著外，台灣無祀孤魂信仰的龐雜內容，吸引部分學者的注意，其中義民信仰似乎成為一個重要的研究對象之一。如阮昌銳以景美義民廟為例，說明該廟的成立與景美地區開發的關係，並討論該廟的組織與祭儀等，進而從功能面上說明義民廟所能提供的心理、社會、經濟與文化藝術等機能[20]。莊英章則引用文獻，說明竹塹地區的開發以及枋寮義民廟成立的背景。在引用義民廟古文書說明其祭祀圈的形成之後，分析義民廟對客家社會所提供的經濟、文教、防禦及社會等功能。[21]其他有關無祀孤魂中的孤娘、仙姑等，則有黃萍英的碩士論文〈台灣民間信仰「孤娘」的奉祀——一個台灣社會史的考察〉，探討台灣的女性無祀厲鬼以及孤娘廟的奉祀，並舉彰化伸港鄉的張玉姑廟為例，說明孤娘廟的興衰和政治與社會間的關係。[22]這些專論中比較全面性的著作還是林富士所著之《孤魂與鬼雄的世界——北台灣的厲鬼信仰》，該書分別探討了厲鬼、有應公、大眾爺、姑娘、仙女娘、王爺以及擔任人鬼溝通角色的乩童，已是目前研究較為全面與深入的著作。[23]

18　林美容，〈鬼的民俗學〉，見《台灣文化與歷史的重構》，（台北：前衛出版社，1996），頁167-174。

19　參見鄭志明，〈台灣鬼信仰發展的現象分析〉，見《台灣民間的宗教現象》，（中和：大道文化，1996），頁116-145。

20　阮昌銳，〈義民爺的崇拜及其功能〉，見《中國民間宗教之研究》，頁261-288。

21　莊英章，〈新竹枋寮義民廟的建立及其社會文化意義〉，《中央研究院第二屆國際漢學會議論文集（民俗與文化組）》，（台北：中央研究院，1989），頁223-239。

22　見黃萍英，〈台灣民間信仰「孤娘」的奉祀——一個台灣社會史的考察〉，中央大學歷史所碩士論文，2000。

23　見林富士，《孤魂與鬼雄的世界》，（板橋：北縣文化出版，1995）。

上列有關台灣無祀孤魂的論著都有其長處，也解決了台灣無祀孤魂信仰的若干問題，不過筆者在竹山地區進行寺廟調查之後，從竹山當地的調查資料發現有關台灣的無祀孤魂信仰仍有若干問題值得討論。

參、竹山地區的無祀孤魂信仰及其特色

竹山地區的無祀孤魂祠廟計有二十七處，如加上今為聖義元帥，舊為此類厲鬼信仰的紅旗公廟，則有二十八處，分別有地基主、白旗公、紅旗公、大眾爺、萬善爺、百姓公、陰公、莊仙公、齊伯公、三世恩公、蔡三公、黃德公等。其中值得注意的是紅旗公，因為在有關紅旗公的種種靈異傳說下，紅旗公本身的崇拜，已經由百姓公的神格轉變為元帥爺的神格，也就是由厲鬼轉變為神祇。本文主要針對竹山一地現存的無祀孤魂信仰論述之，並兼論紅旗公廟的發展。

在竹山二十七處的無祀孤魂信仰中，許多此類信仰，以其為不起眼的小祠故，一般居民並未注意，往往都是起源不詳。不過有幾處的無祀孤魂信仰，受到居民注意，起源清楚，十分值得我們注意。雖然大多數的無祀孤魂信仰沿革不詳，不過這些起源不詳的小祠，在某些程度上，也可反映此類信仰的地位，因而有其意義。

以下所敘述的二十七處無祀孤魂信仰，乃筆者於民國 87 年至 89 年以及 91 年間，於竹山以實地勘查及訪談的方式進行田野調查的成果，89 年以前調查的大部分成果已集結在《竹山鎮志》的〈宗教志〉出版。二十七處中值得注意的是起源較為清楚者，本文分別依其名稱的不同，將其分為特殊信仰、百姓公與大眾爺，此種分法主要以名稱及厲神神格具爭議者為主，如白旗公、三世恩公等以名稱較特殊故列入特殊信仰，地基主以其神格屬性有所爭議，亦在此先列入特殊信仰，以待來日討論。此外，大眾爺與百姓公各為一類，以方便本文的說明。

一、特殊信仰[24]

（一）白旗公廟

　　白旗公廟，位於今田子里田子鞍，據傳於清時已立廟祀之[25]，惟地處荒涼，筆者於 88 年間前往調查時，為一佔地約二至三坪大小的小廟，雖塑有白旗公的神像，然而香火不盛，僅鄰近居民前往崇奉。紅旗公與白旗公為竹山鎮的特殊信仰，與清代台灣的地方匪亂有關。同治元年（1862），八卦會黨彰化四張犁庄人戴萬生起事，萬生一名潮春，原籍漳州，清廷以漳泉互制的族群分化方法，鼓勵泉庄領取義旗，幫助官軍，圍剿戴氏屬於漳州族群的反叛團體。由於戴萬生所領導的八卦會黨使用紅色旗幟為號，所以官軍及協助官軍的義民，使用白色的旗幟以示區別，形成紅白二旗壁壘分明的對峙局面。因戴萬生的勢力龐大，除沿海泉庄豎白旗抗拒之外，鹿谷、集集、南投、名間、草屯、社頭等一帶近山地區的漳人聚落，有鑑於會黨的焚殺擄掠，為保衛桑梓之安全，由彰化舉人陳肇興奔走策畫，約沙連堡、武東堡、武西堡、南投堡、北投堡、東螺堡等六保，同日豎白旗以應官軍，開始了聯庄拒賊的行動。而所謂白旗公、紅旗公，正是隨戴萬生事變而發展的地方信仰。白旗公究竟何許人也？此事已無法確認，惟與戴萬生之亂有關殆無疑義，當張阿乖舉紅旗為號作亂時，官軍義民以白旗為號相對抗，白旗公應為當時戰亡而受鄉民供奉的官軍及義民。[26]

（二）山崇里水底寮三世恩公廟

　　位於山崇里溫水巷五號旁，奉三尊亡靈，號稱三世恩公。緣起於張姓人家住於此地，日感怪異，不得安寧，光復後不久，乃請北天宮玄天上帝占示，指示建廟奉之，乃由鄰近張姓人家主事，建廟奉之，並由張

---

[24]　有關下列各廟的情況，參見王志宇，〈竹山鎮志・宗教志〉，陳哲三邊纂，《竹山鎮志》，頁 1403-1407。

[25]　林文龍曾懷疑硞硞庄附近的地頭「白廟仔」及當地之土地廟，該廟原應奉祀白旗公，後因紅旗公廟興起，白旗公廟遂沒落，而被人以土地公廟取代。此說乃臆測，而白廟仔一地是否與白旗公有關仍需要具體之證據證明，有待深入的研究。見林文龍，〈手持步槍的神像──記竹山紅、白旗公的來龍去脈〉，見氏著，《台灣史蹟論叢》，上冊，頁 31-133。

[26]　王志宇，〈竹山鎮志・宗教志〉，見陳哲三總編纂，《竹山鎮志》，頁 1403-1404。

氏任管理員，目前僅有鄰近居民奉祀。

（三）富州里齊伯公廟

位於富州里集山路一段五五〇巷內，奉祀人稱齊伯者。此起因於當地有來自大陸內地的赤腳仙，人稱齊伯，因在台無妻小，生前交代其友陳石珠，死後願將其田給予陳氏，約定陳氏將其葬於此田，並由陳氏及其子孫世代奉之，故其死後乃由陳氏子孫供奉，今鄰近居民亦有奉之者。

（四）大鞍里頂鹿寮莊仙公廟

位於大鞍里土名頂鹿寮一地，奉祀莊姓亡靈。此起源於過去有莊姓人家居於此地，後不知何故，全家亡故於此，後來由巫朝和與謝文男首倡建廟祀之。

（五）大鞍里三層坪蔡三公廟

位於大鞍里土名三層坪一地，奉蔡三、蔡四兄弟，相傳為日治時代蔡三、蔡四兄弟為抗日分子[27]，與日人作戰，後逝於三層坪。民國 87 年，鄰近居民獻地建祠祀之。

（六）福興里泉州寮黃德公廟

黃德公廟位於福興里泉州寮西面清水溪畔的茄冬樹下，供奉開發福興山區的先民黃正德。據傳清雍正 7 年，黃正德進入福興山區開發，住於泉州寮東面的頂坪，後全家為人滅族，死者共五十人，屍體被棄置於無尾坑，此後因無後嗣祭祀，造成庄內居民不安，至民國 35 年左右，莊民於此地建黃德公廟祀之。

（七）桂林里地神府

此廟位於桂林里大智路土名過溪仔邊處，供奉主神為地基主。起源不詳，據云緣起於清代，初時僅為石砌小祠。民國 81 年改建為磚造小廟。

27　日治初期據守竹山、斗六一帶山區的抗日志士與日人有過嚴重的衝突，日人亦曾進剿大鞍山區，據《雲林縣志稿》所記，蔡三、蔡四為原簡儀部下賴福來一派的抗日份子。見雲林縣文獻委員會編印，《雲林縣志稿》，「卷八革命志」，（斗六：編者，1977），頁 310-311。

二、百姓公（萬善爺、有應公）[28]

（一）桂林里雲霖萬善堂

位於桂林里大智路加正巷竹山第一公墓旁，起源不詳，現今建築為民國83年7月改建，設有管理委員會，並採爐主制以維持香火之供奉。

（二）下坪里萬善堂

位於該里枋坪巷，起於日治初期，因該地聚落頗有靈異事件發生，後由埔尾、坪仔角聚落共同建廟奉之。

（三）福興里泉州寮百姓堂

位於該里泉州寮一地，緊鄰黃德公廟。沿革源自黃德公廟建立後，因只能限於黃正德家族的靈魂才能進駐，故於民國53年，黃德公廟旁另建百姓公廟，安置無主孤魂，並與黃德公廟共同使用一廟埕。

（四）福興里過溪陰公堂

即百姓公廟，位於該里過溪國小左前方五十公尺處，奉祀無主孤魂。沿革起於民國60年代，當地庄民家中不安，叩問於該庄玄天上帝，經占示之後，擇於此地建廟祀之。因廟落成於農曆10月27日，故以此日為誕辰。

（五）中央里田中央百姓公廟

位於該里田中巷二一六之三號，該地原為墓園，日治時代改為田園，鄰近居民乃建廟祀之。

（六）大鞍里鞍崎店仔百姓公廟

位於該里土名鞍崎店仔一地，據傳清代該地匪亂械鬥後留下遺骸，民國六〇年代，庄民建祠祀之，並於每年7月半及春節，舉辦祭典。

（七）德興里萬善堂

位於德山寺對面公墓內，沿革不詳。[29]

三、大眾爺[30]

28　參見王志宇，〈竹山鎮志・宗教志〉，頁1404-1407。
29　參考田野調查資料，民國87.12.14調查。

（一）延山里紅花園大眾（爺）媽廟

俗稱大眾媽，位於該里延山路（舊路），土名紅花園一地。據傳原為無主孤墳，後鄰近居民受其托夢，建祠祀之。年代不詳。

（二）山崇里玉山新城大眾爺廟

位於該里南雲一路巷內，沿革起於民國 60 年代，該地整地闢建玉山新城社區，因有墳地於其中，故集中之後建廟祀之。信徒來自該社區，香火供奉採爐主制。

（三）竹圍里萬善同歸、大眾爺廟

位於前山路於公所路交叉口，合祀萬善同歸及大眾爺，信徒來自該里十三至十八鄰，採用頭家爐主制。沿革起於道光 14 年（見碑牌），竹圍尾設置萬善同歸石碑，收祀無主孤魂，而十三鄰一地有大眾爺石碑（原在荔枝園內），民國 81 年萬善同歸祠重建，84 年竣工時，乃將大眾爺石碑移來與萬善同歸石碑合祀。

（四）山崇里頂埔大眾爺廟

位於山崇裡頂埔第十七公墓內，原位於集山路旁，民國 49 年遷至現址，民國 87 年翻修。[31]

茲將竹山一地的無祀孤魂信仰所供奉厲神名稱以及有無神像等概況製表如下：

30　參見王志宇，〈竹山鎮志・宗教志〉，頁 1404-1407。
31　田野調查資料補充，民國 88.9.12 調查。

竹山無祀孤魂信仰概況表

廟　　　名	屬神名稱	位　　　置	概　　　況
大眾爺廟	大眾爺	下坪里田寮	立有神像，又稱百姓公，所用香爐亦刻有百姓公字樣
萬善堂	百姓公	下坪里枋寮巷	牌位
蔡三公廟	蔡三公	大鞍里三層坪	立有神像
莊仙公廟	莊仙公	大鞍里頂鹿寮	立有神像
百姓公廟	百姓公	大鞍里鞍崎店仔	立有神像
三世恩公廟	百姓公	山崇里水底寮	立有神像
大眾爺廟	大眾爺	山崇里玉山新城	立有神像
大眾爺廟	大眾爺	山崇里頂埔第十七公墓內	牌位
百姓公廟	百姓公	中央里田中央	牌位
百姓公廟	百姓公	中和里枋寮仔	僅設有香爐，香爐後方懸一紅布象徵神位
大眾爺廟	大眾爺	竹山里	立有神像
萬善同歸、大眾爺廟	百姓公、大眾爺	竹圍里	萬善同歸牌與大眾爺合祀，大眾爺立有神像
白旗公廟	白旗公	秀林里	立有神像
大聖百姓公廟	百姓公	秀林里	牌位
大眾爺廟	大眾爺	秀林里大坑	牌位
百姓公廟	百姓公	秀林里柿仔林	牌位
大眾爺媽廟	大眾媽	延山里紅花園	牌位
百姓公廟	百姓公	延平里庄頭	牌位
萬善堂	百姓公	延正里樣仔腳尾	立有神像
地神府	地基主	桂林里	立有神像
昭德祠	大眾爺	桂林里	立有神像
雲霖萬善堂	百姓公	桂林里	立有神像
齊伯公廟	齊伯公	富州里	三面壁形式，無神像
百姓堂	百姓公	福興里泉州寮	牌位
黃德公廟	黃德公	福興里泉州寮	牌位
陰公堂	陰公、百姓公	福興里過溪	立有神像
萬善堂	萬善爺	德興里（德山寺前公墓內）	主神位為石牌，另立有萬善爺神像

※資料來源：

1.王志宇，〈竹山鎮志・宗教志〉，見陳哲三總編纂，《竹山鎮志》，頁403-1407。2.田野調查筆記資料補充

肆、竹山地區無祀孤魂信仰所反映的問題

從上列竹山地區的無祀孤魂信仰，可以瞭解此地的無祀孤魂其實有相當的數目，這是筆者透過竹山當地的里長、耆老等進行詳實的調查所得，而如《南投縣風俗志宗教篇稿》，有關本地的有應公、萬善爺等信仰，列入大眾爺項下，也只有列出十二處，加上義民廟七處，也不過十九處，[32]這個數字與竹山一地的調查相對照，顯然過去許多文獻的調查，可能都沒有完全將各地的無祀孤魂信仰調查出來。從此地這麼多的無祀孤魂小祠，或許更可以看出有關無祀孤魂信仰的若干面貌。以下分別就過去學界的研究，以本地的調查資料為基礎，提出一些看法。

一、有應公與百姓公－無祀孤魂的名稱及其問題

有關台灣的無祀孤魂，許多學者常用「有應公」一詞來概括，如黃文博、戴文鋒等，皆持此種看法。高賢治以有應公統稱祖靈以外的亡魂－無祀孤魂[33]，戴文鋒更指出清代之無祀祠並未出現有應公，其詞之產生在日治時代以後[34]。事實上，除了有應公的名稱之外，台灣民間社會常用於指稱無祀孤魂的名詞還有百姓公，在筆者調查竹山一地的寺廟與信仰時，居民使用百姓公一詞遠比有應公普遍，這個看法還可以以劉枝萬的調查加以佐證。劉枝萬在調查南投縣的宗教信仰時，其大眾廟項下所記錄的十二座祠廟中，就有四處被俗稱為百姓公廟，分別為南投鎮（今南投市）三興里建國巷的彰善祠，名間鄉廍下村的大眾爺廟，水里鄉永豐村的萬善祠，以及埔里鎮東門里南昌街的靈應祠，如再扣除集集鎮永昌里的聖媽祠（一般通稱為姑娘仔廟），其比例已佔百分之三六・四，可說已是相當普遍的稱呼。[35]

---

[32] 劉枝萬，《南投縣風俗志宗教篇稿》，（南投：南投縣文獻委員會，1962），頁 150-159。

[33] 高賢治，〈台灣幽冥界特殊的神祇－大眾爺、有應公、崩敗爺及池頭婦人〉，《台灣風物》39：3（1989），頁 126-127。

[34] 戴文鋒，〈台灣民間有應公信仰考實〉，頁 65。

[35] 見劉枝萬，《南投縣風俗志宗教篇稿》，頁 152-155。

值得注意的是竹山當地的部分無祀祠廟如三世恩公廟、莊仙公、蔡三公、齊伯公、黃德公等信仰，除三世恩公乃刻區於廟門上，有明確的廟名之外，其它都是民眾對該神靈的指稱，視同為一般具有百姓公、有應公神格的厲神。戴文鋒曾指出台灣的無祀祠之名稱，其來源有八種，分別是源自萬善祠、源於萬善祠與有應公、大眾廟、千家祠、南壇、無祀祠、有應媽、其它來源者[36]。這個分類有助於我們對許多無祀孤魂祠廟的瞭解，但更重要的可能是民眾對此類無祀孤魂的稱呼，這個稱呼代表民眾的神鬼觀念，並足以反映其價值觀。

大致而言，台灣社會對於無祀孤魂的指稱是相當複雜與多元的，如前面提及仇德哉與黃文博對無祀孤魂的稱呼，已有多種名稱。彰化芬園鄉在員草路旁有一大王將軍廟，筆者親往調查的結果，其來源仍是當地農民整理田地時，發現數具枯骨，乃將其集中奉祀，後來廟名命名為大王將軍廟。這一類的稱呼並沒有嚴格的標準，所以從廟名判斷所奉神祇之種類有其危險之處。竹山地區除了有有應公、百姓公、大眾爺等常見的無祀孤魂信仰之外，三世恩公廟、莊仙公、蔡三公、齊伯公、黃德公等從其來源而論，也是屬於無祀孤魂信仰，然而因為有名有姓，其信仰也就被冠上姓氏或以其特性來稱呼。不過這些祠廟在最初發展的時候，都被當地人視為類似百姓公的厲神。因此，從民間信仰的發展上而言，如考慮時間因素對信仰的影響，此二者應該是有所區分，此部分於後面將會再討論。

二、大眾爺的問題

有關大眾爺的信仰，有認為其為無依之鬼魂，如同萬善爺、有應公、百姓公等，亦有認為其為鬼王者。持前者看法的，如仇德哉所記：「大眾爺又稱大將爺、聖公、陰陽公、千眾爺，均為成群無依之鬼魂，考其本源，當閩粵移民渡台拓荒，初時多單身隻影，輾轉各地，舉目無親，加以蠻烟瘴雨、疫癘流行、械鬥時起，番害亦多，死於溝壑，無人認屍，

或暫埋之，風吹雨打，屍骨暴露，是以仁人善士收埋枯骨，由於懼其作祟，為之建祠，稱為大眾爺而祀之。」[37]這個看法似乎為許多研究者所接受，如廖漢臣、王力修、戴文鋒等皆是，將其和有應公等厲鬼信仰一起討論。[38]而持後者看法，傾向認其為鬼王者，如劉枝萬所言：「大眾爺一般相信為陰司鬼王，即鬼中之較強有力者[39]」，尚有蔡懋棠、高賢治、康豹等。林富士指出視大眾爺為鬼王，乃起自鈴木清一郎的研究，此後許多學者受此影響，[40]可說是道出其癥結。

　　究竟大眾爺是有應公或鬼王？我們可以從史料與田野資料中來加以審視。清代地方志中有關大眾爺的記載常被引用的資料如下：

　　《淡水廳志》：「大眾廟，一在廳治南門外里許巡司埔，俗呼南壇，旁有義塚。中元盂蘭會極眾。[41]」

　　《重修台灣縣志》：「（附）鄉厲壇二；一曰大眾壇，在大南門外。康熙五十五年，里民眾建（前堂供厲鬼，後堂奉佛。其右立萬緣堂，寄貯遺骸，男東女西。仍設同歸所，以瘞枯骨）。一曰萬善壇，在安平鎮一鯤身。[42]」

　　《噶瑪蘭廳志》：「大眾廟：在廳治西門外及頭圍、羅東、蘇澳皆有，祀開疆闢土禦生番、死海寇諸難者。[43]」

　　從上面的史料看來，大眾爺的信仰應該是來自厲壇、義塚以及種種無祀枯骨。此外大眾爺與佛教的關係也值得留意，康豹以新莊地藏庵為例，認為該廟的大眾爺應是在乾隆年間已經在當地存在，位於義塚旁的大眾壇或大眾廟，廟裡供奉大眾爺和地藏王菩薩或觀世音菩薩。地藏庵的發展可說是兼具有應公、鬼王以及和佛教地藏王及地獄信仰結合的型

37　仇德哉編著，《台灣之寺廟與神明（四）》，頁385。

38　分別參見廖漢臣，〈有應公〉，《台灣風物》17：2（1967），頁18；王力修，〈談「有應公」〉，《台灣風物》19：3、4（1969），頁30；戴文鋒，〈台灣民間有應公信仰考實〉，頁58-68。

39　劉枝萬，《南投縣風俗志宗教篇稿》，頁150。

40　林富士，《孤魂與鬼雄的世界》，頁63。

41　清陳培桂，《淡水廳志》，頁153。

42　清王必昌《重修台灣縣志》，頁166。

43　清陳淑均，《噶瑪蘭廳志》，卷五風俗（上），頁221。

態。[44]而林富士有關大眾爺的研究,指出大眾爺的三種不同面貌,分別爲和一般有應公相同,二和佛教信仰結合,成爲冥府之神;三是成爲有名有姓的大將爺,和一般王爺幾乎沒什麼區別。而且他從台北縣境內的大眾爺廟爲例,指出大部分的大眾爺,其原始面目應是「厲鬼」或無主孤魂野鬼的群體象徵,和有應公一樣,沒有本質上的區別。[45]此看法可說一針見血的說明了大眾爺的本來面目。

竹山的田野資料或許可以呼應林富士的研究。以竹山地區可知沿革的大眾廟而言,都與收埋枯骨的墳塚有關,尤其是山崇里玉山新城的大眾爺廟,其實就是爲了蓋玉山新城,在整地時挖掘出來的無主骨骸,爲安置這些無主枯骨而建廟祀之,可見大眾爺與有應公、百姓公等是名異實同,都是無祀枯骨的崇拜。所以過去的地方志對此有相當多的記載,如《彰化縣志》云:「大眾廟:即厲壇也,一在鹿港茱園,嘉慶二十年建。一在員林街東畔,一在西螺,皆里民公建。[46]」而《雲林縣采訪冊》記:「大眾廟:即厲壇,在縣城南門外。[47]」《新竹縣采訪冊》亦記載:「中冢:在縣城南二里巡司埔義塚之西。乾隆間,紳士稟請置。道光十六年,淡水同知玉庚捐廉,諭紳士葬寄停大眾廟無主骸罐三百餘具於此。[48]」可說都指出大眾爺的本來面目。

從上列引述的資料看來,台灣民間信仰對於無祀孤魂的稱呼並沒有嚴格的區分,大眾爺僅是百姓公、有應公一類無主孤魂稱呼中的一種。而《噶瑪蘭廳志》所記大眾廟所祀爲戰死的亡魂等,其實與無祀枯骨崇拜並沒有抵觸,只是更清楚的說明其來源。而鬼王之說,應該是日治時代日人進行調查時所看到的地方特例,並不能視爲通例。

此外,大眾爺與大將爺間的問題也需一提。由於民間對此類信仰稱呼的龐雜,常會混用。林富士舉台南市四草大眾爺廟爲例,現今稱其主神陳友爲鎮海大元帥,他和其他的元帥被泛稱爲「大眾爺」或「大將爺」。

---

[44] 見康豹,〈新莊地藏庵的大眾爺崇拜〉,《人文學報》16(1997),頁123-159。

[45] 林富士,《孤魂與鬼雄的世界》,頁61-79。

[46] 清周璽,《彰化縣志》,頁158。

[47] 清倪贊元,《雲林縣采訪冊》,頁16。

[48] 清不著撰人,《新竹縣采訪冊》,卷三「義冢」,頁132。

林氏指出從當地大眾爺廟的規制以及《續修台灣縣志》所述，認為四草的大眾廟應是以收埋枯骨，奉祀孤魂厲鬼為主的廟宇。陳友等「大將爺」、「元帥」和「王爺」等的添加，應可能是較晚起的發展，或是原有的鎮海廟和「大眾廟」合建併祀所造成的現象。此外，鹿港的威靈廟，主祀大眾爺，但是這個大眾爺其實是明末的大將劉綎，應是由「大將」和「大眾」的閩南語諧音而來。[49]

所以大眾爺信仰可以分兩類，一類與收埋枯骨的厲鬼信仰相關，鬼王的說法只是此類信仰的變形而已。另一類卻是屬於有名有姓的大眾爺，應是和大將爺相混的結果。這中間的差異必須從各廟設立的背景加以分析，仍舊不能一概而論。如前述彰化芬園鄉的大王將軍廟，不留意其發展歷史，恐又會誤以為是種將軍廟，其實它還是一種有應公廟。

無論是大眾爺或大將爺，從其來源而論，都具有厲鬼的性質。然而不知名姓的枯骨與有名有姓的厲鬼間仍有相當的差異。在台灣社會裡，有名有姓的厲鬼發展成王爺、將軍、元帥等的情況，是相當常見的。類似這種發展在漢人的信仰裡並非異類，在台灣的民間信仰是將其視為合理的變化，此又涉及漢人的鬼神觀，從竹山的田野調查資料還可看到許多案例。

三、厲神神格的探究——從齊伯公、莊仙公、蔡三公以及紅旗公談起

在前述二十七處的無祀孤魂廟，無論是百姓公、大眾爺、萬善爺、陰公、白旗公等，都屬於無名無姓的厲神，而其中的齊伯公、莊仙公、蔡三公與黃德公等則屬於有名姓的厲神，兩者間有著不同的發展。

有關台灣民間社會對神與鬼的區別，李亦園曾做過一番解釋，他認為神與鬼有相當清楚的區分，如拜祖先，拜的對象是牌位，無論是個人牌位或集體牌位，都只是一個木製牌位。鬼與神的差別在於有無神像，其言：

---

[49] 林富士，《孤魂與鬼雄的世界》，頁 67-69，75。

成為神者就必須塑成偶像而供奉之，所以稱為「神像」。而祖先只是鬼的一種，因此不能塑像，只能製成牌位供奉，同樣的，一般未達神格的鬼廟，如台灣鄉間所常看到的如有應公、萬靈公、「好兄弟」（無主的白骨）等等，都不能塑神像，只能有牌位，或寫在廟牆上，甚至拜一個骨灰罐而已，這也就是在台灣民間信仰的寺廟中有所謂「陰廟」與「陽廟」的分別[50]。

此外，他也提出供奉有應公的「陰廟」有幾個特點，一是使用牌位，原則上沒有神像；二是大多為「三面壁」式的小廟；三是祭品都是熟食茶飯；四是陰廟所燒冥紙為銀紙而非金紙；五是陰廟所供奉的無主枯骨沒有生日可祭，祭期大都在農曆七月的「普度」；六是陰廟的管理少有管理委員會或神明會等有組織的行動；七是一般人很少從陰廟分香回家；八是陰廟少有立光明燈者（但已有例外）；九是不提供籤詩的設備；十是來陰廟拜供的人會獻上一條紅布掛在廟前，名為「謝綵」，其意義在於藉紅色的象徵避陰氣的污染。[51]

上列的看法似乎強調神像之有無在判斷神鬼的區別上是很重要的，但是值得注意的是竹山地區的無祀孤魂廟以石牌香位供奉的祠廟和雕刻神像供奉的祠廟，約佔各半。或許部分人士會認為這是由鬼成神的轉變，不過我們也必須注意到二點：一是本人在竹山地區調查時，發現無論這些百姓公有無神像，一般人還是將其視為百姓公，屬於無祀孤魂，和一般的神明有所區隔。二是如莊仙公、玉山新城的大眾爺，都是在立廟之後便雕刻神像供奉。況且部分神祇亦有以石牌香位供奉，不雕刻神像的情形，如竹山德興里車店仔土地公便是僅刻石牌供奉，新竹枋寮義民廟所奉義民與神祇也僅以香牌供奉，不立神像。因此，神像之有無不能據以認定其為鬼神之判斷，這個原則似乎並沒有那麼的嚴格，僅能作為參考。

50 李亦園，〈中國人信什麼教？〉，《宗教與神話論集》，（新店市：立緒文化，1998），頁 182。

51 李亦園，〈民間寺廟的轉型與蛻變——台灣新竹市民間信仰的田野調查研究〉，《宗教與神話論集》，頁 266-267。

　　民間社會以有應公、百姓公等概括無祀孤魂反映著民間社會對無祀孤魂的一種看法，他們似乎將此類被崇拜的厲鬼視爲一種階級，在民間社會的鬼神觀念裡安插了一個位序，反映著民眾內心深層的價值觀念。鄭志明指出台灣的鬼靈崇拜，大致上來自於古代的厲鬼崇拜心理，其崇拜又分爲疫鬼與無主鬼崇拜。無主鬼因其不具神性而有人性，所以一般人不敢向神祈求的事，便可轉求於無主鬼。因此，賭徒往往求助於此類的無主鬼，而藉由各種靈異傳說，此類的無主鬼香火便可能大興。[52]李豐楙更指出在民間鬼神世界的建構上，民間比較傾向靈驗性，儒家比較傾向道德性、教育性，而道教則兼具有靈驗性與道德性，各家的信仰理念在祭祀習慣上有所差異。而民間以較原始的宗教信仰習俗爲基礎，適度地吸納儒、道及佛教的部分思想，展現民眾的信仰習俗與活力。從民間信仰與三教所屬神明來討論，成神之道與成人之道是一致的，在神祇道德與神異能力的展現下，受到民眾的回應與感應後，確定其圓滿具足的神格。[53]也就是說在民間的神鬼世界裡，神與鬼不僅有所區分，其位階亦截然不同，其標準則在於鬼神的道德性與靈異性上。

　　在這個標準下，我們也就比較容易理解反映在過去台灣民間社會的一些現象，如民國七十五年前後盛行的「大家樂」賭戲，一般人爲了中獎，大多求諸神鬼，這個過程反映出民間社會的信仰觀念及社會價值觀。胡台麗指出：「不論神明被奉祀於合法登記的寺廟或地下神壇，賭徒大都相信大神是正神不會管『大家樂』。許多學者發現民俗信仰中的神祇是中國官僚體系的反映。大神、正神接受過玉皇大帝或今世皇帝敕封，並擁有權威者的尊稱如『帝』、『皇』、『元帥』、『將軍』、『爺』、『公』、『娘』等。祂們是制法、執法者，致力於維繫社會道德與規範。正神的階序愈大愈不參與賭博，階序小的正神如土地公就捲入『大家樂』，中等階序的神有些偶而參與。[54]」也就是說台灣民間社會對鬼神的觀念是

52　鄭志明，〈台灣民間信仰的神話思維〉，見《民間信仰與中國文化國際研討會論文集》，（台北：漢學研究中心，1994），頁115-117。

53　見李豐楙，〈從成人之道到成神之道——一個台灣民間信仰的結構性思考〉，《東方宗教研究》4（1994），頁183-210。

54　胡台麗，〈神、鬼與賭徒——「大家樂」賭戲反映之民俗信仰〉，收入中央研究院編，《中

有所區別的，甚至連神祇本身都有其位階，形成一幅民間信仰體系的圖譜。

　　民間社會對神鬼是有所區分的，從竹山紅旗公廟的發展上，或許更能瞭解這個界線與變化。竹山紅旗公於清末至日治時代大正年間尚爲一荒塚，據居民傳言此處葬有三十六兄弟，該廟的簡介記載紅旗公爲蘇阿乖[55]，而據學者的考據，所謂紅旗公應爲當時匪徒的領袖張阿乖。[56]其發展要到日治時代末期，初起時以此地入夜常出毫光，引起鄰近下坎、沈潭一帶居民注意，漸有來此膜拜者。此時庄內帝爺（指相天宮）之乩童起乩時，洪旗公亦常會借用此乩童降乩，爲庄民醫病、濟世。日治時代末期鄰近居民爲其建小祠，奉其祿位。同一時期當地居民沈寬隆購租田園於此，因農作物果實常遭蟲鳥損傷，乃禱告於紅旗公，並發願如農作物能免於蟲鳥所傷，願爲紅旗公刻金身。後果如願，乃僱人爲其雕刻金身以獻之，時已至戰後時期。戰後台地發生二二八事件，竹山鎮民曾清木受人所累，遭逮捕拘禁，其家屬往求於紅旗公，祈求其平安歸來，後果如願，乃由曾氏糾集眾人發起建廟祀之。[57]這種具有消災祈福的能力，能夠護佑村民，顯然已經脫離了「厲鬼」的性質，轉變爲神祇。[58]

　　竹山紅旗公廟的發展，是一個由具有有應公神格的厲鬼信仰，轉變成具有元帥神祇性格的明顯例子，它的發展如同許多神祇的發展過程一樣，經過了靈異傳說等民間闡述的階段。[59]除了紅旗公的發展之外，黃德公廟亦是另外區分一般的有應公和有名姓有應公神格有所不同的一

　　央研究院第二屆國際漢學會議論文集（民俗與文化組）》，頁421。

[55] 〈聖義廟聖義元帥簡介〉，（不著年代）。

[56] 林文龍，〈手持步槍的神像——記竹山紅、白旗公的來龍去脈〉，見氏著，《台灣史蹟論叢》，上冊，頁17-36。

[57] 林連金、林渝盛先生口述，民國九十一年十月十三日訪問。

[58] 具有消災祈福能力而非侵擾生人是區分神鬼性質的標準之一，見 David K. *Jordan, Gods, Ghosts, and Ancestors. Folk Religion in a Taiwan Village*, (Berkeley and Los Angeles: University of California Press, 1972), p.170

[59] 許多人格神的產生過程皆有此一階段，戰後相當類似的信仰，如金門李光前將軍信仰，民間的闡述亦是由鬼成神的重要動力，見戚長慧，〈從鬼格到神格：古寧頭戰役後金門西浦頭軍魂崇拜的時間與空間探討〉，見李豐楙、朱榮貴主編，《性別、神格與台灣宗教論述》，（台北：中研院文哲所籌備處，1997），頁169-187。

個例子。黃德公廟供奉著開發福興山區的黃正德家族成員，當時因為當地居民有感於該批橫死者無後嗣供奉，造成村民不安，因而建廟祀之。而因該廟只限於黃正德家族的靈魂才能進駐，尚有其它無主遊魂未能安奉，乃在民國 53 年於黃德公廟旁另建百姓公廟，並共用同一廟埕。[60]黃德公廟與莊先公、齊伯公、蔡三公等，如同台灣民間一般建祠祀厲的例子，有其平息鬼魂作祟的消極因素，然而也有著利用其靈力祈願的積極因素。在受祀日久聲譽日隆的情形下，有轉化為香火廟的趨勢。[61]不過值得注意的是這個轉化，應當不是全面性的，並非所有的有應公廟都能轉變為神祇。有名有姓的厲神與百姓公雖然都是厲鬼，一般人也視為是有應公、百姓公的神格，但是就這些厲鬼未來的發展而論，顯然是有區分的。莊仙公、齊伯公、蔡三公等，因為都有姓，甚或姓名皆具，因而也使他們的發展與一般有應公有所不同，莊仙公廟內已在莊仙公的左側設置了土地公（見附錄照片），齊伯公的墳塚亦有鄰近居民前往參拜，部分居民甚至以神祇視之，都說明了這類的厲神雖然具有有應公的位階，然而其發展和一般的有應公、百姓公是有所區隔的。

　　大致而言，竹山地區的莊仙公、齊伯公、蔡三公與黃德公等都有向神祇發展的傾向。從上述的討論，或許可以預測這些祠廟隨著時間的發展，當祂們與當地村民有更頻繁的接觸之後，得以和村民產生交流，村民也透過此接觸產生神秘經驗，進而讓這些厲神得以展露頭角，進一步轉化成為神祇。

伍、結論

　　考察了竹山地區的厲鬼信仰之後，我們可以透過該地的厲鬼信仰反省以下幾個問題：一是無祀孤魂的來源有相當多種，其名稱也因來源的不同有種種的稱呼，不過對於集體埋葬的枯骨，通常以百姓公、有應公

---

[60] 此為當地人的紀錄，詳見劉耀南，《竹山鎮福興社區風土誌》，（南投竹山：竹山鎮福興社區發展協會，2000），頁 97-98。

[61] 呂理政，《傳統信仰與現代社會》，（台北：稻香，1992），頁 93-105。

為其俗稱。而個別的無祀孤魂則因其來源之不同有種種之稱呼。我們大致可以將這些無祀孤魂以有應公或百姓公稱呼之。也就是說有應公或百姓公可說是民間社會所認定的無祀孤魂的一種通稱，它也是厲鬼或厲神神格的一種代表。談及有應公或百姓公也就是指稱這些無祀孤魂的厲鬼信仰，亦就是一般通稱的陰神，其寺廟也就是一般觀念中的陰廟。

第二，大眾爺的問題。有關大眾爺的研究或後其的記錄，雖然提及大眾爺為鬼王，然而這個觀念從過去地方志與日人的調查資料相比對，應該是受到新莊地藏庵的發展影響，這應該是個個案，不能視為通例。因為從部分的文獻與竹山一地的調查發現，大眾爺的產生幾乎與百姓公、有應公、萬善同歸等如出一轍。新莊大眾爺的發展應該是在漢人的宗教觀念的作祟下，逐漸發展出來，而由一般的厲鬼漸發展為鬼王。

第三，在無祀孤魂信仰上，雖然有學者將鬼置於祖先與神之間，認為大墓公、孤娘廟較接近鬼的性質，而有應公、大眾爺較接近神的地位。[62]然而筆者認為從厲神的發展角度上而論，一般的無祀孤魂與知道姓或姓名的無祀孤魂，是可以有些區隔的。因為一般不知姓名的無祀孤魂，通常其發展有限，不管其祠廟的發展為何，甚至有了部分神祇同祀，在一般民間的觀念裡，它還是百姓公或有應公，也就是說它還是屬於厲鬼信仰。然而有名有姓的厲鬼，其發展可能會與無名無姓的百姓公或有應公有相當的不同，竹山的紅旗公是相當顯著的一個案例，祂由厲鬼逐漸轉化為神祇，成為元帥這種類似王爺神格的神祇。黃德公廟的發展是另一個模式，他雖然還沒發展到成為神祇，但至少與其旁的百姓公廟已有所區隔。目前如莊仙公、蔡三公、齊伯公等雖然都還沒發展成為一個完全的神祇，然而假以時日，在漢人的宗教世界裡，這些厲鬼有相當的機會得以發展成為神祇。

筆者認為對台灣無祀孤魂信仰的看法應將其視為「進行式」及「變動中」的神靈，民間對於種種的無祀孤魂信仰其看法是相當活潑的，對於此類信仰，或因地方社會的變遷，或因信仰本身的條件，都有可能讓

---

62 Yu Kuang-hong, "Making a malefactor a Benefactor: Ghost Worship in Taiwan," Bulletin of the Institute of Ethnology, Academia Sinica, 70(1991), pp. 39-66.

某些厲鬼信仰在種種機會中蛻變，而有較為不同的發展，祂可能停留在厲鬼階段，也可能進一步發展成神祇。所以看待這些厲鬼、陰神或是厲神，應該以「發展中的神靈」視之，將其視為發展中的信仰。竹山的例子或許可以提供一個區域性的事證，對於理解台灣地區的無祀孤魂信仰應該有進一步的幫助。

附　圖

圖一：山崇里水底寮之三世恩公廟

圖二：山崇里頂埔的大眾爺廟所供奉之大眾爺牌位

圖三：秀林里大坑大眾爺廟所供奉之大眾爺牌位

圖四：下坪里田寮大眾爺廟所供奉之大眾爺

圖五：福興里過溪之陰公廟所供奉的陰公神像

圖六：竹山大鞍里頂鹿寮造型奇特的莊仙公

參考書目

壹、中文

一、專書

仇德哉編著,《台灣之寺廟與神明(四)》,台中:台灣省文獻委員會,1983。

何聯奎、衛惠林,《台灣風土志》,台北:中華書局,1956。

吳瀛濤,《台灣民俗》,台北:眾文,1980。

呂理政,《天、人、社會——試論中國傳統的宇宙認知模式》,台北:中研院民族所,1990。

呂理政,《傳統信仰與現代社會》,台北:稻香,1992。

李豐楙,《性別、神格與台灣宗教論述》,台北:中研院文哲所籌備處,1997。

李豐楙,《雞籠中元祭祭典儀式專輯》,基隆:基隆市政府,1991。

林晉德,《神、祖靈、鬼之性質及地位對澎湖祠廟空間之影響》,馬公:澎湖縣立文化中心,1998。

林富士,《孤魂與鬼雄的世界——北台灣的厲鬼信仰》,板橋:台北縣立文化中心,1995。

姜義鎮,《台灣的民間信仰》,台北:武陵,1981。

徐福全,《台灣民間祭祀禮儀》,新竹市:台灣省立新竹社會教育館,1996。

徐龍華,《中國鬼文化》,上海:文藝出版社,1991。

馬昌儀,《中國靈魂信仰》,台北:漢忠文化,1996。

陳哲三總編纂,《竹山鎮志》,南投縣竹山鎮:竹山鎮公所,2001。

黃文博,《台灣冥魂傳奇》,台北:台原,1992。

黃文博,《閒話人神鬼——台灣民俗閒話》,台北:台原,1994。

劉枝萬,《南投縣風俗志宗教篇稿》,南投:南投縣文獻委員會,1962。

劉耀南,《竹山鎮福興社區風土誌》,南投竹山:竹山鎮福興社區發展協會,2000。

蔡相煇，《台灣的祠祀與宗教》，台北：台原，1989。

鍾華操，《台灣地區神明的由來》，台中：台灣省文獻會，1979。

清，不著撰人，《新竹縣采訪冊》，台灣歷史文獻叢刊，台灣省文獻會，
　　　1993。

清，王必昌，《重修台灣縣志》，台灣歷史文獻叢刊，台灣省文獻會，1993。

清，余文儀，《續修台灣府志》，台灣歷史文獻叢刊，台灣省文獻會，1993。

清，周璽，《彰化縣志》，台灣歷史文獻叢刊，台灣省文獻會，1993。

清，胡建偉，《澎湖紀略》，台灣歷史文獻叢刊，台灣省文獻會，1993。

清，倪贊元，《雲林縣采訪冊》，台灣歷史文獻叢刊，台灣省文獻會，1993。

清，陳培桂，《淡水廳志》，台灣歷史文獻叢刊，台灣省文獻會，1993。

清，陳淑均，《噶瑪蘭廳志》，台灣歷史文獻叢刊，台灣省文獻會，1993。

清，蔣毓英，《台灣府志》，台灣歷史文獻叢刊，台灣省文獻會，1993。

清，陳文達等，《鳳山縣志》，台灣歷史文獻叢刊，台灣省文獻會，1993。

台灣現行喪葬禮俗研究小組，《台灣地區現行髒葬禮俗研究報告》，台
　　　北：中華民國台灣史蹟研究中心，1993。

雲林縣文獻委員會編印，《雲林縣志稿》「卷八革命志」，斗六：編者，
　　　1977。

　　二、論文

王力修，〈談「有應公」〉，《台灣風物》19：3、4（1969），頁30。

王志宇，〈竹山鎮志‧宗教志〉，見陳哲三總編纂，《竹山鎮志》，頁
　　　1403-1407。

包如廉撰，陳有方、陳豫林譯，〈現在台灣的宗教生活──1994-1995年
　　　實地考察報告〉，《民族學資料彙編》11（1996），頁81-100。

江寶月，〈生而無依死而無所──漢文化的女鬼與女性地位〉，《婦女新
　　　知》8（1992），頁12-15。

呂江銘，〈將神人敬四方名──淺談「官將首」〉，《北縣文化》48（1996），
　　　頁45-52。

呂理政，〈宗教信仰與社會生活──談台灣民間信仰的幾個面相〉，《民
　　　俗曲藝》69（1991），頁5-25。

呂理政，〈鬼的信仰及其相關儀式〉，《民俗曲藝》90（1994）：頁 147-192。

呂理政，〈禁忌與神聖：台灣漢人鬼神信仰的兩面性〉，《台灣風物》39：4（1989），頁 107-125。

李亦園，〈中國人信什麼教？〉，《宗教與神話論集》，新店市：立緒文化，1998，頁 168-199。

李亦園，〈民間寺廟的轉型與蛻變——台灣新竹市民間信仰的田野調查研究〉，《宗教與神話論集》，頁 259-290。

李豐楙，〈苗栗義民廟信仰的形成、衍變與客家社會——一個中國式信仰的個案研究〉，收入國立中央圖書館台灣分館編，《國立中央圖書館台灣分館建館七十八週年暨改隸中央二十週年論文集》，台北：國隸中央圖書館台灣分館，1993，頁 91-116。

李豐楙，〈從成人之道到成神之道——一個台灣民間信仰的結構性思考〉，《東方宗教研究》4（1994），頁 183-210。

李豐楙，〈雲林金湖的萬善爺信仰與牽輚習俗--150 週年祭典的儀式神話〉，《民俗曲藝》103（1996），頁 1-29。

阮昌銳，〈台灣的民間信仰〉，《中國民間信仰之研究》，頁 37-92。

阮昌銳，〈義民爺的崇拜及其功能〉，《中國民間信仰之研究》，台北：台灣省立博物館，1990，頁 261-288。

林文龍，〈手持步槍的神像——記竹山紅、白旗公的來龍去脈〉，見氏著，《台灣史蹟論叢》，上冊，頁 31-133。

林美容，〈鬼的民俗學〉，《台灣文藝》143（1994），頁 59-64，收入《台灣文化與歷史的重建》，頁 167-174。

林富士，〈略論台灣漢人社群的厲鬼信仰－－以台北縣境內的有應公信仰為主的初步探討〉，收入李豐楙、朱榮貴編《儀式、廟會與社區》，台北：中研院文哲所，1996，頁 327-357。

邱景墩，〈「有應公崇拜」的信徒心態與社會基礎--以「十八王公」的變遷為例〉，《臺北縣立文化中心季刊》55（1998），頁 64-69。

胡台麗，〈神、鬼與賭徒——「大家樂」賭戲反映之民俗信仰〉，收入中央研究院編，《中央研究院第二屆國際漢學會議論文集（民俗與

文化組）》，頁 401-424。

徐吉軍，〈論中國民間喪俗靈魂信仰的演變〉，收入漢學研究中心編，《民
　　　間信仰與中國文化國際研討會論文集》，台北：漢學研究中心，
　　　1994，頁 885-902。

徐新建，〈儺與鬼神世界〉，《民俗曲藝》82（1993），頁 125-144。

高賢治，〈台灣幽冥界特殊的神祇——大眾爺、有應公、崩敗爺及池頭
　　　婦人〉，《台灣風物》39：3（1989），頁 125-150。

高賢治，〈彰化縣永靖鄉恩烈祠「十三公」考〉，《民俗曲藝》64（1990），
　　　頁 103-106。

康豹，〈新莊地藏庵的大眾爺崇拜〉，《人文學報》16（1997），頁 123-159。

戚長慧，〈從鬼格到神格：古寧頭戰役後金門西浦頭軍魂崇拜的時間與
　　　空間探討〉，見李豐楙、朱榮貴主編，《性別、神格與台灣宗教論
　　　述》，台北：中研院文哲所籌備處，1997，頁 169-187。

盛清沂，〈清代本省之喪葬救濟事業〉，《台灣文獻》22：2（1971），頁
　　　28-48。

莊英章，〈新竹枋寮義民廟的建立及其社會文化意義〉，收入中央研究院
　　　編，《中央研究院第二屆國際漢學會議論文集（民俗與文化組）》，
　　　台北：中央研究院，1989，頁 233-240。

陳敏慧，〈來自民間口頭傳統的心聲：以一場陳靖姑故事之轉述為例〉，
　　　《漢學研究》8：1（1990），頁 309-326。

雄獅美術編輯部，〈幽魂的禮懺〉，《雄獅美術》162（1984），頁 70-76。

黃文博，〈台灣民間有應公信仰類型分析〉，《民俗曲藝》71（1991），頁
　　　212-223。

黃文博，〈有求必應——台灣民間有應公信仰〉，《台灣冥魂傳奇》，台北：
　　　台原，1992，頁 184-196。

黃文博，〈金湖港牽水——雲林縣口湖鄉蚶仔寮萬善爺的故事〉，《民俗
　　　曲藝》101（1996），頁 105-138。

黃萍英，〈台灣民間信仰「孤娘」的奉祀——一個台灣社會史的考察〉，
　　　中央大學歷史所碩士論文，2000。

楊知勇，〈神鬼觀念的二重性與儺及喪葬祭儀的實質〉，《民俗曲藝》82
　　　（1993），頁 65-97。

董芳苑，〈十八王公勃興現象之探討〉，見氏編，《信仰與習俗》，台南：
　　　人光，1988，頁 31-38。

董芳苑，〈台灣民間宗教之來世觀〉，收入鄭志明編，《宗教與文化》，台
　　　北：台灣學生書局，1990，頁 229-249。

董芳苑主講，〈台灣民間的鬼魂信仰〉，《台灣風物》36：2（1986），頁
　　　43-75，收入張炎憲編，《歷史文化與台灣》，台北：台灣風物雜
　　　誌社，1988，頁 557-584。

董夢梅，〈鬼域的冥想〉，《雄獅美術》162（1984），頁 77-83。

廖漢臣，〈有應公〉，《台灣風物》17：2（1967），頁 17-20。

劉枝萬，〈清代台灣之寺廟（二）〉，《台灣文獻》5（1963），頁 93-101。

劉還月，〈人鬼原是一家親——移墾社會的鬼怪傳說〉，《台灣文藝》143
　　　（1994），頁 44-49。

劉還月，〈亦神亦祖敬義民——略述客家義民爺的產生及義民節盛況〉，
　　　《國文天地》5：11（1990），頁 97-99。

蔡懋堂，〈本省民間信仰雜談〉，《台灣風物》25：3（1975），頁 3-5。

鄭志明，〈台灣民間信仰的神話思維〉，見《民間信仰與中國文化國際研
　　　討會論文集》，台北：漢學研究中心，1994，頁 95-140。

鄭志明，〈台灣鬼信仰文化發展的檢討與展望〉，師大文學院編，《第一
　　　屆台灣本土文化學術研討會論文集》，台北：編者，1995，頁
　　　863-876。

鄭志明，〈台灣鬼信仰發展的現象分析〉，《台灣民間的宗教現象》，中和：
　　　台灣宗教文化工作室，1996，頁 116-145。

戴文鋒，〈台灣民間有應公信仰考實〉，《台灣風物》46：4（1996），頁
　　　53-109。

謝世忠，〈試論中國民俗宗教中之 '通神者' 與 '通鬼者' 的性別優勢〉，
　　　《思與言》23：5（1986），頁 51-58。

鍾靈秀，〈義民廟與地方發展〉，《人類與文化》17（1982），頁 83-91。

貳、英文

Yu, Kwang-hong, "Making a Malefactor a Benefactor: Ghost Worship in Taiwan. *Bulletion of the Institute of Ethnology, Academia Sinica* 70(1991), pp. 39-66

Jordan, David K. *God, Ghosts, and Ancestors:Folk Religion in a TaiwaneseVillage*. Berkeley and Los Angeles: University of California Press, 1972.

参、日文資料

一、專書

大淵忍爾編,《中國人の宗教禮儀》,東京:福武書店,1983。

大島建彥編,《民間の地藏信仰》,東京:溪水社,1992。

丸井圭治郎,《台灣宗教調查報告書第一卷》(1919),台北:捷幼出版社,1993 翻印。

片岡巖,《台灣風俗誌》(1921),台北:眾文,1990 二版。

宮本延人,《日本統治時代における寺廟整理問題》,奈良:天理教道友社,1988。

曾景來,《台灣宗教と迷信陋習》,台北:台灣宗教研究會,1938。

增田福太郎,《台灣本島人の宗教》,東京:株式會社養賢堂,1939。

二、論文

三尾裕子,〈有應公崇拜に見る漢人の世界觀〉,阿部年晴、伊藤亞人、荻原真子編,《民族文化の世界(上)儀禮と傳承の民族誌》,東京:小學館,1990,頁 223-240。

伊能生,〈幽靈退治の裁判(迷信研究資料)〉,《東京人類學會雜誌》22:251(1907),頁 206-208。

渡邊欣雄,〈台灣の鬼小考——異文化理解のための民俗知識論〉,櫻井德太郎編,《日本民俗の傳統と創造——新・民俗學の構想》東京:弘文堂,1988,收入板本要編,《地獄の世界》,東京:溪水

社，1990。

渡邊欣雄，〈台灣鬼魂考——漢族における民俗宗教理解のための試論〉，《社會人類學年報》14（1988），頁 43-71，收入《漢民族の宗教——社會人類學的研究》，東京：第一書房，1991，頁 153-193。

　　三、譯著

片岡嚴著，陳金田、馮作民譯，《台灣風俗誌》，台北：眾文，1990。

鈴木清一郎著，馮作民譯，《台灣舊慣習俗信仰》，台北：眾文，1989增訂一版。

伊能嘉矩著，江慶林等譯，《台灣文化志》（中卷），台中：台灣省文獻會，1991。

張珣，〈神、鬼和祖先〉，《思與言》35：3（1997），頁 233-291。

肆、口述人

林連金，大正三年生，砲磘里鯉南路 102 號。

林渝盛口述，大正十一年生，中崎里民生巷 18-14 號，紅旗公廟常務幹事兼總務。

臺灣民間信仰的鬼神觀
——以聖賢堂系列鸞書為中心的探討

摘　要

　　本文以台中聖賢堂系列鸞堂所扶鸞著作之鸞書為主，大致上包括了早期聖賢堂、明正堂、聖德堂的鸞書為主要論述對象，因此三處鸞堂主要領導人的活動時間與王翼漢出來領導鸞堂統合運動，以及聖賢堂系列鸞堂致力於發展儒宗神教神學體系的時間有所交集，在儒宗神教的神學體系上有其代表意義，以此為基礎進一步探討台灣民間信仰的鬼神觀有其價值。作者指出過去此類相關研究大致認為民間信仰的鬼靈神祇是有所區分，甚至有一譜序的。本文即透過儒宗神教派下鸞堂的扶鸞著作，說明這些鸞堂不僅建構出鬼靈神祇的譜序，還本持道德實踐的精神，闡揚功果觀作為此一封神譜序的理論基礎。此一理論可說是戰後為適應現代社會而發展出來的簡易修持法則。儒宗神教派下鸞堂所發揚的功果觀及其建構出來的鬼靈神祇體系，透過民間信仰的種種傳布方式，足以影響民間信仰，進而建構民間信仰的神祇譜序。

關鍵詞：鬼神觀、儒宗神教、功果觀、鸞友雜誌社、聖賢堂、明正堂、聖德堂

壹、前言

　　漢人的民間宗教或稱爲民間信仰是個相當龐雜的信仰體系，受到中國儒釋道三教的影響，然而又與此三教有相當程度的不同。過去楊慶堃將中國的宗教分成制度化宗教（institutional religion）和普化宗教（diffused religion），認爲普化宗教的神明及教義皆取自於制度化宗教（institutional religion）[1]。鄭志明將民間宗教略再分爲民間通俗信仰與民間宗教結社，民間通俗信仰屬普化宗教，其信仰與儀式混合在民間制度與風俗習慣之中，無教團形式，也無固定教義。民間宗教結社則介於普化宗教與制度化宗教之間，一方面自立教團，但對通俗信仰有相當的依存關係，在教義思想上代表民間文人或鄉土百姓的意識型態，教團組織鬆散，形成各自爲政的小教團[2]。林美容則使用民間信仰指涉一般民衆的信仰體系，台灣民間信仰之範圍爲台灣漢人之所有超自然信仰以及與超自然信仰有關的思想、儀式、組織、活動、事物等[3]。大致而言，民間信仰有相當的複雜性，筆者在本文所述，仍使用民間信仰一詞，指涉範圍包含一般的通俗民間信仰與民間宗教結社。

　　台灣漢人社會歷經明末到戰後的歷史發展，又具有台海一水之隔的獨立區域特質，其發展如過去學者所論，兼有有內地化與本土化的發展趨勢[4]。在區隔日久下，台灣社會的發展已與大陸顯有不同，其信仰體系也與大陸地區有異。此從台灣神話傳說的發展上，更容易看得清楚。鄭志明於討論台灣民間信仰的神話時，指出台灣的區域性神明與台灣漢民族的移墾性社會有密切的關係，在族群分立的文化現象以及移墾社會

---

[1]　參見 C. K. Yang, *Religion in Chinese Society*, (1961, rpt., Taipei: Southern Materials Center, INC., 1978) pp. 294-300

[2]　鄭志明，〈淺論中國民間宗教研究的態度與方法〉，《台灣民間宗教論集》，（台北：台灣學生書局，1984），頁 18-19。

[3]　林美容，〈台灣民間信仰的分類〉，《台灣民間信仰研究書目》，（台北：中央研究院民族學研究所，1991），頁 IV。

[4]　有關內地化、土著化的討論，參見陳其南，〈論清代漢人社會的轉型〉，收入氏著，《台灣的傳統中國社會》，（台北：允晨文化實業股份有限公司，1987，1993 一版五刷），頁153-182。

的現實性與功利性和對鬼魂的恐懼心理的刺激下，使台灣民間信仰具有小傳統、區域性及多元性的特質。[5]在此不同的區域特性下，台灣地區相當普遍的有應公、百姓公、大眾爺等孤魂信仰，部分信仰轉化爲神格，以及各類廣泛傳佈的成神證道故事，被著錄於各類廟記及地方志之中，因而被大陸學者視爲台灣民間口述傳說的「文獻化」或「經典化」過程[6]。無論是區域性及多元性的發展或是大陸學者所指稱的「經典化」過程，此都顯示台灣民間信仰的特殊性。因此要對台灣民間信仰深入理解，或許必須進一步從台灣社會對神鬼觀的定位和瞭解下手，才能真正瞭解爲何台灣社會的鬼神觀會是如此，以及此種鬼神觀反映出來的社會價值觀念及變化。

由於民間信仰的龐雜，探討台灣社會的鬼神觀著實不易，本文擬以過去台灣儒宗神教派下的重要鸞堂派系——聖賢堂、明正堂、聖德堂等的鸞書[7]爲中心，探討台灣社會的鬼神觀念。此三處鸞堂系出同源，最初乃邱垂港與王翼漢合作建立鸞友雜誌社發行聖賢堂著作的鸞書，民國65年間，楊贊儒加入了聖賢堂，後來並以扶鸞著作《地獄遊記》與《天堂遊記》而出名，民國70年楊氏離開聖賢堂，自創聖德堂，並積極扶鸞著書，至73年間而開始轉向佛教的發展。[8]民國64年王翼漢和邱垂港因理念不合而分離，王氏保有鸞友雜誌社，並另創明正堂，邱垂港則保有聖賢堂，另創聖賢雜誌。此後明正堂扶鸞著作不斷，而聖賢堂因缺乏乩手，在民國76年左右終止扶鸞，而以翻印鸞書爲主。[9]此三處鸞堂的著作有其代表性（文中使用的鸞書將於本文第三節中說明）。此外，此種研究取向有其不得已的理由，一是民間信仰體系太過龐雜，其內涵

5　此論點見鄭志明，〈台灣民間信仰的神話思維〉，《民間信仰與中國文化國際研討會論文集》，（台北：漢學研究中心，1994），頁95-140。

6　陳春聲，〈三山國王信仰與移民社會〉，《中央研究院民族學研究所集刊》80（1995），頁74-80。

7　鸞書爲善書的一種，專指由鸞堂以扶鸞方式著作的善書。

8　有關楊贊儒的扶鸞及日後轉向佛教的發展，參見鄭志明，〈楊贊儒與聖德寶宮〉，《台灣文獻》51：3（2000），頁139-163。

9　參見王志宇，〈台灣善書出版中心之研究——武廟明正堂鸞友雜誌社與善書出版〉，《台灣史料研究》7（1996），頁101。

有來自儒釋道等制度化宗教的種種觀念，亦雜取自種種流通的善書，綜合成一複雜的信仰體系，成為民間信仰觀念的重要來源之一。因此，從台灣鸞書內容的研究，應可適度反映部分民間信仰的觀念。第二，台灣的鸞書來自許多不同系列的鸞堂，這些鸞堂彼此之間的宗教觀念雖有部分的一致性，但也有若干歧異性。聖賢堂系列鸞堂為過去台灣眾多鸞堂中，重要的一支，足以代表部分民間教派的義理思想，表現部分教派的信仰理念。是以依此研究取向應可部分呈現民間信仰中的鬼神觀，以及它所反映的社會價值。第三，筆者希望透過台灣幾個重要民間宗教和田野調查得到的通俗民間信仰的資料，勾勒台灣民間信仰的神鬼圖譜及其架構。聖賢堂系列鸞堂的鸞書研究，僅是個起點，礙於篇幅所限，日後將另行撰文討論一貫道、天帝教、慈惠堂等重要的民間教派之神鬼觀念以及屬於不同系列鸞堂之鸞書的神鬼觀，以瞭解其差異。

貳、台灣民間信仰的神鬼觀及其問題

台灣民間信仰的鬼神問題相當複雜，自清代以來，纂修地方志的儒生，大致將官方承認的信仰視為政教關係的一環，將其置於典禮志、祀典志中，《台灣縣志·典禮志》云：「朝廷以辨尊卑，享祀以昭誠敬。至於飲射類禡、秋報春祈，台雖海邦，厥有常典。」[10]《彰化縣志》亦云：「『國之大事，在祀與戎』。而祀事尤先乎戎事。宗伯所以先司馬而列為春官也。台雖僻處海外，其祀典豈或殊哉？」[11]而對於官方有所批判的信仰行為，往往置於風俗或雜記項目之下。對於台灣民間信仰風俗，這些儒生官員常以陋俗視之。如批判台俗「……好巫信鬼觀劇，全台之弊俗也……」[12]，「俗素尚巫……又有非僧非道，以紅布包頭，名紅頭司……稱神說鬼，鄉人為其所愚」[13]，「佞佛詔鬼，各尚茹素，或八、九齋、朔

---

[10] 清陳文達，《台灣縣志》，（南投：台灣省文獻會，1993），頁 151。
[11] 清周璽，《彰化縣志》，（南投：台灣省文獻會，1993），頁 151。
[12] 清周鍾瑄，《諸羅縣志》，（南投：台灣省文獻會，1993），頁 136。
[13] 清周璽，《彰化縣志》，頁 293。

望齋，或長齋」[14]等。這些批判都反映了台灣社會對鬼神的崇祀態度，也凸顯此議題的重要性。

　　大致而言，台灣社會的鬼神觀念的形成與其移墾開發及社會發展之間有相當密切的關係，此種鬼神觀念尤其表現在對厲鬼及各類與台灣開發有關的神祇信仰上。這部分早已為宗教研究者所注意，而有相當的研究，不過針對台灣民間信仰的鬼神觀念間是否有所邏輯，有所譜序的研究，卻相當少見，僅李亦園、李豐楙、胡台麗、呂理政、余光弘、戚長慧等略有觸及。

　　過去研究民間信仰有關鬼神觀念的研究，或偏重在鬼，或偏重在神，重心偏重在「鬼」的問題，大多侷限在有關鬼信仰的緣起、特質、社會關係等，[15]而有關神祇的討論，則相當偏重個別神祇的研究，尤其集中在媽祖及王爺信仰上。[16]台灣民間信仰所呈現出來的鬼神觀，到底有無邏輯可尋，神鬼之間究竟有無階層組織性質可言，僅有少數學者論及。Arthur P. Wolf 以住家的神、鬼和祖先崇拜的不同，尤其是親屬身份的不同，死後有不同的供奉方式，指出中國人對鬼神的指稱有精神以及道德上的對立性，神與祖先是「神」或「神祇」，鬼是「魔鬼」，他並強調鬼的範疇應該包括家族以外的所有死者的靈魂，但是他們並非全是邪惡的，因為他們大部分均有子孫祭拜，但如同陌生人一般具有危險性[17]，可說指出神鬼基本的區隔特質。

　　余光弘進一步討論 Wolf 所提出的觀念，認為鬼、祖先、神等可置於一直線上，而鬼的位置視供奉者想從鬼取得什麼樣的需求而決定。在祖先、鬼與神這一線段上，鬼的變異性最大，他可以在線段上的任何位

14　清蔣毓英，《台灣府志》，（南投：台灣省文獻會，1993），頁58。

15　有關孤魂信仰的討論可參見林富士，《孤魂與鬼雄的世界——北台灣的厲鬼信仰》，（板橋：台北縣立文化中心，1995）；王志宇，〈台灣的無祀孤魂信仰新論——以竹山地區祠廟為中心的探討〉，《逢甲人文社會學報》6（2003），頁185-187。

16　有關台灣神祇的研究，大多集中在媽祖、王爺、玉皇上帝、關公等方面，由其以媽祖、王爺為盛，相關論文篇目可參考林美容，《台灣民間信仰研究書目（增訂版）》，（台北：中研院民族所，1997），頁39-74。

17　Authur P. Wolf 著，張珣譯，〈神、鬼和祖先〉，《思與言》35：3（1997），頁233-292。

置，也可以轉變進入祖先和神的領域。[18]這一討論指出了鬼所具有的變異性，在某些情境裡，可轉換進入祖先或神的象限。呂理政則以喪禮、厲祭、普渡、冥婚等禮儀，說明這些禮儀都是因為「死亡」所帶來的震撼，產生畏懼與崇敬的兩極化情緒，而有種種祭儀的產生。而由這些祭儀也可以看到人、鬼、祖先、神靈的轉換關係。[19]

戚長慧也以金門的李光前團長為例，說明他戰死後，由中校追封為將軍，而在西浦頭當地的村民對李將軍產生信仰下，該信仰由原來的鬼格為起點，透過民間的闡述以及軍方介入，為其勒石、建牌樓、銅像等，強化其正統性，而讓李將軍的信仰脫離了鬼格轉向神格。[20]筆者在討論竹山的孤魂信仰時，亦指出竹山地區的紅旗公、黃德公、莊仙公等，有異於一般有應公的發展，有由鬼格轉向神格的趨勢，尤其紅旗公實已由鬼格轉為神格，被封為聖義元帥。[21]人死為鬼，但死後往往因為與當地人們的互動，進而有所謂的靈異或靈驗事蹟，而產生了新的意義。

這些討論都指出了神鬼關係有相當的複雜性，不只神鬼之間有所區隔，兩者之間的關係似乎也不是那麼固定。有關神鬼的區分，李亦園曾做過一番解釋，認為神像的有無是區分神鬼的一個標準，他論道：

> 成為神者就必須塑成偶像而供奉之，所以稱為「神像」。而祖先只是鬼的一種，因此不能塑像，只能製成牌位供奉，同樣的，一般未達神格的鬼廟，如台灣鄉間所常看到的如有應公、萬靈公、「好兄弟」（無主的白骨）等等，都不能塑神像，只能有牌位，或寫在廟牆上，甚至拜一個骨灰罐而已，這也就是在台灣民間信仰的寺廟中有所謂「陰廟」與「陽廟」的分別[22]。

---

[18] 詳見 Kuang-hong Yu, "Making a Malefactor a Benefactor: Ghost Worship in Taiwan", Bulletin of the Institute of Ethnology Academia Sinica 70:.39-66. (1990)

[19] 呂理政，〈禁忌與神聖——台灣漢人鬼神信仰的特徵〉《傳統信仰與現代社會》，（台北：稻香，1992），頁89-105。

[20] 見戚長慧，〈從鬼格到神格：古寧頭戰役後金門西浦頭軍魂崇拜的時間與空間探討〉，見李豐楙、朱榮貴主編，《性別、神格與台灣宗教論述》，（台北：中研院文哲所籌備處，1997），頁169-187。

[21] 參見王志宇，〈台灣的無祀孤魂信仰新論——以竹山地區祠廟為中心的探討〉，頁197-200。

[22] 李亦園，〈中國人信什麼教？〉，《宗教與神話論集》，（新店市：立緒文化，1998），頁182。

　　神像的有無是神鬼之分的大致標準，但並非是絕對標準，尤其是在下層層級的神明和厲神等孤魂信仰之間，其區分並不是那麼嚴謹。[23]神鬼之間所存在的灰色地帶，或許可以從胡台麗的研究看出一點端倪。胡台麗以民國 75 年前後盛行的「大家樂」為例，說明民間信仰在大家樂發展過程中反映出來的信仰及社會價值觀念。她指出：「不論神明被奉祀於合法登記的寺廟或地下神壇，賭徒大都相信大神是正神不會管『大家樂』。許多學者發現民俗信仰中的神祇是中國官僚體系的反映。大神、正神接受過玉皇大帝或今世皇帝敕封，並擁有權威者的尊稱如『帝』、『皇』、『元帥』、『將軍』、『爺』、『公』、『娘』等。祂們是制法、執法者，致力於維繫社會道德與規範。正神的階序愈大愈不參與賭博，階序小的正神如土地公就捲入『大家樂』，中等階序的神有些偶而參與。[24]」也就是說一般的社會觀念對神祇的瞭解，其實是有陰陽之別，大小之分的模糊概念。

　　真正觸及所謂民間信仰神鬼譜序者應為李豐楙，他在討論其所提出的「常與非常」的成神理論時，認為民間信仰的神祇在歷史發展過程中，由於不同的社會需求，民眾、教團、甚或帝王都會重新加以選擇、雕塑而賦予新形象、新意義，因而出現佛教化、道教化或儒教化的現象，然後又被收列於各自新的神統譜系中。而不管是民間信仰或道教信仰，有關兩者間神祇的互動，大體都會相信諸神俱屬於神譜中的一員，按照其職司而可在神界中佔有尊卑高下的階位中的一個位置。[25]

　　上列的研究大致透露了台灣民間信仰的神鬼世界是有階級譜序區分的，且有些有邏輯可以遵循。然而究竟此邏輯為何？鬼的性質如果是具有變異性的，那麼在什麼情況下，祂可以轉變為神？以目前的民間信仰型態，想理出此一譜序，實有相當的困難。或許就民間教派的教義理

---

[23] 此可參見筆者以竹山地區為例的討論，見王志宇，〈台灣的無祀孤魂信仰新論——以竹山地區祠廟為中心的探討〉，頁 183-210。

[24] 胡台麗，〈神、鬼與賭徒——「大家樂」賭戲反映之民俗信仰〉，收入中央研究院編，《中央研究院第二屆國際漢學會議論文集（民俗與文化組）》，頁 421。

[25] 參見李豐楙，〈從成人之道到成神之道——一個台灣民間信仰的結構性思考〉，《東方宗教研究》4（1994），頁 183-210。

論以及對民間信仰的個案進行研究，比較容易看到這個轉變標準和其神鬼間的位階。[26]以下即以屬於台中聖賢堂、明正堂、聖德堂系統的鸞書為例，說明鸞書中所述及的神鬼世界及觀念。

參、聖賢堂系列鸞書及其反映的鬼神觀

聖賢堂系列鸞書因系出同門有其一致性，本節將以聖賢堂自己扶鸞著作的鸞書（指停乩以前），和明正堂以及聖德堂楊贊儒在轉向佛教以前的鸞書為對象，說明儒宗神教的鬼神觀。

大致而言，聖賢堂系列鸞堂之鸞書數量極多，其出版之鸞書請參見附錄。三處鸞堂所所扶鸞著作的鸞書，以明正堂為例，大致可分為十類，其類別如下：

1.遊記類鸞書：採取冥遊方式，由降鸞仙師帶領正鸞拜訪受訪對象，書中以對答形式出現，如《三曹成道捷徑史傳》、《畜道心聲》、《瑤池聖誌》、《水晶宮遊記》、《枉死城遊記》、《道程真理》、《迷靈點化記》、《浮生醒道記》、《蓬萊仙島遊記》等。

2.主題式鸞書：大致而言此類鸞書的每篇鸞文，在內容方面都會設定一主題加以發揮，如談「心性」、「修持」等；在形式上則包含「述」與「對答式」等。此類鸞書有《大道康莊》、《大漢天聲》、《大道心德》、《開迷易俗》、《道心秘藏》、《天道奧義》、《訓婦道》、《明正之道》、《鳥語搜異記》、《彌勒古佛普化篇》、《群真道程啓示錄》、《真理、頓悟、禪》、《皇母指迷篇》、《駐駕仙真訓鸞篇》、《八仙翁戒淫篇》、《老母懿訓》等。

3.解事類鸞書：此類鸞書為鸞生對鸞門或生活等各方面有所疑惑，乃提出問題由仙佛解惑之鸞文彙集而成，如《釋疑闡道錄》。

4.幼教啓蒙類鸞書：此類鸞書不僅在文字旁加上注音符號，其內容

26　雖然李世偉認為鸞書的內容重複性太高，很難做個別性的討論，不過戰後聖賢堂系列鸞堂出版的鸞書，因為王翼漢想要整合儒宗神教，此系列鸞書對於神學體系的建立不遺餘力，顯然有相當的特殊性，故仍以聖賢堂系列鸞書為探討的對象。李氏之看法，見氏著，《日據時代台灣儒教結社與活動》，（台北：文津，1999），頁125-142。

亦較淺顯，爲針對孩童而著作之鸞書。計有《明正啓蒙》、《生活指南》。

　　5.行述案證類鸞書：此類善書每篇鸞訓仍會環繞在一主題上，但以故事形態出現，如《觀世音救苦救難傳真》、《濟佛點化金篇》、《地府審案》、《關帝顯靈聖記》、《真人真事因果報應》、《茫海歸舟》、《警世因果報應實錄》等。

　　6.醫藥類鸞書：如《壽世救急藥方》。

　　7.玉律類鸞書：主要談功過格、玉律等鸞書，如《文衡聖帝功過律》（上、下）、《地府治罪條例》。

　　8.家書類鸞書：《皇母家書》。

　　9.經咒類鸞書：《無極皇母喚醒天經》、《無極證道玄妙經》等。

　　10.雜論類鸞書：此類鸞書雜有主題類鸞書的論述，亦有案證類善書的案證。內容方面，其論述較博雜，有論道德、談神鬼，談修道等等。如《處世真詮》、《老母懿訓》。[27]

　　聖賢堂系列鸞書的內容往往先發表在鸞友雜誌、聖賢雜誌或聖德雜誌中，再集結成書出版，所以除了部分例外的引述，本文所舉例子將以鸞書爲主。大致而言，有關神鬼觀念的敘述，散見於遊記、主題式、解事類及雜論類鸞書中，本文之論述大致將上述各類鸞書中有牽涉鬼神觀念的論述，加以摘錄引述，作爲該論據。各類的鸞書之中，尤其以解事類鸞書所反映的鬼神觀念，最值得注意。如《釋疑闡道錄》，截至民國92 年 9 月，已出版至第十六輯，此書往往是信徒或鸞書的讀者有所意見，經提出後，形式上以扶鸞方式由仙佛來回答。在一問一答中，往往反映了社會的問題與宗教立場的解釋，也連帶呈現其鬼神觀念，而直接反映一部分的社會觀念。聖賢堂系列鸞堂之鬼神觀念，除了《天堂遊記》、《天界傳真》、《地獄遊記》等，有直接的描述之外，其它相關的鬼神觀念，大多集中在《釋疑闡道錄》中。筆者在翻閱聖賢堂系列鸞書後，發現其它的鸞書較少提及鬼神位序的問題，因此本文的論據將偏重在上列幾種鸞書。

---

[27] 王志宇，〈台灣善書出版中心之研究──武廟明正堂鸞友雜誌社與善書出版〉，頁 105-109。

聖賢堂系列鸞書對人、鬼、神之間的關係有一邏輯性的看法。在其教義中,將人、鬼、神和天堂、地獄以及輪迴等觀念結合起來,認爲人死後純淨者成天仙,重濁者成幽魂,如《三曹成道捷徑史傳》言:「天地人之別在於依所行善惡,純淨者昇天成仙,重濁者則墜地府成幽魂。」[28]因此,善惡之分成爲人死後成鬼成神的重要依據。儒宗神教的鬼神觀裡,人是萬物之長,因此認爲草木僅一魂,曰生魂,禽獸有二魂,一曰「生魂」能知生長走動,二曰「覺魂」能知痛苦與喜樂哀鳴之情。人則有三魂,生魂、覺魂、靈魂。[29]人死之後,如係在世作惡多端之人,乃下地獄,按其罪過受種種磨煉,此即《地獄遊記》所言:「人若生前造業,死後靈魂亦將受累,墮入惡道,接受輪迴磨煉,也就是地獄的由來。」[30]死後如有功德但尚未達封神之境者,可以先進「聚善所」潛修,達到一定功德後,則可以封神。聚善所設置之目的在於要亡魂死後仍能勤修,而進入聚善所之善魂有一定之標準,其標準如下:

一、已身在世頗有功德者,歿後即列入善魂之列,或因功果特大,而證上天曹「證道院」。

二、子孫潛行功德,蔭及祖先,抹去已亡祖先之罪業者。

三、子孫不斷行功立德,迴向先亡者,使先亡者受蔭,而入善魂之列。[31]

此外,亦有受某聖神特予引渡保薦者,不在此列。此輩善魂入「聚善所」潛修,年數不限,每兩年上天考校一次,合格者,即爲下界神祇,任職五百年後,再度輪迴;如受考校不及格者,則再潛修之。[32]上列的第二及第三點,有鸞堂的特殊背景,第二點指的是一般的善行,而第三點尤指特定的功果,如印善書、建廟或其他種種,經指明迴向某位先亡者,與戰後鸞堂的活動有較密切的關係。

儒宗神教的這一套思想,緊扣著他們的封神理論——神祇職官化,

---

[28] 不著撰人,《三曹成道捷徑史傳》,(台中:明正堂,1980),頁 124。

[29] 不著撰人,《大道心德》,(台中:明正堂,1979),頁 65-66。

[30] 不著撰人,《地獄遊記》,(台中:聖賢堂,1978),頁 19。

[31] 不著撰人,《釋疑闡道錄(第一輯)》,(台中:明正堂,1986),頁 23

[32] 不著撰人,《釋疑闡道錄(第一輯)》,頁 24。

將凡間各寺廟的神祇皆視為派駐神，是行善積德之人，死後受冊封的結果。他們極力闡述地獄受苦的慘狀以及天堂的瑰麗美景，對陽世的凡人造成去惡行善的誘因，使人們諸惡不做，眾善奉行。[33]此本為儒宗神教此一民間教派在發展過程中，必然建構的教義理論，不過更值得注意的是在其鸞書中所敘述有關某些屬神或神祇的看法，這些記載或許有助於我們更進一步的瞭解民間信仰有關神鬼體系的問題。

　　明正堂為儒宗神教派下鸞堂，其領導人王翼漢曾試圖領導台灣的鸞堂進行整合。[34]因此，該鸞堂著作的鸞書相當程度的展現該教建立教義理論的企圖。在聖賢堂所著作的《天界傳真》中，對神明的世界做了詳細的介紹。書云：

> 天有十三層天，由十三層天再分為三十六天，天外之天，謂之「無極」，天內之天，謂之「太極」，即「六合三界」也。天分東、西、南、北、中天，天上宮殿樓閣、亭榭池沼、異花奇木……比比皆是……東、西、南、北天雖各有天門，但僅「南天門」啟開，有路直通凡塵，諸聖、佛、仙、神均由「南天門」出入，其它三天門均被封閉，不與凡塵接觸。[35]

　　此東、西、南、北、中天不只有神仙居住，皆設有各種行政機構，掌管天界不同的業務。茲將此天界組織製表如下：

---

[33] 有關鸞友雜誌社系列鸞書所建構出來的這一套理論，參見王志宇，《台灣的恩主公信仰》，（台北：文津，1997），頁194-218。

[34] 參見王志宇，《台灣的恩主公信仰》，頁61-64。

[35] 不著撰人，《天界傳真》，（台中：聖賢堂，1986），頁11-12。

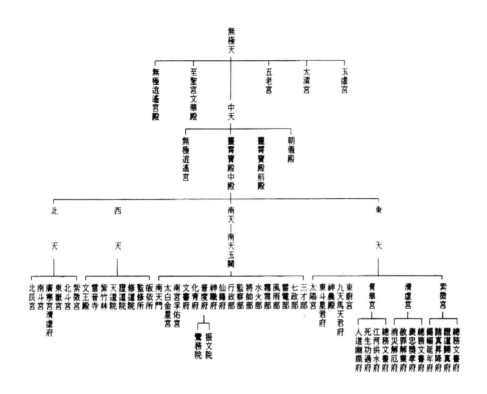

資料來源：見王志宇，《台灣的恩主公信仰》，頁196。

儒宗神教的神仙體系與觀念在這一系統表內，展現無遺。而除了上列神仙世界的勾勒外，聖賢堂系列鸞堂所出版鸞書，亦有許多關於神鬼世界的資料。《釋疑闡道錄》為明正堂所出版的鸞書之一，其內容概採問答的方式，由堂內鸞生或該堂刊物的讀者提出問題，再由該堂以扶鸞的方式解決信眾的疑問。因此，許多和現代社會息息相關的觀念，便可由此問答之中看出。

有關儒宗神教的天界觀念除上表所述外，《釋疑闡道錄》也針對信眾的問題，給予回應。《釋疑闡道錄（第九輯）》闡述有關神仙的階級，指出一般男修士證道為真人，真人達十二級可晉升為天君，天君達十二級升帝君。女修士則證道後為道姑，道姑往上晉升為元君或仙姑[36]。此條資料說明了儒宗神教的神仙系統的階級譜序。此外，針對神仙的種

---

[36] 不著撰人，《釋疑闡道錄（第九輯）》，（台中：明正堂）頁22-25。

類，鸞書內也做了區分，將其分為住世神仙與出世神仙，出世神仙又分煉度神仙、天仙、地仙、鬼仙、人仙。其分別如下：

人仙：功德完備，輪轉富貴，福壽聰明等。

鬼仙：修道未成，氣數已盡，或在世時，修心養性，功多過少，歿入冥福，英靈團結者。

地仙：功德齊備，服食異物，引導神氣，三寶充足，留行住世。

天仙：三千八百，功果完備，白日飛昇。

煉度仙：盡忠、節、孝、義，正氣長存，錄入南宮煉度而成仙者。

上列屬仍須輪迴之神仙，另有聖仙、金仙、化仙，此為天仙以上之等級。[37]這些不輪迴的仙神必須是氣斂於三界的金仙，始能永遠脫離輪迴與毀滅的渾沌劫數，而要位證金仙之前，必須先修成「無極至正神道」，此是上天最高大道，惟金仙者得修。[38]此亦同於《聖賢真理》所述：「仙有『金仙』，實與『佛』同品，金仙不生不滅，不增不減，如同金剛不壞身，非在神道之內，所謂神道乃是一般無何大功德之人所結之品位也。」[39]此外，如皈依鸞門，生前除犯大過者，判入地獄外，尚有中上乘果位之得道者。一般鸞生修士，如無何大德，則在南天（氣天）之中，位證中乘果位或由此再加修煉晉升為上乘無極果位。然道高德厚者，則直接位證無極上乘果位。[40]這些例證都指出了一部分有關儒宗神教神仙品位的階序。

聖賢堂系列鸞書，在建構儒宗神教神學體系的同時，無疑地也強化了儒宗神教欲圖建構的神仙體系，此外這類鸞書記錄有關吾人熟悉的下界神祇，卻是我們研究下界神祇或者是屬神信仰不可多得的材料。如書云：「城隍尊神為地方之神靈，俗稱為城隍爺……省城隍為省主，縣城隍為縣主，境城隍為境主是也。」[41]指出縣之下還有所謂境城隍。而城隍之職責在溝通陰陽兩界，凡是在陽間死亡之魂，皆要先向城隍報到，

37 不著撰人，《文衡聖帝功過律（上）》，（台中：明正堂，1985），頁41-42。

38 見不著撰人，《三曹成道捷徑史傳》，（台中：明正堂，1995），頁8-13。

39 不著撰人，《聖賢真理》，頁31。

40 不著撰人，〈靈山求道記〉，《聖德雜誌》105（1985），頁14。

41 不著撰人，《釋疑闡道錄（第三輯）》，（台中：明正堂，1988，1989再版），頁2。

再轉往他處辦理。[42]又《釋疑闡道錄（第五輯）》亦言:「境主高於福神,低於城隍或平於城隍。」[43]將福德正神與城隍的神格做了比較,因此形成了縣城隍、境主、福神的階級。

　　此外,針對陰神部分指出地基主乃家之陰神,[44]而「普度公係指該廟祠眾鬼魂之領導者」[45];又將床母列為善之陰魂,乃奉註生娘娘之命,執行護佑家中大小之平安。[46]這些觀點不見得與各民間教派或相關研究的論點一致,然而卻可以提供一個比較的基礎。值得注意的是儒宗神教對此類神鬼的區分,似乎仍秉持著功德大小的看法,此從其法會超渡的孤魂可以看出,其法會所赦孤魂分為六級:

　　一級:捐軀之三軍將士,受赦轉生為貴族之人。
　　二級:為在世有善德者,受赦轉生為富家之人。
　　三級:凡功多過少者,受赦轉生為士、商之人。
　　四級:功過平均者,受赦轉生為農、工之人。
　　五級:無主孤魂,受赦轉生為貧苦之人。
　　六級:過未及罪者,受赦轉生為四生,即胎生、卵生、濕生、化生。[47]

　　儒宗神教的鸞書所流露出來的神鬼觀念雖有其派別屬性,然而卻可以成為我們研究百姓公、地基主、境主公等種種信仰的基礎,而其建構出來的神仙世界及觀念,亦可以做為我們深入瞭解台灣民間信仰神祇譜序的一個踏腳石。

肆、成神之道——修持與功果

　　儒宗神教系列的鸞書,鬼與神之間如何變化,在相關鸞堂的努力

42　不著撰人,《人間遊記》,（台中:聖賢堂,1984 再版）,頁 100。
43　不著撰人,《釋疑闡道錄（第五輯）》,（台中:明正堂,1990）,頁 60。
44　不著撰人,《釋疑闡道錄（第三輯）》,頁 78。
45　不著撰人,《釋疑闡道錄（第十三輯）》,（台中:明正堂,1998）,頁 47。
46　不著撰人,《釋疑闡道錄（第十一輯）》,（台中:明正堂,1996）,頁 50。
47　不著撰人,《無極恩光大赦天下孤魂》,（台中:明正堂,1992）,頁 21-22。

下，已逐漸的形成一套理論，對於人死後成為鬼靈，以及何種情況下，
能升格成為神祇有相當程度的描述。儒宗神教的鸞書裡所闡述的天界組
織以及不斷強調的地獄觀念，加上輪迴觀念的引入，形成了一股向上的
吸引力以及防止墮落的壓力，迫使人們積極向善，這是儒宗神教神學理
論的一個積極目的。當然此套理論的運作有其思想基礎，此即儒家的「內
聖外王」。在儒宗神教的教義裡，將其轉化為「內功外果」的觀念，而
將意誠、心正、身修視為內聖之道，即修內果；將救世、佈施濟困、樂
助等之造功德，視為外王之工夫。[48]是以儒宗神教的「內功外果」工夫，
實即一套道德實踐的理論。透過這套理論結合了該教所論述的天界組織
及安排，形成一套完美的教義理論。人經過不斷的道德實踐，在死後得
以成仙成佛。當然成仙之後，亦受到功果觀的影響，天上的神仙仍不斷
的進行修持的工夫，而派駐凡間寺廟的仙佛，亦需戰戰兢兢，恐稍有誤
失，仙籍不保，甚至子孫不肖，亦會牽累已封神的祖先。如《聖賢真理
（第三輯）》記載受陽世子孫超拔而任神職如城隍者，其陽世子孫無法
持續為善，其父之神職亦將被降，而為福神。[49]

這一套內功外果的觀念，也就是道德實踐理論，不僅為儒宗神教所
強調，亦為其它民間宗教所接受，僅在詮釋及強調的重點上略有不同而
已。[50]如天帝教將人死後分為八級，分別為普通和子、自由神、天君、
聖、天尊、仙（菩薩）、佛、上帝，而人死後能成為自由神，其標準在
於：

一、生前有功德於世者（如宗教家、哲學家、政治家、教育家之純
正者。）

二、生前有貢獻於人類社會者（如科學家、慈善家等）。

---

[48] 詳見王志宇，《台灣的恩主公信仰》，頁 181-231。

[49] 不著撰人，《聖賢真理（第三輯）》，（台中：聖賢堂，1979，1981 再版），頁 14。

[50] 陳主顯指出善書普遍性的道德觀，並指出要由不道德的人變成道德的神需賴自力與他力的
協助，自力即道德的實踐，見氏著，〈善書的宗教義理要義初探〉，收入《民間信仰與社
會研討會論文集》，（台中：編者，1982），頁 7-20；李世偉指出宋明以後流通的善書，
內容全是以世俗倫常為主，這些善書流傳至今，流傳極廣，見氏著，《日據時代台灣儒教
結社與活動》，頁 126。

三、忠孝節義者。

四、具有智慧之善良者。[51]

這一個標準還是受傳統的道德觀念所左右。然而功果論並非戰後鸞堂的專利，明正堂等鸞堂將過去流行的功過格整合進來[52]，吸收消化後，和其闡揚的功果觀互相配合。也就是說戰後的鸞堂將過去流行民間的觀念，加上儒家的部分思想，重新加以吸收整合，而形成一套自己的宗教理論。此如《文衡聖帝功過格》將善綱律分五級：得、善、功、德、道，十得為一善，百善為一功，百功為一德，百德為一道。惡條律也分五級：失、過、罪、惡、刑，十失為一過，百過為一罪，百罪為一惡，百惡為一刑。而在此功過律下，昇神的等級：一、五道功以上，昇立為下界神祇；二、十五道功以上，昇立為中界神祇；三、二十道功以上，昇立為上界神祇；四、百道功以上，證果理天，依願可成仙、成聖、成佛（超脫輪迴）。[53]各善惡綱目均有詳細的條目可供信眾遵循，而成為一道德實踐的簡明條目。

大致而言，儒宗神教聖賢堂系列鸞堂，將儒家的內聖外王觀念，化約成一般群眾更容易瞭解的功果觀念，形成一套簡便明瞭的道德實踐規範，功果觀成為民間版的道德實踐指導原則，也成為儒宗神教鬼神升級的基本原理。也正是在這些民間宗教結社的功果觀念的影響下，其信眾得以據此強化其道德實踐能力。

這類由民間教派所提出的功果觀念對一般的民間信仰有何影響？民國 87 年以後，筆者致力於地方志的編纂工作，纂修了《竹山鎮志‧宗教志》的部分。筆者造訪竹山鎮包公廟牛湖包德府，廟祝賴萬金提出一紙乩示，乃竹山克明宮所送來的竹山德山寺觀世音菩薩的降文，其言：「賴施主萬金，施主福慧雙修，晚年能在山林中設壇修持，慈悲渡眾，無憂慮，保持目前狀況，不以營利為目的，繼續渡化迷津，並認真

---

[51] 見巨克毅，〈中國新興宗教的生死觀——天帝教生死理論初探〉，《宗教哲學》5：3（1999），頁 88-90。

[52] 有關戰後鸞堂吸收功過格的作法，參見鄭志明，〈功過格的倫理思想初探〉，《中國學術年刊》10（1989），頁 315-340。

[53] 不著撰人，《文衡聖帝功過律（上卷）》，（台中：明正堂，1985），頁 6-7。

修持，將來功德圓滿，必有祿位可座也。觀世音菩薩接受汝之香煙，渡
你來克明宮，飛鸞數句，勉勵於汝，希望不負本菩薩之所期也。丙子年
夏月」。[54]竹山克明宮於扶鸞時，由仙神降下乩示，提及了賴萬金盡心盡
力爲仙佛奉獻（因其獨力興建廟壇奉佛），特別賜給這位廟祝一紙乩文，
以資鼓勵。當然這篇乩示也就由該廟的執事人員，帶給了賴萬金[55]，可
見民間信仰彼此之間存在著相當多元的交流形式。此外，鸞書中也常見
某些神明封神的故事，尤其與現世實際的情況有關連時，其影響也就更
大。如《聖賢甘霖》所記聖賢堂堂主邱垂港先父邱創耕昇任該堂城隍；
明正堂堂主王翼漢先兄王亮昇任爲南天秘書府秘書。[56]民間社會與善書
或鸞書的關係由來已久，善書或鸞書不僅可以反映社會現象[57]，反過來
說，善書或鸞書的流通，也可以對民間社會有所影響。大致而言，民間
宗教結社的觀念透過種種不同的傳佈方式，對一般的民間信仰是有所影
響的。在此功果觀念的傳佈下，台灣社會裡接受民間信仰的人們，普遍
持有修持以成仙成佛，脫離世間苦海的觀念。

在此種道德實踐觀念的影響下，我們看到台灣的民間信仰出現一種
特徵，許多原屬孤魂信仰的祠廟，在乩童、口述傳說、寺廟濟世活動等
等具有靈驗事蹟的宣揚下，鬼格逐漸的轉化爲神格，金門的李光前將
軍、竹山的紅旗公、蔡三公等皆是。這樣的轉變不僅符合台灣社會的道
德價值觀念，傳達人們對於公共道德、社會正義的要求，不僅有內省的
功夫，也有犧牲奉獻的外在表現。此也展現了宗教信仰的正面價值，以
及輔助法律之所不逮的功能。

54　筆者訪問時抄錄。

55　民國八十八年五月廿五日訪問。

56　不著撰人，《聖賢甘霖》，（台中：聖賢堂，1973），頁 16，34，36。

57　善書反映社會現象的看法，宋光宇與陳主顯等，已在民國七十一年間已提出，見宋光宇，
　　〈「地獄遊記」所顯示的當前社會問題〉，省府民政廳編，《民間信仰與社會研討會論文
　　集》，頁 116-136；陳主顯，〈善書的宗教義理要義初探〉，收入《民間信仰與社會研討會
　　論文集》，頁 7-20。

伍、結論

　　從上面的論述或許可以看出民間信仰的內容雖然龐雜，然而紊亂之中，其實有部分原則的原則存在。在台灣民間教派裡，以聖賢堂系列鸞堂，因其試圖建構其教派的神學理論，因此從鸞友雜誌社出版的鸞書內容為對象，比較容易看到其建構的神鬼世界。而這類民間教派的發展，也確實得以影響一般民間信仰的觀念。

　　在這些鸞書中，我們可以看到神與鬼是有所區別的，其區別在於道德實踐能力的強弱，也就是功果的高低。聖賢堂系列鸞堂整合了過去民間流行的功過格以及儒家內聖外王等觀念，形成其功果觀，並建構了神界與地獄惡鬼體系，完備了其神學理論。作為封神理論基礎的功果觀，也反映在民間信仰中，因其與中國傳統的儒家觀念接近，因此容易被接受。漢人的鬼神觀是建立在道德觀念之上的，尤其是漢人的人格神，更是具備有相當的道德修持，才得以成就其神格。這個理論在現代社會是有其實用性的，信仰上由鬼成神需靠修持，當世人憧憬脫離苦海的神仙生活，轉而尋求信仰的支持時，內功外果的觀念不僅變成簡單明瞭的修持法則，在結合功過格等思想下，功果也成為方便的計量工具，強化了功果觀念的傳佈，形成台灣社會常聽見的勸修說法。

　　在民間信仰裡，一般人常以為民間宗教對於神鬼的觀念都是一致的，其實不然。本文以聖賢堂系列鸞書為基礎，指出儒宗神教的鬼神觀念及粗略的譜序分別，鸞書裡所提到的境主公、境城隍，與台灣社會實際的民間信仰行為息息相關，書中將地基主、床母等歸納為一般陰神善魂的說法，或許並不被所有人認同，但卻是研究此類信仰的重要參考資料，也是建構民間信仰神鬼譜序及架構的重要材料。

　　在這一套強調道德實踐的宗教理論下，當我們回顧台灣民間信仰裡的「鬼」，便可明瞭這些孤魂野鬼的性格為何不是固定不動的。因為鬼在接受奉祀後，隨著祂和周遭環境、社會、居民間的互動，極有可能因種種濟世及靈驗現象而轉化為神。這些濟世靈應現象可說是「鬼」所施行的積善行為，也反映了社會的現實需求。台灣民間信仰裡面的「神」，

也帶有相當的人性,因爲他們本來就是人死後所形成,在人、神、鬼三界而言,其關係是互相連動的,因此部分的孤魂,可以透過種種方式成爲神祇,而較低階的神祇,也可能因爲子孫不肖或本身的失德問題,再度墮入輪迴之中。聖賢堂系列鸞書,或許僅能呈現儒宗神教教派的鬼神觀念,但是這些區分當有助於釐清台灣民間信仰的神鬼觀及其投射出來的社會價值觀念,也是建構民間信仰中神鬼譜序的第一步。

附錄：

一、聖賢堂鸞書（以民國 75 年以前為主）

編號	書名	出版年
1	玉虛宮拜壽記	1972
2	玉皇普度聖經	1972
3	修道指南	1972
4	太上無極混元真經	1972
5	武聖聖蹟三字經	1973
6	五教聖尊共議薦舉　關聖帝君受禪玉帝經略	1973
7	聖賢甘霖	1973
8	聖賢甘霖第一輯	1973
9	聖賢真理第一輯	1973
10	《玉皇普度聖經、太上無極混元真經註釋》	1974
11	《淺述古今善惡因果報應》	1974
12	《十殿地獄》	1974
13	《天界傳真》	1975
14	《天德鸞音》	1975
15	《地獄遊記》	1978
16	《了道秘要》	1978
17	《道鑑》	1978
18	《聖賢真理第三輯》	1979
19	《聖學要義》	1979
20	《圓頓寶卷》	1979
21	《天堂遊記》	1980
22	《醒鐘》	1981
23	《聖賢真理第四輯》	1981
24	《人間遊記》	1982
25	《開心門》	1982
26	《聖賢真理第五輯》	1983

資料來源：王志宇，《台灣的恩主公信仰》，頁 274-276。

二、明正堂鸞書（至民國 84 年）

編號	書名	旨別	完書日期	乩生	傳真類別
1	觀世音救苦救難傳真	奉旨	67,3,15	勇筆	桃筆
2	實人實事因果報應	奉旨	67,7,28	勇筆	桃筆
3	大道康莊	奉旨	67,11,23	墨仙子	桃筆
4	大道心德	奉旨	68,10,05	墨仙子	金指
5	茫海歸舟	奉旨	69,05,06	墨仙子	桃筆
6	三曹成道捷徑史傳	奉旨	69,08,25	勇筆	桃筆
7	畜道心聲	奉旨	70,02,19	勇筆	桃筆
8	大漢天聲	奉旨	70,04,22	墨仙子	桃筆
9	開迷易俗	奉旨	70,06,03	墨仙子	金指
10	壽世救急妙方	奉旨	70,07,16	墨仙子	金指
11	天道奧義	奉旨	71,01,09	墨仙子	金指
12	無極皇母喚醒天經	奉旨	71,06,13	勇、明	桃筆
13	無極皇母喚醒天經註釋	奉旨	71,06,15	墨仙子	金指
14	瑤池聖誌	奉旨	71,07,05	勇筆	金指
15	明正之道	奉旨	71,08,18	正筆	桃指
16	彌勒古佛普化篇	奉旨	71,08,21	勇筆	金指
17	明正啟蒙	奉旨	71,08,21	明筆	桃筆
18	水晶宮遊記	奉旨	72,04,30	勇筆	桃筆
19	關帝顯靈聖記	奉旨	72,05,22	明筆	桃筆
20	濟佛點化金篇	奉旨	72,06,01	正筆	桃筆
21	生活指南	奉旨	73,01,22	明筆	桃筆
22	鳥語搜異記	奉旨	73,03,11	勇筆	桃筆
23	孝典	奉旨	73,04,28	正筆	桃筆
24	道心秘藏	懿旨	73,05,16	墨仙子	金指
25	舜帝勸孝經	奉旨	73,09,15	正筆	桃筆
26	枉死城遊記	奉旨	74,01,26	勇筆	桃筆
27	地府審案	奉旨	74,03,17	勇、墨、明	桃筆
28	老母懿訓（第一集）	懿旨	74,05,04	勇、墨	金指
29	文衡聖帝功過律（上卷）	奉旨	74,11,09	明筆	桃筆
30	處世真詮	奉旨	74,11,10	明筆	桃筆
31	皇母指迷篇	懿旨	75,05,20	墨仙子	金指
32	釋疑闡道錄（第一輯）	玉敕	75,06,11	勇、墨、明	金指
33	文衡聖帝功過律（下卷）	奉旨	75,06,28	明筆	桃筆

編號	書名	旨別	完書日期	乩生	傳真類別
34	道程真理	奉旨	75,09,07	明筆	桃筆
35	釋疑闡道錄（第二輯）	玉敕	76,06,07	明筆	金指
36	地府治罪條例	奉旨	76,06,28	明筆	桃筆
37	迷靈點化記	奉旨	76,06,29	明筆	桃筆
38	無極證道玄妙經	奉旨	76,11,07	明筆	桃筆
39	老母懿訓（第二集）	懿旨	76,12,05	明筆	金筆
40	無極證道玄妙經註釋	奉旨	77,02,21	明筆	桃筆
41	群真道程啟示錄	奉旨	77,03,20	明筆	桃筆
42	釋疑闡道錄（第三輯）	玉敕	77,08,20	明筆	金指
43	浮生醒道記	奉旨	77,11,19	明筆	桃筆
44	皇母家書	奉旨	78,01,29	明筆	桃筆
45	釋疑闡道錄（第四輯）	玉敕	78,08,19	明筆	金指
46	老母懿訓（第三集）	懿旨	78,10,28	明筆	金指
47	聖哲箴言釋義篇	奉旨	78,11,11	明筆	桃筆
48	訓婦道	奉旨	78,12,03	明筆	桃筆
49	釋疑闡道錄（第五輯）	玉敕	79,08,14	明筆	金指
50	八仙翁戒淫篇	奉旨	79,11,04	明筆	桃筆
51	蓬萊仙島遊記（附冊：無極仙童降凡來）	奉旨	80,05,04	明筆	桃筆
52	釋疑闡道錄（第六輯）	玉敕	80,08,04	明筆	金指
53	老母懿訓（第四集）	懿旨	80,08,25	明筆	金指
54	人生倫理之探求	奉旨	80,12,22	明筆	桃筆
55	老母懿訓（第五集）	懿旨	81,05,02	明筆	金指
56	真理、頓悟、禪	奉旨	81,07,04	明筆	桃筆
57	釋疑闡道錄（第七輯）	玉敕	81,08,15	明筆	金指
58	無極恩光大赦天下孤魂專輯	奉旨	81,11,09	明筆	桃筆
59	思歸正道人生	奉旨	82,02,07	明筆	桃筆
60	釋疑闡道錄（第八輯）	玉敕	82,08,11	明筆	金指
61	老母懿訓（第六集）	懿旨	82,10,30	明筆	金指
62	三教修真心法	奉旨	82,11,13	明筆	桃筆
63	警世因果報應實錄	奉旨	83,07,31	明筆	桃筆
64	釋疑闡道錄（第九輯）	玉敕	83,08,21	明筆	金指
65	駐駕仙真訓鸞篇	玉敕	84,02,26	明筆	桃筆
66	釋疑闡道錄（第十輯）	玉敕	84,08,13	明筆	金指

編號	書名	旨別	完書日期	乩生	傳真類別
67	因果因由錄	奉旨	84,09,16	明筆	桃筆
68	老母懿訓	懿旨	84,10,21	明筆	金指

資料來源：王志宇，《台灣的恩主公信仰》，頁 276-280。

　　附註：至民國 92 年 9 月，《釋疑闡道錄》已出版至第十六輯；《老母懿訓》亦至第十四輯。

三、聖德堂鸞書

編號	書名	著作出版年代
1	《畜道輪迴記》	1982
2	《幸福之道》	1982
3	《生命之光》	1982
4	《濟公活佛正傳》	1983
5	《聖德寶訓》	1983
6	《達摩指玄寶錄》	1984
7	《學佛因果錄》	1984
8	《聖道旅程》	1985
9	《靈山求道記》	1986
10	《無極瑤訊》	1987
11	《聖德寶訓第二輯》	1987

資料來源：王志宇，《台灣的恩主公信仰》，頁 407。

參考書目

一、史料

不著撰人，《三曹成道捷徑史傳》，台中：明正堂，1980。

不著撰人，《天界傳真》，台中：聖賢堂，1986。

不著撰人，《文衡聖帝功過律（上）》，台中：明正堂，1985。

不著撰人，《無極恩光大赦天下孤魂》。

不著撰人，《聖賢甘霖》，台中：聖賢堂，1973。

不著撰人，《聖賢真理（第三輯）》，台中：聖賢堂，1979，1981再版。

不著撰人，《釋疑闡道錄（第一輯）》，台中：明正堂，1986。

不著撰人，《釋疑闡道錄（第三輯）》，台中：明正堂，1988，1989再版。

不著撰人，《釋疑闡道錄（第五輯）》，台中：明正堂，1990。

不著撰人，《釋疑闡道錄（第九輯）》，台中：明正堂，1994。

不著撰人，《釋疑闡道錄（第十一輯）》，台中：明正堂，1996。

不著撰人，《釋疑闡道錄（第十三輯）》，台中：明正堂，1998。

清・周鍾瑄，《諸羅縣志》，南投：台灣省文獻會，1993。

清・周璽，《彰化縣志》，南投：台灣省文獻會，1993。

清・陳文達等，《鳳山縣志》，南投：台灣省文獻會，1993。

清・陳培桂，《淡水廳志》，南投：台灣省文獻會，1993。

清・蔣毓英，《台灣府志》，南投：台灣省文獻會，1993。

聖德雜誌社編，《聖德雜誌》，1981-1999。

聖賢雜誌社編，《聖賢雜誌》，1976-1983。

鸞友雜誌社編，《鸞友雜誌》，1969-2003。

二、專書

仇德哉編著，《台灣之寺廟與神明（四）》，台中：台灣省文獻委員會，1983。

王志宇，《台灣的恩主公信仰》，台北：文津，1997。

呂理政，《天、人、社會——試論中國傳統的宇宙認知模式》，台北：中研院民族所，1990。

呂理政，《傳統信仰與現代社會》，台北：稻香，1992。

李世偉，《日據時代台灣儒教結社與活動》，台北：文津，1999。

李豐楙，《性別、神格與台灣宗教論述》，台北：中研院文哲所籌備處，1997。

林美容，《台灣民間信仰研究書目（增訂版）》，台北：中研院民族所，1997。

林富士，《孤魂與鬼雄的世界——北台灣的厲鬼信仰》，板橋：台北縣立文化中心，1995。

姜義鎮，《台灣的民間信仰》，台北：武陵，1981。

陳哲三總編纂，《竹山鎮志》，南投縣竹山鎮：竹山鎮公所，2001。

黃文博，《台灣冥魂傳奇》，台北：台原，1992。

蔡相煇，《台灣的祠祀與宗教》，台北：台原，1989。

鄭志明，《台灣民間宗教論集》，台北：台灣學生書局，1984。

鍾華操，《台灣地區神明的由來》，台中：台灣省文獻會，1979。

三、論文

王志宇，〈台灣善書出版中心之研究——武廟明正堂鸞友雜誌社與善書出版〉，《台灣史料研究》7（1996），頁100-121。

王志宇，〈台灣的無祀孤魂信仰新論——以竹山地區祠廟為中心的探討〉，《逢甲人文社會學報》6（2003），頁183-210。

包如廉撰，陳有方、陳豫林譯，〈現在台灣的宗教生活——1994-1995年實地考察報告〉，《民族學資料彙編》11（1996），頁81-100。

包筠雅，〈明末清初的善書與社會意識形態變遷的關係〉，《近代中國史研究通訊》16（1993），頁30-40。

巨克毅，〈中國新興宗教的生死觀——天帝教生死理論初探〉，《宗教哲

學》5：3（1999），頁 79-96。

呂理政，〈鬼的信仰及其相關儀式〉，《民俗曲藝》90（1994）：頁 147-192。

呂理政，〈禁忌與神聖——台灣漢人鬼神信仰的特徵〉《傳統信仰與現代社會》，台北：稻香，1992，頁 89-105。

宋光宇，〈「地獄遊記」所顯示的當前社會問題〉，省府民政廳編，《民間信仰與社會研討會論文集》，台中：編者，1982，頁 116-136

李亦園，〈中國人信什麼教？〉，《宗教與神話論集》，新店市：立緒文化，1998，頁 168-199。

李豐楙，〈從成人之道到成神之道——一個台灣民間信仰的結構性思考〉，《東方宗教研究》4（1994），頁 183-210。

胡台麗，〈神、鬼與賭徒——「大家樂」賭戲反映之民俗信仰〉，收入中央研究院編，《中央研究院第二屆國際漢學會議論文集（民俗與文化組）》，頁 401-424。

戚長慧，〈從鬼格到神格：古寧頭戰役後金門西浦頭軍魂崇拜的時間與空間探討〉，見李豐楙、朱榮貴主編，《性別、神格與台灣宗教論述》，台北：中研院文哲所籌備處，1997，頁 169-187。

陳主顯，〈善書的宗教義理要義初探〉，收入《民間信仰與社會研討會論文集》，頁 7-20。

陳其南，〈論清代漢人社會的轉型〉，收入氏著，《台灣的傳統中國社會》，台北：允晨文化實業股份有限公司，1987，1993 一版五刷，頁 153-182。

陳春聲，〈三山國王信仰與移民社會〉，《中央研究院民族學研究所集刊》80（1995），頁 61-114。

陳敏慧，〈來自民間口頭傳統的心聲：以一場陳靖姑故事之轉述為例〉，《漢學研究》8：1（1990），頁 309-326。

黃萍英，〈台灣民間信仰「孤娘」的奉祀——一個台灣社會史的考察〉，中央大學歷史所碩士論文，2000。

鄭志明，〈功過格的倫理思想初探〉，《中國學術年刊》10（1989），頁 315-340。

鄭志明,〈台灣民間信仰的神話思維〉,見《民間信仰與中國文化國際研討會論文集》,(台北:漢學研究中心,1994),頁 95-140。

鄭志明,〈淺論中國民間宗教研究的態度與方法〉,《台灣民間宗教論集》,台北:台灣學生書局,1984,頁 15-33。

鄭志明,〈楊贊儒與聖德寶宮〉,《台灣文獻》51:3(2000),頁 139-163。

四、英文

Jordan, David K. *God, Ghosts, and Ancestors: Folk Religion in a Taiwanese Village,* Berkeley and Los Angeles: University of California Press, 1972.

Yang , C. K., *Religion in Chinese Society*, 1961, rpt., Taipei: Southern Materials Center, INC., 1978

Yu, Kuang-hong, "Making a Malefactor a Benefactor: Ghost Worship in Taiwan", Bulletin of the Institute of Ethnology Academia Sinica 70（1990）, pp.39-66.

臺灣民間信仰的祀神觀
——以苑裡慈和宮的格局與神明配置為例

壹、前言

　　臺灣人對於信仰相當熱衷,清人已有以「信巫尚鬼」譏之。在台人崇尚鬼神之下,臺灣的民間信仰顯得相當的複雜,它不僅參雜儒、釋、道三教神明,許多不明來源的神鬼,也成了神龕內崇奉之物。許多人秉持「不語怪力亂神」的態度,對此種雜祀現象或許不以爲然,不過民間信仰寺廟的神明配置,究竟與現實社會之間存在何種關係?有何意義?由此切入的討論者尚少。彭明輝的〈由神明配置圖看台灣民間信仰——以中和地區八座寺廟爲中心〉可說首發其端。他指出從中和地方公廟的主祀神與屬神配屬關係而論,儼然爲一神明社會組織,類似世俗官僚體制和社會關係的翻版。而從神明配置圖更可明顯看出民間信仰中三教合一的普遍現象,而各廟主神、屬神交錯,主從關係互換之情形所在多有,顯示在神明譜系中,上下、主客之間,並無一定章法可循。[1]此文點出了寺廟神明所反映的民間信仰的社會意義,可說找到了觀察民間信仰的新途徑,不過該文也有一些小瑕疵,如作者忽略了部分寺廟的教派色彩,如竟南宮的神明配置,應是恩主公系列鸞堂的配置方式,而主神與同祀神之間,本來就有主從之分,當然也會影響神明的配置問題,這些都需要加以說明,否則很容易誤判神明配置背後的種種意義。

　　究竟漢人民間信仰的觀念裡有無一定的神明譜系,抑或毫無章法可言,此似有相當討論的空間。筆者近來收集有關苑裏地區的資料,注意及當地的信仰中心慈和宮,其發展過程頗能引發吾人對此問題之反省。慈和宮爲苑裡一地的信仰中心,該宮於清乾隆 37 年(1772)間修建完成,直到民國 60 年才由地方仕紳倡議重修,79 年間又於其後增建玉皇

---

[1] 參見彭明輝,〈由神明配置看臺灣民間信仰—以中和地區八座寺廟爲中心〉,《新史學》6:4(1995),頁 45-87。

殿。戰後兩度的修建，奠下了目前慈和宮宏偉的廟貌，也由於慈和宮二
次的修建，寺廟內供奉的神明有所增加，這些新納入該宮供奉的神明，
其配置的情況，無疑的顯示了信眾內心對神祇的某些概念，當然也就反
映了民間信仰的價值系統。本文即以慈和宮的格局與神明配置爲中心，
探討俗民信眾對民間信仰諸多神祇的概念。

貳、慈和宮的修建過程及其格局

慈和宮緣起於清初，傳說於康熙 53 年（1715）建於今苑裡分駐所
一帶，乾隆 37 年間遷建於現址，民國 60 年在鎮長姚欣的倡議下，決定
改建。在姚欣組織改建委員會，主持改建事宜下動工並於 73 年完工，
舉行清醮大典。民國 78 年到 85 年間，又於慈和宮後興建玉皇殿。[2]

慈和宮於乾隆 37 年所遷建廟宇之格式屬於二進合院式建築，廟之
左側還有一觀音亭（參見附圖一），民國 60 年因重建之故，兩者皆已經
拆除。本宮現今所留存的主體建築爲民國 60 年所改建，於民國 73 年落
成。後殿玉皇殿則爲民國 78 年舉辦動土大典，次年正式興工改建，至
民國 85 年主體工程完成，舉辦神尊入火安座大典。民國 85 年玉皇殿完
工後，慈和宮成爲一三進合院式建築，含三川殿、主殿及後殿（玉皇殿），
[3]要之目前慈和宮前後二殿皆爲戰後所施作的建築。[4]

---

[2]　參見〈苗栗縣苑裡鎮慈和宮慶成祈安五朝圓醮法事程序表（2002 年）〉，頁 3。

[3]　亦有學者以殿宇數目計算，而分單殿式、兩殿式、三殿式及多殿並連式。依此標準，慈和
宮屬於三殿式。見李乾朗、俞怡萍合著，《古蹟入門》，（臺北：遠流，1999），頁 28。

[4]　有關慈和宮的建築請參見王志宇編撰，《苑裡慈和宮志》（初稿），第五章。

附圖一：民國 60 年改建前的慈和宮平面示意圖

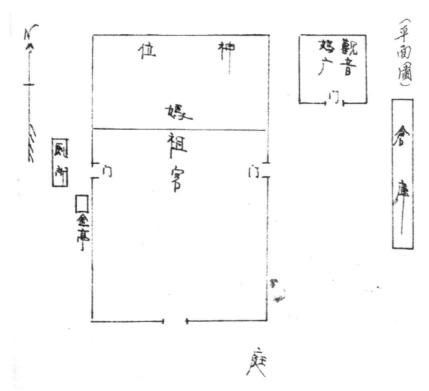

資料來源：〈苑裡鎮公所寺廟調查表〉，民國 49 年。

附圖二：民國 60 年改建前的慈和宮

資料來源：翻拍自王春風主編，《蓬山風情—苑裡老照片專輯》，
（苗栗市：苗栗縣立文化中心，1998），頁 97。

　　慈和宮的改建，在工法上雖已改爲使用混擬土等現代材料，不過在外觀上，仍保留南方系統特色的傳統建築風格。南方式傳統建築較爲一致的特色有：一、屋頂、屋身之線條較爲輕快多變化；二、屋頂裝飾繁複，手法多見泥塑、陶瓷等，裝飾物之造形豐富、顏色華麗多樣；三、屋身之棟架結構與牆面喜歡以雕刻、泥塑等手法加以裝飾；四、建築彩繪多以蘇式彩繪爲主；五、建築組群中的單體建築規模較小，風格以秀麗爲主，不似北方建築之宏偉壯麗。[5]慈和宮在建築格局上屬於二進合院式的寺廟，前有三川殿，有五個出入口主殿之旁有左右偏殿，偏殿之外有左右廂房。主殿供奉媽祖，各偏殿及廂房分別供奉有觀音佛祖、關聖帝君等神祇。

　　民國 73 年舉辦清醮期間，經信徒的建議，擬興建玉皇殿。經請示

---

[5] 謝宗榮，《台灣傳統宗教藝術》，（台中：晨星，2003），頁 218。

聖母獲得同意後，開始籌畫興建玉皇殿，並於民國 78 年舉行破土大典。[6]慈和宮在玉皇殿的興建過程，有關寺廟格局及神祇的安奉，該宮管理委員會曾參酌相當多之寺廟之形式及神祇供奉情況，如松山奉天宮、木柵指南宮、四湖參天宮高雄龍成宮等皆曾是慈和宮玉皇殿興建前的參考對象，[7]最後終於決定興建一樓閣式格局的玉皇殿，樓高三層。

　　部分學者於討論有關傳統寺廟的後殿建築時，指出一般供奉在後殿的神明雖然有時神格高於主神，如觀音廟中後殿供奉三寶佛、王爺廟或媽祖廟中後殿供奉玉皇上帝等，但在廟宇建築群中的重要性則較低於正殿。傳統廟宇的後殿與前殿在規模與高度上不如正殿，但近代也有將後殿建得比正殿高出許多者，但通常是在作為供奉玉皇大帝的靈霄寶殿時，方不違反一般民間信仰的認知，如鹿港天后宮、東港東隆宮等。[8]慈和宮玉皇殿的建築即如同後者的狀況，玉皇上帝神格高於媽祖，因此能夠興建樓閣式高過於前殿的三層建築。所以寺廟的建築格局本身已蘊含供奉神明神格高低的價值觀念於其中，而除此之外，神祇配置的位置，其實也反映信眾對民間信仰神譜的認知。

---

[6]　張水連先生，黃淑敏女士口述，2004 年 8 月 31 日訪問。

[7]　參考《慈和宮主委張水連先生手札（1988 年）》，（手稿）。

[8]　謝宗榮，《台灣傳統宗教藝術》，頁 241。

參、慈和宮神明配置之變化

　　慈和宮從清代到日治時期，其供奉神明的實際尊數及位置雖然沒有充分的文獻資料可以驗證，不過到民國 49 年苑裏鎮公所的宗教調查料，已詳細記錄慈和宮的神明有天上聖母、城隍爺、註生娘娘（本殿）及觀音佛祖、十八羅漢（主殿左側觀音亭）。[9]民國 53 年慈和宮填報的調查資料已多出千里眼、順風耳和三官大帝。[10]日治時代已在慈和宮活動的陳鄭桃仔女士亦指出，慈和宮的大媽、二媽、三媽及香燈媽、註生娘娘、神農大帝、虎爺、觀音佛祖、十八羅漢都是早期（指清代）留下來的神像，城隍爺是在日治時代慈和宮建醮時，從新竹城隍廟請來鑑醮，且是由信眾乘輕便鐵道台車請來。建醮完成後，新竹城隍廟執事欲前來請回，惟擲筊之後，城隍爺並不想回去，因而留了下來。[11]民國 49 年及 53 年的調查資料沒有神農大帝，可能因為神農大帝的神像已經失竊，而虎爺一直被漠視，沒有在調查資料上出現。大致而言，上列神明為慈和宮在民國 60 年改建之前的神明陣容。民國 60 年改建之後，增加了地藏王菩薩、關聖帝君等神。慈和宮為媽祖廟故主殿供奉媽祖，左龕供奉註生娘娘，右龕供奉都城隍，左偏殿供奉觀音佛祖，右偏殿供奉神農大帝，左廂房供奉地藏王菩薩及陳五志、照公和尚祿位，右廂房供奉關聖帝君。各殿供奉神祇及其陪祀神詳見附圖三：

9　　〈苑裏鎮公所寺廟調查記錄〉，1960 年。

10　　〈臺灣省苗栗縣苑裏鎮寺廟登記表〉，1964 年。

11　　陳鄭桃仔女士口述，2004 年 8 月 31 日訪問。

附圖三：慈和宮正殿的神明位置圖

慈和宮正殿神明位置圖

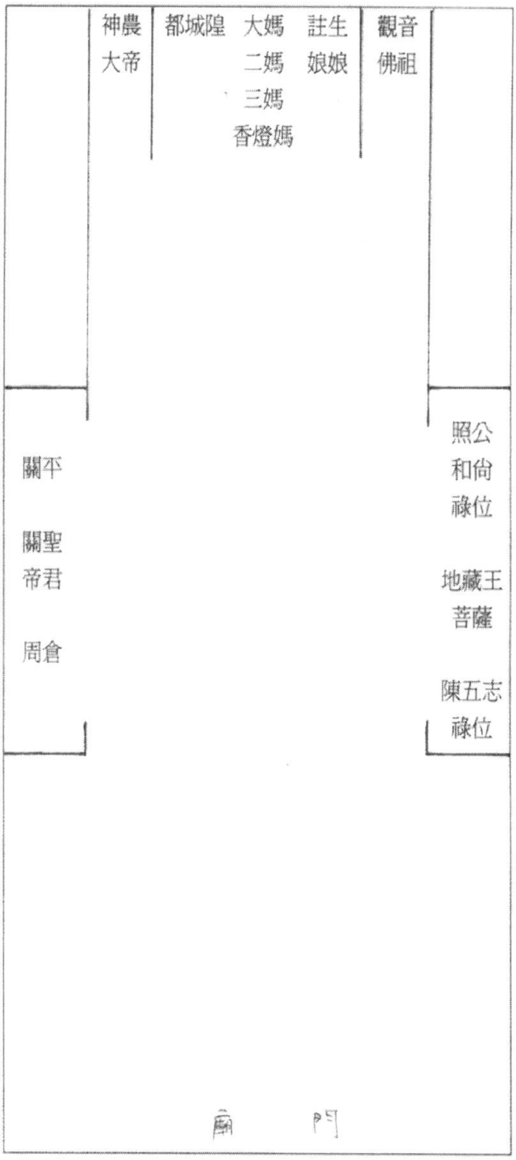

神農大帝	都城隍	大媽 二媽 三媽 香燈媽	註生娘娘	觀音佛祖

關平

關聖帝君

周倉

照公和尚祿位

地藏王菩薩

陳五志祿位

廟　門

資料來源：王志宇據現今神祇供奉情況繪製。

　　公廟神明的奉祀通常與地方之間村有相當密切的關係，尤其是較被重視會爲其舉辦千秋祭典的神明。通常這些神明會因爲歷史發展、族群、村莊所處的環境以及神明本身所提供的功能等等而被迎入，[12]慈和宮也是如此，早期的媽祖及觀音之外的神祇，雖因資料不詳，無法瞭解其真正被引入廟中供奉的原因，不過後來的都城隍之受供奉，如上所言，爲日治時代慈和宮建醮時請來鑑醮之神明，建醮完畢後，留置於廟內。民國 60 年慈和宮改建，改建完成後，廟內的空間變大，也就有機會容納更多的神明。

　　民國 78 年開始增建玉皇殿後，慈和宮又漸次增加了若干神明。神祇的增加當然是因應玉皇殿的落成而加入，而其來源有因模仿他廟、信眾的建議以及需要等因素。慈和宮的玉皇殿目前神祇的配置情形，三樓中位爲主神玉皇上帝之神位，左一爲長生大帝，左二爲青華大帝，右一爲紫微大帝，右二爲天皇大帝。二樓中位爲天官大帝，左一爲地官大帝，右一爲水官大帝，左二爲玄天上帝，右二爲文昌帝君，左三及又三之位置配置太歲星君，左三位前有值年太歲、斗姥星君及左輔星君，右三位前有右弼星君及南極仙翁。一樓則配置五斗星君，觀世音菩薩、天上聖母及趙、王、溫、馬四大天君。其詳細配置參見附圖四。

附圖四：慈和宮玉皇殿的神明配置圖

一樓	天皇大帝	紫微大帝	蓮女	玉皇上帝	蓮女	長生大帝	青華大帝
二樓	太歲星君 值年太歲	文昌 右弼	水官 南極仙翁	天官 斗姥	地官 左輔	玄天上帝	太歲星君
三樓	天上聖母 溫天君	北斗 趙天君	西斗 王天君	中斗 馬天君	東斗	南斗	觀音菩薩

12　有關此方面的問題可參見王志宇，〈竹山地區的公廟—以玄天上帝與慚愧祖師信仰爲中心〉，《逢甲人文社會學報》4（2002 年五月），頁 183-210。

附圖五：目前慈和宮全貌

肆、慈和宮神明配置所顯示的民間信仰觀念

　　如前所述，慈和宮的玉皇殿於興建過程曾參考許多寺廟的建築及神祇供奉情況，也就是說玉皇殿神祇的安奉顯然已是各廟神祇供奉方式交流的結果，然而至民國 85 年玉皇殿主體完工，一部分神祇安座以後，另一部分神祇的安奉也受到外地善信的影響。如 87 年間，有南部善信向主委張水連先生建言，應在三樓供奉東極大帝（青華大帝）、西極大帝（天皇大帝）、太乙救苦天尊、張天師，一樓應加奉馬勝天君及溫瓊天君，[13]這些建議慈和宮顯然接納了一部分，也就形成目前所見到的神

---

[13]　見〈苑裡鎮慈和宮管理委員會第五屆第四次管理、監查委員聯席臨時會議紀錄〉，民國 87

明配置狀況，可見有關神祇的配置是諸多信徒間意見交流的結果，也讓慈和宮的神祇配置有其廣泛的意見基礎。

　　爲何慈和宮玉皇殿的三樓供奉玉皇上帝以及長生大帝、紫微大帝、青華大帝、天皇大帝？供奉玉皇上帝當然因爲所漸爲玉皇殿，玉皇上帝是主神，而供奉長生大帝等四位大帝就與民間信仰中對於神仙系譜的認知及安排有關係。台灣的民間信仰雜揉相當多的道教元素在其中，而道教是多神教，神靈眾多。古代的神話與神仙觀念是道教的主要來源之一，到了魏晉時期，道教神仙已經十分龐雜，但是散亂無序。最遲到了南朝梁代，建立自己完整有序的神仙系譜已是道教發展的客觀要求。是以道教理論家陶弘景撰寫的《真靈位業圖》，是第一部較爲系統的道教神譜，也是順應此一歷史發展要求的產物。在此神譜中，陶弘景將神仙分爲七個階層，每一階層設一中位，由一位神仙主持，中位之外又分設左位、右位若干席次，安排諸神。七個階層井然有序，以第一階層爲最尊，依次分級，其中位主神分別爲：

　　第一階層，上清虛皇道君元始天尊。
　　第二階層，上清高聖太上晨玄皇大道君。
　　第三階層，太極金闕帝君。
　　第四階層，太清太上老君。
　　第五階層，九宮尚書張奉。
　　第六階層，右禁郎定祿真君中茅君。
　　第七階層，酆都北陰大帝。

　　各階層除中位主神外，數十位左右位神仙，這些神仙或由道教杜撰，或者取自歷史上的帝王將相或聖人先賢，取材龐雜。不過此《真靈位業圖》較之其他神譜影響爲大，其作爲此時期道教神仙系譜的代表，已初具規模，具有系統化、等級化的特徵。《真靈位業圖》只是上清派一家之言，它奉元始天尊、元始天王、太上大道君、金闕帝君等爲最高神，靈寶派則以元始天尊、太上老君地位爲最尊，而天師派則尊老子爲

最高神祇。三派各行其是，在最高神祇的問題上彼此並不相容。然而隨著道教的發展和各派的互相交融，大致在南北朝末期，出現了統一的最高尊神「三清」，即元始天尊、靈寶天尊和道德天尊。三清的出現是在《真靈位業圖》的基礎上架構而成，標誌著道教神仙系譜的最終定型。雖然道教在發展過程中仍不斷增加新的神靈，但以「三清」為最高尊神的格局至今未變。[14]

　　「三清」、「四御」是道教神靈系譜中所常提及的神靈，「三清」是最高神祇，其次則是「四御」。四御是道教信奉的四位天帝，分別指玉皇大帝、紫微北極大帝、勾陳上官天帝和承天效法后土皇地祇，屬於道教譜系中的第二級天神。不過其中玉皇大帝的發展卻遠大過於三清，在民間老百姓中，只知有玉皇大帝是眾神之王，而大多不知道在他之上還有三清。這種現象的產生與中國人的傳統觀念有關，受到中國封建社會的影響，皇帝成為至高無上的人間統帥，而皇帝是真命天子，其權力源自於天帝的認可和傳授。雖然玉皇大帝出現和定型於唐宋時代，但帝、天帝、上帝的觀念早在殷商時期就已盛行。人間帝王稱為「天子」，就可證明天帝的絕對權威，明代《西遊記》所記玉皇大帝，掌握天國的最高權力，一切天神、地祇、人神等皆得聽其調度，此種上下尊卑的統治秩序，並非吳承恩所創造，而是傳統觀念影響的結果。[15]

　　事實上從中國宗教發展歷史而言，「四御」應是由「六御」發展而來。中國古代稱上下、四方為六合，各有神靈主管，以後在道教神系中逐漸演變為「六御」。宋代編成的《無上黃籙大齋立成儀》的經書中，在「三清」神後排列了六位天帝，依次為統御萬天上黃上帝、統御萬雷勾陳大帝、統御萬星紫微大帝、統御萬類青華大帝（或用「東極太乙救苦天尊」）、統御萬靈長生大帝、統御萬地后土皇地祇。上列天神道經統稱為「昊天六御宸尊」。大約在南宋時期，六御逐漸演變成四御，形成

14　有關道教三清尊神的發展，參見于民雄，《道教文化概說》，（貴陽：貴州人民出版社，1992 一版二刷），頁 108-110。

15　參見于民雄，《道教文化概說》，頁 112-113。

定局。[16]不管是「四御」或是「六御」，從慈和宮玉皇殿的神祇供奉上而言，顯然受到部分傳統道教觀念的影響，但是這部分更直接的因素，可能來自戰後道教會相關書籍的流佈。

　　民國 83 年中華民國道教會台北分會出版《道教諸神聖紀》，將道教的諸種神明的譜系做了一次整理，如該書所言：「道教係屬多神教，舉凡天地、斗闕、星宿、三界、四極、五方、八仙、山川、社稷以及有功於國族人民者均予崇信。神分為先天、後天二大類，最高之神為三清道祖，所以道教徒又稱三清弟子，三清就是先於天地萬物的宇宙原能一切的本體，玉皇上帝則係萬天之主。由人進修成神者有神、仙二大類。仙人係修道大成，具自在無礙之神通者；而神人則祀『有功德與民者』。」[17]

　　這種神譜的整理勢必影響部分信眾的認知，加上原來道教觀念的傳佈，其影響似乎不容小覷。如同葛兆光所指出，神譜的演變相當複雜，從神話到鬼話，從巫覡神譜到宗教神譜，推動這種演變的動力既有宗教家有意識構造宗教神的意願，也有下層人民因原始思維的遺留而不自覺地創造神祇的無意識行為，甚至還有東漢以後佛教東來給中國神鬼譜系帶來的影響，但其中最重要的還是道士的構造。透過「有目的有意識地構造神譜的行為完成之後，道教中的哲理成分就被神的光輝掩蓋，宗教便取代了哲理，神祇也就改變了它原有的天真無邪的浪漫色彩」。[18]慈和宮玉皇殿三樓所奉祀的五位尊神，顯然受到此種神譜觀念傳佈的影響。如主持改建適宜的張水連主委所言：「原來玉皇殿三樓僅奉玉皇上帝長生大帝及紫微大帝，後來參觀了許多宮廟，並與曾和興道士、苗栗縣道教會陳國勳總幹事討論後，而供奉了四極大帝。二樓三官大帝、文昌帝君、玄天上帝、太歲星君斗姥星君和一樓五斗星君等的供奉也是如此。」[19]這些神祇的供奉顯然受到道士以及道教會勢力的影響，尤其 83 年以

16　黃海德，《天上人間—道教神仙譜系》，（台北：大展出版社，2000），頁 53-54。

17　道教會編印，《道教諸神聖紀》，（台北：中華民國道教會台北分會，1994），頁 4。

18　葛兆光，《道教與中國文化》，（台北：東華書局，1989），頁 77。

19　張水連口述，2004 年 8 月 31 日訪問。

後，《道教諸神聖紀》一書的流通，應該對於此類神祇的配置，產生相當大的影響。

　　在《道教諸神聖紀》書中，記載道教神明的關係圖，說明一炁化三清而後元始陰炁結道姥，而有東王公、西王母。而後進入太極界，玉皇上帝為太極界中的最尊神，左右各有代表四極星體的四極大帝與代表五行的五老。而三官大帝、玄天上帝皆為太極界之神，梓潼文昌帝君則為後天真仙，而天上聖母、關聖帝君則屬於功國神靈的後天神。其系統圖請參見下表：

附圖六：道教神明關係系統

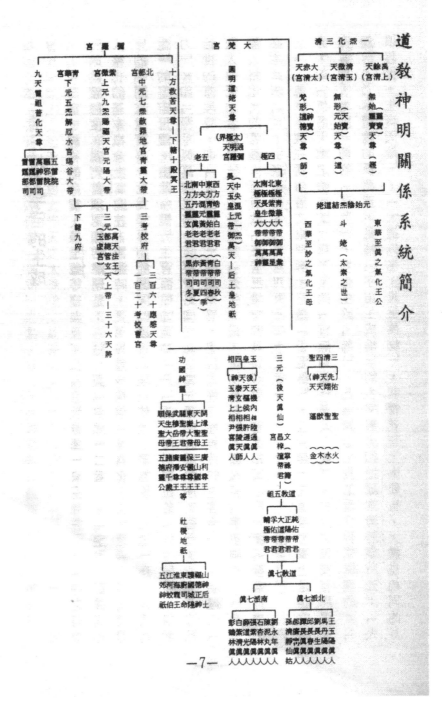

資料來源：道教會編，《道教諸神聖紀》，頁 7。

　　從上面的系統圖可以看到後來到教會所整理出來的神明體系，而慈和宮玉皇殿除了主神玉皇大帝外，其四極大帝的供奉，以及二樓供奉三界公與玄天上帝、文昌帝君，一樓供奉五斗星君、觀音菩薩、天上聖母與四大天君，這些安排與當時民間信仰中相關神祇觀念的傳布以及道教會欲圖釐清道教神明體系所做的努力等均有關係。顯然慈和宮玉皇殿，是以玉皇大帝配上四極大帝，加上廣受臺灣民間崇拜的三官大帝，以及源自星辰信仰的北極玄天大帝、文昌帝君、五斗星君、太歲星君的崇拜而成，反映臺灣民間信仰的實況，也反映臺灣安太歲、拜斗習俗的盛行。[20]

　　慈和宮的前殿，除了主神媽祖之外，其他如註生娘娘、都城隍、觀音菩薩、神農大帝、地藏王菩薩、關聖帝君，這些神明在功能職務上或有不同，但在神格上，可說是屬於相近的後天神，又受到慈和宮在歷史發展上有其原來的供奉神明（如觀音菩薩、註生娘娘及神農大帝等），因此在配置上並無特別強調之處。相較之下，玉皇殿的神明供奉便有較嚴格的體系。兩者之間因主神的神格不同、興建時間與神明供奉的先後不同，顯然有比較明顯的差異，而此一差異更可顯示民間信仰對神祇的認知。

　　大致而言，民間信仰本就是一雜揉多方神靈的信仰體系，新神靈不斷的產生與融入，這些神靈也在信眾的認知下有所排序，如胡台麗研究民國 75 年前後盛行的「大家樂」賭戲，一般人為了中獎，大多求諸神鬼，這個過程反映出民間社會的信仰觀念及社會價值觀。她指出：「不論神明被奉祀於合法登記的寺廟或地下神壇，賭徒大都相信大神是正神不會管『大家樂』。許多學者發現民俗信仰中的神祇是中國官僚體系的反映。大神、正神接受過玉皇大帝或今世皇帝敕封，並擁有權威者的尊

---

[20]　蕭登福指出拜斗出於道教南斗主生北斗主死的星神信仰，旨在祈求北斗七星君為人消災解厄、延年益壽。而太歲信仰緣起於主司六十甲子之六十元辰神。六十元辰後來慢慢推演到太歲上面，成為六十太歲。後人承襲漢代太歲相逢、相破的觀念，和十二生肖結合，以此來談論和太歲的相逢、相沖，與太歲相逢、相沖者都需安太歲。而拜斗和安太歲也就成為廟宇重要的財源收入之一。見蕭登福，《道教與民俗》，（台北：文津，2002），第三章拜斗與安太歲，頁 50-72。

稱如『帝』、『皇』、『元帥』、『將軍』、『爺』、『公』、『娘』等。祂們是制法、執法者，致力於維繫社會道德與規範。正神的階序愈大愈不參與賭博，階序小的正神如土地公就捲入『大家樂』，中等階序的神有些偶而參與。[21]」此說明了一般人對於神靈的認知，神靈之間有著大小神靈之分。這些神靈可能因爲種種機緣，展現其靈驗的神異能力，透過這種能力與居民之間有所互動，進而升級成爲更高級的神靈。[22]甚至台灣的鸞堂不僅建立了一套天界觀念，將三清、五老、玉皇上帝、佛教諸神等皆納入此一體系，並強調修持的觀念，詮釋神人因努力修持，成就功果，得以晉級成爲更高的神靈，展現鸞堂的教化性質。[23]是以慈和宮神祇的擺設，是一種寺廟主從格局的強調與民間信仰觀念傳佈流通之後的結果，它有著原來的同祀神與主神的主從關係，也有廟宇增建後的格局規劃與神祇神格間相互配合的問題，以及所供奉諸神與苑裡當地人群之間的關連，在這一寺廟之內全然表現無遺。

伍、結論

雖然部分學者認爲民間信仰的祠廟，其神明配置雜亂無章，不過我們從寺廟神明配置的主從關係以及這些神明在神明譜系上的地位來觀察，實可發現信眾對於神明的供奉和配置並非全然無序的，寺廟的神明供奉有其邏輯，也和神明所居的寺廟建築相配合。臺灣的民間信仰看似雜亂，其實蘊含著漢人社會的一套思想邏輯體系。寺廟中主神的供奉，象徵一家中的戶主，其擺設位置及祭典都是最爲顯目，以彰顯其地位，其餘的同祀神，則視各該神祇和地方社會的關係，而有所定位，此尤其在地方的信仰中心寺廟，表現越爲明顯。

21　胡台麗，〈神、鬼與賭徒——「大家樂」賭戲反映之民俗信仰〉，收入中央研究院編，《中央研究院第二屆國際漢學會議論文集（民俗與文化組）》，頁421。

22　有關此一觀念的探討可參見王志宇的討論，見氏著，〈臺灣無祀孤魂新論—以竹山地區祠廟爲中心的探討〉，《逢甲人文社會學報》6（2003年5月），頁183-210。

23　有關此一觀念的討論可參見王志宇，〈臺灣民間信仰的鬼神觀—以聖賢堂系列鸞書爲中心的探討〉，《逢甲人文社會學報》7（2003年11月），頁117-140。

　　慈和宮的主神為媽祖，所以居於正殿，而後殿—玉皇殿及其他同祀神的擺設位置便有相當的考量。以慈和宮而論，因為主神為媽祖，後殿興建的時候便考慮臺灣民間普遍崇信的玉皇上帝信仰。也因為決定增建玉皇殿，以玉帝的神格而論，在建築格局上可高於前殿的媽祖，這是符合神譜秩序的安排。而玉皇上帝居於玉皇殿最高位置也是最明顯的地方，兩旁供奉四極大帝，這同屬於道教譜序裡太極界的部分，呼應戰後道教會所建立的神明譜序，而且在星宿信仰盛行之下，於一樓有五斗星君的設置，並配以道教護法四大天君，這都是切合臺灣社會需求以及神明譜序的安排。當然民間信仰的神祇是不斷變化的，民間信仰裡不同教派不斷流通的神祇觀念，終究會彼此吸收影響，而原先道教的觀念，在漢人社會的多神崇拜觀念相刺激下，亦會不斷吸納民間信仰中一再產生的神祇，且將其安排在神譜中適當的位置上。《道教諸神聖紀》是刻意將漢魏以來的神明體系再做重整的結果，其出版勢必對臺灣的道教及一般祠廟有所影響，而慈和宮神祇配置的安排，亦僅是反映此種現象的一端而已。

參考書目

一、史料

不著撰人,〈苗栗縣苑裡鎮慈和宮慶成祈安五朝圓醮法事程序表〉,苗栗苑裡:慈和宮,2002

不著撰人,〈苑裏鎮公所寺廟調查表〉,1960

不著撰人,〈臺灣省苗栗縣苑裏鎮寺廟登記表〉,1964

張水連,《慈和宮主委張水連先生手札(1988年)》,(手稿)專書

于民雄,《道教文化概說》,貴陽:貴州人民出版社,1992一版二刷

仇德哉編著,《台灣之寺廟與神明(四)》,台中:台灣省文獻委員會,1983

王志宇編撰,《苑裡慈和宮志》(初稿),2004

王春風主編,《蓬山風情—苑裡老照片專輯》,苗栗市:苗栗縣立文化中心,1998

李乾朗、俞怡萍合著,《古蹟入門》,臺北:遠流,1999

葛兆光,《道教與中國文化》,台北:東華書局,1989

道教會編印,《道教諸神聖紀》,台北:中華民國道教會台北分會,1994

蕭登福,《道教與民俗》,台北:文津,2002

謝宗榮,《台灣傳統宗教藝術》,台中:晨星出版公司,2003

二、論文

王志宇,〈竹山地區的公廟——以玄天上帝與慚愧祖師信仰為中心〉,《逢甲人文社會學報》4(2002年5月),頁183-210

王志宇,〈臺灣民間信仰的鬼神觀——以聖賢堂系列鸞書為中心的探討〉,《逢甲人文社會學報》7(2003年11月),頁117-140

王志宇,〈臺灣無祀孤魂新論——以竹山地區祠廟為中心的探討〉,《逢甲人文社會學報》6(2003年5月),頁183-210

李豐楙,〈從成人之道到成神之道——一個台灣民間信仰的結構性思

考〉,《東方宗教研究》4（1994 年 10 月），頁 183-210

胡台麗,〈神、鬼與賭徒——「大家樂」賭戲反映之民俗信仰〉,收入中
　　央研究院編,《中央研究院第二屆國際漢學會議論文集（民俗與
　　文化組）》,頁 401-424

彭明輝,〈由神明配置圖看台灣民間信仰——以中和地區八座寺廟爲中
　　心〉,《新史學》6：4（1995 年 12 月）,頁 45-87

三、口述人

張水連先生，1917 年生，曾任慈和宮管理委員會主委。

黃淑敏女士，現任慈和宮會計。

陳鄭桃仔女士，1921 年生，曾任慈和宮廟務工作。

廟會活動與地方社會
——以臺灣苑裡慈和宮為例

摘　要

　　本文藉由苑裡慈和宮舉辦的進香、普度、建醮等廟會活動，探討這些廟會活動的發展與變化，以及這些廟會活動與苑裡地方社會之間的關係。由於苑裡一地從清代開發以後，客家人有往近山的山腳地區集中的趨勢，形成苑裡有內區（山腳區）、外區（近海平原區）之分，日治時代正式劃分為山腳區與苑裡區兩行政區域，隸屬於通霄支廳。透過慈和宮的廟會活動，苑裡居民不僅年年進行一些集體活動，且過去的廟會常有繞境遊莊的活動，此活動必定繞行內外兩區。從過去慈和宮的廟會活動，以及戰後慈和宮因進香活動需要而設立的里公辦會制度的興廢，都可看出慈和宮作為苑裡地區信仰中心的角色。而其廟會活動所具備的集體性活動，可視為苑裡居民透過慈和宮執事的策劃與安排，參與一種兼具宗教性、娛樂性與協調演訓性質的活動，成為凝聚苑裡地方社會共同意識的場合。

關鍵詞：廟會、地方社會、進香、普度、建醮、苑裡

壹、前言

　　廟會一詞所指為圍繞在廟宇所發生的群體性信仰活動，它起源於古代的宗教社郊制度，在以此為主體而產生的儀禮、儀式等各種祭祀行為都是廟會文化的內容。[1]是以論者認為廟會是從中國古代嚴肅的宗廟祭祀和諸侯合會以及民間信仰中誕生。漢、唐、宋時期加入佛、道教的宗教信仰和娛樂形式，到了明清有了進一步的發展，突出商貿功能，而成為人們經濟生活、精神生活和文化生活的重要組成部分。[2]臺灣的廟會活動興盛，各類的進香、建醮、普度、酬神等，幾乎見於各個年節，形成臺灣宗教信仰中重要的一環，理解臺灣的社會與宗教信仰現象，似乎不能忽略此種集體性活動。臺灣早期針對廟會活動進行研究的學者尚少，大多集中在個別祭祀活動的記錄與探討，而予以社會學或人類學等種種詮釋，此如建醮、媽祖進香、王船祭等的相關研究為是。

　　將廟會活動與地方社會結合，視此活動為形塑地方社會的一種機制或象徵者，已是近幾年來相當熱門的一種研究取向。此研究取向的出現或許與楊念群所指出的「國家─社會」二分框架應用於社會史研究有關，但他認為此一方式在方法論上引發了對中國制度變遷與基層社會組織運作非整體化式的研究，此種研究的具體策略就是通過運用地方史分析的方法，展開對國家─社會二分框架的移植與修正，其影響在於「直接拓展出了『地方史』研究的新境界。以往不被整體史注意的城市史、社區史、宗教禮儀、基層組織、士紳構成等歷史面向，通過不同的敘述方式紛紛進入了歷史學家的視野，並分割──出了各自的研究空間。[3]」

　　在這些研究中針對台灣的廟會活動有著指標性研究的，如 Stephan

---

[1]　有關廟會的起源，參見高有鵬，《中國廟會文化》，（上海：上海文藝出版社，1999 年 6 月），頁 3-27。

[2]　王兆祥、劉文智著，《中國古代廟會》，（台北：臺灣商務印書館，1998 年 11 月），頁 18。

[3]　楊念群，〈導論：東西方思想交會下的中國社會史研究──一個「問題史」的追溯〉，見楊念群主編，《空間、記憶、社會轉型──「新社會史」研究論文精選集》，（上海：人民出版社，2001 年 5 月），頁 27。

Feuch twang（王斯福）[4]、Paul Katz（康豹）[5]等，尤其在康豹以讀書會方式帶領出來陳世榮[6]、賴玉玲[7]等人，撰寫此一主題相關論文，而逐漸蔚為一股風潮，以地方社會為題的論文邁增。

　　其中廟會活動與地方社會關係而論述者，如陳凱雯以《日日新報》為主，透過該報紙對基隆慶安宮的報導，指出大正3年（1914）該廟董事許梓桑等至大陸湄州迎回媽祖一事，提升了慶安宮的地位，又基隆的祭典活動集中在慶安宮舉行，亦彰顯了慶安宮的重要地位，以致於得到日本官員的認同，參與祭典活動[8]。陳志豪以關西太和宮為例討論關西地區的地方菁英與寺廟和地方社會間的關係，並兼論太和宮祭典活動的意義。[9]陳建宏以大溪普濟堂的繞境活動為例，探討該堂的繞境活動以及伴隨發展的「社團」及「社團聯誼會」，藉以繞境活動與地方社會以及地方菁英與寺廟間的種種問題。[10]

　　多篇與廟會相關研究的出現，似乎彰顯了廟會活動受到學者的關注，其中李豐楙藉由西洋宗教學、人類學的過渡儀式理論，解析中國式節慶的歷史脈絡，試圖融合其提出的「常/非常」理論，對此領域有相

---

[4]　王斯福以台北的廟宇為例，探討廟宇的祭典活動以及國家力量對廟宇的影響，見 Stephan Feuchtwang, "City Temple in Taipei under Three Regimes." In Mark Elvin and William Skinner eds.. *The Chinese City Between Two Worlds*. pp.263-302.

[5]　康豹於民國86年起撰有〈慈祐宮與清代新莊街地方社會之建構〉，《台北縣立文化中心季刊》53（1997年6月），頁71-78；"Temple Cults and the Creation of Hsin-Chuang Local Society" 收於湯熙勇主編，《中國海洋發展史論文集》（第七輯下冊），頁735-798。

[6]　陳世榮撰寫《清代北桃園開發與地方社會建構（1683-1895）》（中央大學歷史研究所碩士論文，1998）後，發表多篇論文，如〈清代北桃園的地方菁英及「公共空間」〉，《國立政治大學歷史學報》18（2001年5月），203-242；〈近代大料崁的菁英家族與地方公廟：以李家與福仁宮為中心〉，《民俗曲藝》138（2002年12月），頁239-278等多篇論文。

[7]　賴玉玲撰寫《新埔枋寮義民爺信仰與地方社會的發展──以楊梅地區為例》（中央大學歷史研究所碩士論文，2000）後，發表〈楊梅的義民信仰聯庄與祭典〉，《民俗曲藝》137（2002年9月），頁165-201。

[8]　陳凱雯，〈日治時期基隆慶安宮的祭典活動──以「臺灣日日新報」為主〉，《民俗曲藝》147（2005年3月），頁161-200。

[9]　陳志豪，〈寺廟與地方社會之研究──以關西太和宮為例〉，《民俗曲藝》147（2005年3月），頁201-259。

[10]　陳建宏，〈繞境與地方社會──以大溪普濟堂關帝誕辰慶典為例〉，《民俗曲藝》147（2005年3月），頁261-332。

當的貢獻[11]。後來大陸學者趙世瑜主張作為歷史學研究新範式的社會
史，強調自下而上的研究，將其相關的民間信仰研究集結出版《狂歡與
日常—明清以來的廟會與民間社會》一書，其對廟會信仰及活動的探
討，亦引起相當的注意[12]。

　　筆者近幾年來為了編輯《苑裡慈和宮誌》，接觸了該宮有關廟會文
化的資料與活動，藉由對該宮廟會活動的觀察，探討一些現象和問題。
是以本文擬藉由苑裡慈和宮廟會活動的發展，探討該宮廟會活動的變化
及其意義，更針對廟會活動的內容，思索其和苑裡地方社會間的關係。
上列有關地方社會的觀念，將部分應用在本研究中，不過有關民俗藝陣
在廟會活動的角色，以及廟會活動地方菁英與苑裡地方社會間的關係，
限於篇幅，將另行撰文探討。此外，本文部分用字，如「苑裡」和「苑
裏」一詞的使用，因「苑裡」一詞為目前通用的字詞，然而過去的古文
獻常用「苑裏」一詞，為兼顧古文獻與現今的用法，兩者在本文採取並
用的方式，請讀者諒察。

貳、苑裡的開發與分區

　　清代的苑裡地區在早期為平埔族蓬山八社的活動地，平埔族社所在
地如苑裡社、貓盂社、房裡社等皆以社為名，漢人入墾以後建立了村莊，
同治年間輯成之《淡水廳志》「街里」項下，已有苑里堡十五莊，分別
為吞霄街、吞霄社、北勢窩社、竹仔林莊、五里牌莊、塗城莊、苑裏街、
古亭笨莊、山柑莊、榭苓莊、日北莊、日北社、貓裏社（疑為貓盂社之
誤）、房裏社、房裏莊。[13]至光緒 23 年（1897）蔡振豐所纂修的《苑裏
志》，苑裏堡內已轄有三街、四十二莊，分別為苑裏街、北勢莊、瓦窯

[11] 李豐楙，〈台灣慶成醮與民間廟會文化——一個非常觀狂文化的休閒論〉，見行政院文化
建設委員會編印，《寺廟與民間文化研討會論文集（上冊）》，（台北：編者，1995 年 3
月），頁 41-64。

[12] 趙世瑜，《狂歡與日常——明清以來的廟會與民間社會》，（北京：三聯書店，2002 年 4
月），頁 5。

[13] 陳培桂，《淡水廳志》，卷三建置志，頁 63。

莊、水頭莊、客莊（又名永興莊）；以上設一街長。房裏街、西勢莊、海口莊、苑裏港莊；以上設一街長。貓盂（後改描盂）莊、山柑尾莊、社苓莊、山柑莊、公館莊、虎尾藔（莊），以上設一莊長。田藔莊、舊社莊、青埔莊、芎焦坑（莊）、苑裏坑（莊）；以上設一莊長。山腳莊、石頭坑（莊）、南勢林（莊）、水圳頭（莊）；以上設一莊長。頂五里牌（莊）、六尺埔（莊）、隘口藔（莊）、大坪頂（莊）、南和莊；以上設一莊長。通霄街、通霄灣（莊）、梅樹腳（莊）、南勢莊、北勢莊、圳頭莊、福興莊；以上設一莊長。內湖莊、北勢窩（莊）、楓樹窩（莊）烏眉坑（莊）、通霄社；以上設一莊長。白沙墩（莊）、新埔莊、三窩口（莊）、四窩口（莊）；以上設一莊長。[14]其中除頂五里牌、通霄街、內湖莊、白沙墩及其下各莊等不屬於目前苑裡鎮的範圍之外，其餘都在苑裡鎮的範圍內。是以清代苑裡地區的聚落以社及街莊為分類，並包含鄰近的通霄地區。

　　日治時期苑裡在日人統治下有了一些變化。明治30年（1897），乃木希典總督將地方官制改為六縣三廳，廢除原來的支廳，設立辦務署，此時苑裡成立了苑裡辦務署，屬新竹縣轄下，署址設於苑裡街，管轄苗栗苗栗二堡（吞霄堡）、三堡（大甲堡）之地。[15]辦務署設立後，苑裡一地所屬縣署略有調整，至明治34年（1901），臺灣地方官制改成二十廳，苑裡屬於苗栗廳下的通霄支廳所轄，廳治轉至通霄街。明治42年（1909）縮減為十二廳時，轉隸於新竹廳下的通霄支廳，廳治仍設於通霄街，苑裡一地分別設有苑裡區及山腳區，[16]各設有區長役場。此時在地方上，臺灣總督府廢街庄社長，在廳直轄及支廳之下設區，置區長役場，以一街庄社或數街庄社設立一區。區長役場以區長主之，並設有書記若干人，協助區務。區長由廳長任免之，並承廳長之指揮監督，輔助執行管

14　蔡振豐，《苑裏志》，（南投：省文獻會，1993年9月翻印），建置志，頁25-26。

15　參見王世慶，《重修臺灣省通志・政治志・建置沿革篇》，（南投：臺灣省文獻委員會，1991年6月），頁166-167，172。

16　廳制及區的設置雖從明治42年開始，但是苑裡區的人令公布應在明治43年2月1日，區長由原庄長陳瑚改任；山腳區則在明治42年由蔡生財擔任。見王志宇，《苑裡鎮志・政事篇》，（苑裡：苑裡鎮公所，2002年11月），頁242。

內之行政事務。同時區長得發給事務費。臺灣總督府認為必要時，得令區長提供身分保證金或擔保物。[17]是以區長的產生及其權力，對於苑裡的地方社會有一定程度的影響。而分區也對原先的地緣團體分佈發生一些影響。由於苑裡一地的族群除了原住民之外，尚有閩粵人士混居，不過大致而言，閩人居於靠海之地，苑裡近山區域比較多客家人，主要分佈在石頭坑、南勢林、大埔、芎蕉坑四個村落，芎蕉坑在大正13年（1924）以前全為客籍。[18]因此行政區劃上的苑裡區與山腳區，形成些微的閩客區分，也形成苑裡人所稱的內區（山腳區轄山腳庄、社苓庄、山柑庄、石頭坑庄、南勢林庄、田寮庄、苑裡坑庄、舊社庄、大埔庄、芎蕉庄等十庄）、外區（苑裡區轄苑裡庄、瓦窯庄、房裡庄、貓盂庄等四庄）[19]，而苑裡的客家人可說以內區為集中地。這一內外區的區分的制度化，可說是從日治時代開始，影響了後來苑裡地區宗教信仰活動的發展。

參、慈和宮及其廟會活動

　　一般而言，慈和宮的廟會活動除了該宮主神及同祀神明的聖誕祝壽活動之外，以農曆3月的進香活動與7月普度的活動最為重要。不過戰後慈和宮在41年因黑龜仔蟲肆虐，辦過一次黑龜仔蟲醮，當時當居民生活不富裕，鎮內只設三大醮壇，分別在山腳、社苓及慈和宮前。[20]民國60年慈和宮改建，78年又增建玉皇殿，是以在73年、85年及91年分別舉辦了清醮、福醮及圓醮等三次建醮活動。[21]因「神明生」（神明誕辰）的祝壽活動，一般皆以以壽桃、壽麵、四果敬祀，早晚誦經等為祝壽活動內容，視該宮神明與地方間的關係親疏，而有簡繁之分，關係較

---

[17]　苑裡地方制度的變化及區長等職務參見王志宇，《苑裡鎮志・政事篇》，頁237-239。

[18]　王振勳，《苑裡鎮志・住民篇》，頁211。

[19]　見王振勳，《苑裡鎮志・土地篇》，頁27。

[20]　蘇瑤崇，〈論廟會活動與地方文化——以苑裡鎮慈和宮建醮為例〉，《中部地區自然與人文系列議題研討會論文集》，（台中：靜宜大學通識中心，2003年10月），頁199。

[21]　有關慈和宮的三次建醮活動，參見王志宇，《苑裡慈和宮誌》，（苑裡：慈和宮管理委員會，2005年12月），頁88-127。

深者，會加演戲酬神等節目。[22]不過此類「神明生」，屬於小型的祭祀型態，地方頭人與社區民眾參與較深者，以進香、普度及建醮活動為主，以下就此三類活動略述之。

一、進香及繞境遊莊活動

　　慈和宮於清代乾隆 36 年（1771）以前即已創建，據該宮耆老張水連指出清代時期曾回到大陸湄州祖廟進香，當時慈和宮信眾曾於陳萬來擔任爐主時，回去湄州進香一次或兩次，日治時代郭子燕率領回到湄州祖廟進香，這是最後一次回大陸湄州祖廟進香，並且遇上了海賊。而本島的進香第一次是到彰化南瑤宮，後來因為北港來邀請所以才往北港進香。[23]耆老的回憶是否真確？清代時慈和宮究竟有無進香活動？或可從其他文獻獲得蛛絲馬跡。在日治初期蔡振豐的《苑裏志》裡僅記載：「二十三日為天后誕節，苑裏街莊士女皆赴廟參香。酒醴、牲牢之盛，於此為最；各處按日演劇，接續幾累月。又有所謂媽祖會者，設值年頭家、爐主輪掌之[24]」。此處似乎仍無法證明慈和宮有無進香活動，不過慈和宮有媽祖會，已有專門辦理神明祭祀活動的組織。此相關記載最早出現在嘉慶 16 年（1811）。在嘉慶十六年苑裡地區的古文書裡有所提及，在士賢、士傑兄弟等的分鬮書裡出現「再批明……又帶苑裡街媽祖會銀具立為公業，係四大房輪流年節祭掃費用……」[25]。苑裏目前仍健在的地方耆老最早出生的時間已在大正初年，所謂清代已有進香的說法，僅是其青年時期所聽聞耆老的說法，不過對照媽祖會的存在，此口述歷史有其價值。論者引述相關清代史料，指出清代咸豐、同治年間，已有南北二路至北港媽祖廟進香的情況[26]。嘉慶年間苑裡街媽祖已有媽祖會，或許

22　參見王志宇，《苑裡慈和宮誌》，頁 78-80。

23　王志宇，《苑裡慈和宮誌》，頁 131。

24　蔡振豐，《苑裏志》，頁 86。

25　蕭富隆、林坤山著，《苑裡地區古文書集（上）》（南投市：國史館臺灣文獻館，2004），頁 240。

26　王見川、李世偉，《臺灣媽祖廟閱覽》，（蘆洲：博揚文化事業有限公司，2000 年 8 月），頁 36-39。

已有進香活動，不過日治初期蔡振豐在《苑裏志》裡，沒有對媽祖的進香活動有所著墨，顯示清代慈和宮的進香活動，可能尚未發展成例行性的活動，且未擴大到引起地方志撰寫者的注意。

　　雖然清代時期慈和宮的進香活動可能仍未完全形成定制，但是到了日治時代，目前的耆老已經有所接觸，有了較明確的說法。耆老們提到日治時代慈和宮數次到湄州進香，其中大正 11 年 5 月 20 日慈和宮媽祖湄州進香回駕，是最明確的一個說法。[27]此次進香是日治時代赴大陸進香的最後一次，而在台灣本島方面，則是以到北港進香為主，也會到彰化南瑤宮參香，在海線火車未通車前，為步行，海線火車通車後則是由苑裡搭火車到彰化，下車步行至南瑤宮參香，其後再搭火車到嘉義，在嘉義改換五分車到北港，當日晚上割火之後，到五分車站搭清晨的五分車至嘉義，再由嘉義搭火車直接回苑裡。民國 60 年，由苑南里卜得爐主里，進香改以乘坐遊覽車的方式進行[28]。

　　戰後慈和宮的進香活動仍舊持續進行，且因慈和宮為苑裡鎮全鎮的信仰中心，因此進香活動及規模都相當龐大，不過各莊媽祖亦有個別前往北港或其他媽祖廟進香者，民國 50 年代後期，為解決繁瑣的進香活動的籌畫安排等工作，時任鎮民代表的陳金象[29]提議全鎮聯合進香，以減輕各莊繁重的進香活動工作壓力，是以以過去建醮的醮壇區劃範圍為原則，成立由各爐主區里輪流主辦的值年公辦委員會，先卜選爐主區，再由此爐主區卜選出值年里別。公辦委員會設有值年爐主，由該醮壇區（或稱爐主區）選中值年爐主里別的里長擔任主任委員的角色，並設有副主任委員一職，以及頭家等協助處理一般事務。目前留存的值年公辦委員會名錄乃從民國 66 年開始。[30]民國 78 年間，慈和宮信眾於農曆 3 月赴北港進香，8 月赴大陸湄州祖廟進香。而此年也因歷年值年公辦委員會在進香款項有結餘及虧欠時之經費分配問題，以及慈和宮委員無法

27　見王振勳總編纂，《苑裡鎮志・大事記》，頁 1259。

28　郭天柱先生口述，2003 年 11 月 28 日訪問。

29　陳金象於民國 53 年首次當選鎮民代表，連續當任五屆的鎮民代表，至 75 年卸任。見王志宇，《苑裡鎮志・政事篇》，頁 279-280。

30　有關慈和宮各值年公辦委員會及名冊，見王志宇《苑裡慈和宮誌》，頁 146-148。

參與各值年公辦委員會之運作等因素，是以在該年度由客庄里爐主鄭添
丁辦畢進香活動後，便將後來的進香活動主辦工作交回慈和宮，而結束
了值年公辦委員會的進香活動制度。而過去往北港進香的傳統，也因香
燈媽源自大陸，又在 78 年回到湄州祖廟進香的緣故，爾後改爲參香。[31]

　　從清代開始，慈和宮的進香活動在媽祖回鑾至苑裡時有繞境遊莊的
活動，但並非年年如此，有遊莊的安排時，會有三天的活動的時間，第
一天進香割火，第二天遊內區，第三天遊外區。遊莊路線並不固定，但
是通常每個莊頭都會經過，而入廟時大多從今苑裡鎭天下路往廟方方向
繞回進入。戰後的遊莊通常視經費之有無而定，且常以各里活動中心或
莊頭公廟爲駐駕處所，如社苓里活動中心、鎭安宮等。[32]

　　慈和宮進香活動組織的改變，一方面顯示慈和宮進香規模的擴大與
規制化，一方面也顯示各角頭（里）對參與進香活動的熱衷以及爭取在
此宗教廟會活動中，展現頭角的機會，強化里內頭人的社會地位。而進
香主辦權收回由慈和宮辦理，雖然存有各地頭互爭權力的意味，但是慈
和宮收回主辦權的動作，似乎沒有引起爭議，也彰顯了慈和宮作爲苑裡
鎭全鎭的信仰中心的地位，透過該宮委員的籌備，主辦進香，是可被鎭
內各村里所接受的。

二、普度

　　慈和宮的普度活動早在清代時期就已經開始，蔡振豐於《苑裏志》
所言：「七月三日，設盂蘭會於苑裏之天后宮，俗曰普度。[33]」又其所寫
「苑裏年節竹枝詞」有言：「廣設盂蘭好道場，慈和宮裡鬧蹌蹌；闍黎
化食渾閒事，大眾皈依拜鬼王（七月三日普度）。[34]」都是清代慈和宮已
有普度活動的證據。

　　以寺廟爲中心的普度，一般稱爲「廟普」或「公普」，各廟廟普的

---

[31] 黃淑敏女士口述，2006 年 3 月 11 日訪問。
[32] 黃淑敏女士口述，2006 年 3 月 11 日訪問。
[33] 蔡振豐，《苑裏志》，頁 86。
[34] 蔡振豐，《苑裏志》，頁 114。

日期稍有不同，但都在七月，因普度日期不同，是以放水燈，豎燈篙之日期亦不同。[35]慈和宮的七月普渡祭典由來已久，《苑裏志》所記載：「按厲壇之設，正以祀無主孤魂也。孤魂或能依草附木，求食殃民；故於季春、仲秋、孟冬歲祭者三，迎城隍神以為之主。前淡水廳，惟於仲秋月之十五日如例舉祭；後改新竹、苗栗，亦仍之。苑裏本為屬地，則概不從同。歷年皆以七月二日，先放水燈；三日，舉行祭事，名曰『盂蘭會』（俗云『中元普渡』）。牲禮、粿品之盛，甲於他處。管內則陸續舉祭，各有定期。」[36]

　　是以慈和宮普度之習俗，於清代之時早已開始，流傳至今。除了戰後於民國 60 年，因慈和宮改建，停止普度至民國 73 年，從 74 年起，再恢復普度法會，且 74 年於 7 月 29 日進行法會，至 75 年之後，又改為 7 月初三。過去在寺廟未改建前，如前所述，皆在 7 月初二放水燈，三日載舉行祭事，也就是有二天的法事。改建之後，因應工商社會的需求，改為一日的法事。先於 7 月初二日，法師在午後開始布置道場，晚上十時為大士爺開光點眼，凌晨子時起鼓奏表，早晨則進行啟請眾神、三官真經中元法懺、敬奉天恩、恭祝地官聖壽等科儀，午後三點開始普施孤魂。民國 74 年以後的普度法會，慈和宮大多委由桃園大園鄉廣盛壇的曾和興道長主持。[37]

　　慈和宮的普度活動祭典法事的施行之外，另外一個重要的節目就是放水燈。放水燈一般是在普度過程中的一個節目，一般以寺廟為中心的公普，在公普前日會在廟前插一「燈篙」，目的在通知各位「好兄弟」，前來享用牲禮酒食，對於水中的水鬼與孤魂，則用「放水燈」來通知。放水燈可分為水燈頭和水燈排兩種，吳瀛濤早期所描述：「水燈頭有圓形燈，上寫「某寺慶讚中元」，排在遊行最前。另有小屋形狀之水燈（或稱「紙厝」），則排在最後。屋形水燈頭，係由主持祭典之「斗燈首」（即爐主一人，頭家三至六人，及主會、主醮、主事、天官首、水官首、福

---

[35] 吳瀛濤，《臺灣民俗》，（臺北：眾文圖書公司，1975 年四版），頁 21。

[36] 蔡振豐，《苑裏志》，頁 60。

[37] 王志宇，《苑裡慈和宮誌》，頁 82-83。

祿首等人），各持一燈，隨僧道遊行至河邊，放入水中。水燈排（水燈
筏），及稱抬扛式燈架，大者以材木爲中心，長達四五丈寬丈餘，需七
八十人始能抬行，筏左右以數條杉木或竹根紮成爲筏形，分幾十格幾百
格，以便每格懸吊一盞燈。燈之種類，有煤油燈、電燈、紙燈、花籃燈、
龍燈、玻璃燈等，光彩迷離，無不爭奇奪豔，令人嘆爲觀止。」[38]當然
水燈頭的施放亦有避禍祈福的意味，故日人片岡巖指出：

> 各廟信士在公普的前夜舉行「放水燈」。為了招待孤魂，製作船
> 形的「水燈頭」，以陣頭鑼鼓為先導遊行市街後，到江邊放入水
> 中，水燈首由爐主以下三大柱及三至七名頭家擔任，稱主會、主
> 醮、主壇、主普、主事、天官、水官、地官等等，並由爐主指揮
> 各掌其職，水燈遊行時各人拿著寫自己首名或普照陰光的彩燈參
> 加，並以大竹桿製作三至十公尺樹葉型的架，吊幾十百隻紙燈或
> 玻璃燈由人舉著遊行。[39]

慈和宮在早期 7 月普度時，皆有放水燈的習俗，近二十年 7 月普度
放水燈的習俗已停止，只有在 73 年、85 年及 91 年建醮普度時，曾再
施放水燈。[40]過去的放水燈亦都有繞境遊莊的習俗，其路線與進香時的
繞境遊莊相同，皆將苑裡全鎮分爲內、外區，繞行內外兩區市街後，再
將水燈頭放流。[41]

雖然普度不再放水燈，少了抬水燈遊莊放流的儀式活動，不過費時
一日的普度法會仍照舊舉行。而廟中的各執事人員除了策劃籌辦外，也
必須派出代表在法師主持各普度科儀時出席隨拜，這些隨拜人員都是此
次法會的重要執事人員，也是寺廟的管理核心。普渡法會提供了另一個
統合組織運作，展現個人影響力的場合。

---

[38] 吳瀛濤，《臺灣民俗》，頁 21-22。
[39] 黃淑敏女士口述，2006 年 3 月 11 日。
[40] 王志宇，《苑裏慈和宮誌》，頁 43。
[41] 黃淑敏女士口述，2006 年 3 月 11 日。

三、建醮

　　根據清代的史料，清乾隆 36 年（1771）以前，苑裡慈和宮即已建立，民國 41 年因蟲災啓建「黑龜仔醮」。民國 60 年慈和宮將舊廟拆毀重建，完工之後，又增建後殿（玉皇殿），因宮殿的整建而有三次的建醮活動，分別在民國 73 年、85 年及 91 年。這三次的建醮活動規模宏大，不僅全鎮鎮民參與，其建立的醮壇亦由民國 73 年所建立的玉皇壇、天師壇、聖母壇、福德壇、觀音壇、神農壇等六大壇，擴張到民國 85、91 年的七大壇（多出乾坤壇）。[42]這三次建醮活動不僅有大規模的醮壇的建立，並且最後都有普度及施放水燈的活動[43]，廟會活動規模龐大。

　　雖然慈和宮的建醮活動規模龐大，各街莊張燈結彩，各醮壇所擺設的豐盛祭品引人側目，夜晚燈光輝煌，吸引相當的人潮觀賞，頗有嘉年華會的味道，不過細究相關的祭典規定及過程，卻有另一個層面的問題值得吾人深思。在慈和宮的三次建醮活動中，主持醮典的法師皆爲桃園大溪廣盛壇的曾和興道長，三次建醮的醮務課程、行事科儀及信士須知等的規範項目差不多，但是都非常的詳細嚴謹，有關慈和宮在民國 91 年圓醮的行事科儀暨信士須知事項表及其內容，請參見附錄。

　　費時約三個半月的建醮活動，究竟對於慈和宮以及苑裡鎮居民有何意義？此可從建醮本身的變化以及建醮的宗教意義上來理解。戰後慈和宮第一次建醮與後來的三次建醮前後的變化，一是醮壇由民國 41 年的三壇，擴張到 73 年的玉皇壇、天師壇、聖母壇、福德壇、觀音壇、神農壇六壇，至 85 年福醮時增加了乾坤壇，成爲七壇。又 73 年清醮時斗燈首增主燈與主會、主醮、主壇、主普成五大柱，福醮及圓醮則維持主會、主醮、主壇、主普四大柱。除主普固定爲慈和宮眾信士之外，福醮及圓醮的四大柱，德皇公司及廣源造紙分別兩度擔任正主會及正主壇。[44]73 年建立六處醮壇是因爲海岸里另有寺廟修建所以未參加，[45]是以戰

[42]　王志宇，《苑裏慈和宮誌》，頁 85。
[43]　王志宇，《苑裏慈和宮誌》，頁 98、110、125。
[44]　見王志宇，《苑裏慈和宮誌》，頁 91、104。
[45]　蘇瑤崇，〈論廟會活動與地方文化——以苑裡鎮慈和宮建醮爲例〉，頁 199。

後慈和宮醮壇的擴大，一方面顯示苑裡居民對於此類建醮活動的支持，以及建醮規模的擴大；另一方面也顯示慈和宮祭祀圈範圍趨於穩定，除非莊頭另有要事，否則都會參加。後者因正主會及正主壇皆須捐獻鉅額金錢，兩家公司在這兩次的建醮活動合計各捐了六十萬元，[46]可看出此二家公司領導人在苑裡地方社會展現的雄厚財力，並持續透過此類信仰活動展現其力量，營造其象徵資本。

在宗教意義上，慈和宮的建醮規模龐大，建醮期間，醮壇的華麗壯觀，遊行隊伍的浩大，不僅全鎮鎮民為之投入財力、物力，更吸引了相當龐大的人潮。[47]誠如李豐楙所指出，建醮活動中的預告日、立燈篙日、叫外壇日以及封山禁水等齋戒期，加上內壇的道教科儀等活動，是透過道教醮儀建立一個的神聖化時間與空間。並在此非常的時間、空間中，漸漸回返於常。慶成醮即在凡俗（常）——神聖（非常）——凡俗（常）的結構秩序中，經由分離——過渡——結合三階段的儀式，使醮區內的居民經歷一次身心齋潔的活動。[48]這樣的醮典對地方社會而言，透過地方社會頭人（建醮委員會委員）的策劃，不僅提供了鎮內不同屬性的人群參與合作的機會，並可獻金置斗首，求取宗教意義上的奉獻，換取福報，頭人更可利用此機會彰顯其社經領導地位。全鎮住民融入此一非常的神聖時間與空間，使鎮民在此一廟會活動期間，呈現與其他地區不同的情境感受，進而整合區域內居民，建立共同價值與社區意識。

肆、慈和宮廟會活動與地方社會

苑裡的開發在乾隆年間集中在貓盂地區，而後依序開發房裡和苑裡等海岸平原，乾隆中葉以後，漢人開始向東進入丘陵區，古亭本為此區

---

[46] 見王志宇，《苑裏慈和宮誌》，頁 102、116。

[47] 此部分可參見蘇瑤崇，〈論廟會活動與地方文化——以苑裡鎮慈和宮建醮為例〉一文的描述，並可參見筆者《苑裡慈和宮誌》第四章所收集的照片。

[48] 李豐楙，〈台灣慶成醮與民間廟會文化——一個非常觀狂文化的休閒論〉，見行政院文化建設委員會編印，《寺廟與民間文化研討會論文集（上冊）》，（台北：編者，1995 年 3 月），頁 51-54。

第一個漢人聚落。道光年間（1821-1850）日北社社域成為開墾重點，漢人由日北社山腳漸向下社蓬莊、田心莊、山柑莊、社苓莊、濫仔坑、芎蕉坑、南勢林等地發展，同治年間（1862-1874）日北山腳隘也從日北山腳移到鯉魚潭高崗處[49]，是以山腳地區的發展顯然從乾隆中葉以後陸續展開。而清代苑裡街慈和宮、山腳媽祖（慈護宮）海岸里的寶靈宮以及屬苑裡街的保安宮的建立[50]，可視為苑裡地區地方社會內部地緣團體發展的指標[51]，山腳地區以媽祖信仰為中心，大致也說明苑裡地方社會的族群衝突並不嚴重。

苑裡地區族群的融和可上溯自乾隆年間，乾隆 37 年慈和宮遷建，從建廟的石碑文出現平埔族人的捐金，可視為該地原住民平埔族融入漢人社會的指標。然而乾隆朝之後，閩粵之間仍有若干的衝突，苑裡的社會並不平靜。《苑裏志》記載：「咸豐三年，閩、粵械鬥；白沙墩及房、苑各街莊皆被粵人燒毀，閩人盡逃鹿港。惟田寮鄭玉慶雇民丁自守，保全不陷。[52]」苑裡一地究竟到何時地緣團體的對立才消失並無明確的事證，不過日人的調查顯示苑裡地方的閩、粵族群的分佈，客家人集中在山腳一帶，這個分佈顯然不是日治時代才形成，而應遠溯自清代乾隆中葉以後，這可能是苑裡內、外分區發展的緣起。日治時代的分區或許僅是承認原先苑裡社會既成的事實，不過也讓我們看到官方行政力量與民間社會間的交互關係，官方就民間社會發展的現實狀況予以承認。

清代以來，以慈和宮為中心所產生的進香、普度、建醮等廟會活動，似乎透過這些活動的整合，尤其是繞境活動的進行，凝聚了苑裡地方社會的共同意識。慈和宮戰後的重建工作與建醮活動，提供了我們對此一活動如何整合地方住民的共識提供了詳盡的細節。慈和宮的建醮規模由

---

[49] 見王志宇，〈民間信仰與地方社會——以清及日治時代苑裡地區的祠廟為例〉，《社會科教育學報（竹師）》6（2003 年 7 月），頁 95-96。

[50] 王志宇，〈民間信仰與地方社會——以清及日治時代苑裡地區的祠廟為例〉，頁 103。

[51] 寺廟作為地緣團體意識高漲的標誌，可參見尹章義，〈閩粵移民的協和與對立——以客屬潮州人開發台北以及新莊三山國王廟的興衰史為中心的考察〉，《台北文獻》74（1985 年 3 月），頁 1-28。

[52] 蔡振豐，《苑裏志》，祥異考，頁 99。

原先的三大醮壇，擴張到七大壇，規模日益擴大。廟會活動中，不是只有狂歡的一面，透過法師所提出的醮務課程表，可以清楚的看到廟會活動中，住民對天地鬼神的戒慎與崇敬，整個法事儀式的進行，延續了近兩個月，也可以看到透過此種廟會活動的參與，住民如何進行大規模的合作與演訓（配合齋戒，全境清潔以及生肖不合的避忌等），每年進香、普度與歷年的幾次建醮，可說都提供苑裡一地的社會，進行住民自我的訓練，透過這種不斷的演練過程，居民得以進行意見交流以及培養合作方式與默契，這是形成地方意識的必要條件。誠如學者所指陳，台灣在建醮作廟上呈現公共事務人人得而參與的現象，「凡此都表現在廟務的積極爭取名分上，也在公開的醮典中按其能力爭取出頭……從宗教意義言，寺廟作為聖域中心點的神聖性，凡能夠爭取較高的首分也象徵能獲得較多的福分，可說這是神聖與世俗交疊的任務。在慶成醮的活動中，參與者從平常的身分、地位經由儀式行為而進入非常的時空中，經由神聖化的儀式再肯定自己，而整個社區也經由神聖事務的普遍參與，獲致一次較大的凝聚、整合，成為一個新的命運共同體，這是寺廟醮典的儀式行為中所蘊含的社會、宗教意義。[53]」

再者，從慈和宮的祭祀範圍而言，慈和宮的祭祀圈包含了整個苑裡鎮以及通霄的下五里牌聚落，清代以來，隨著地方開發與人群的發展，呈現靠山比較多客家人，靠海地區比較多閩南人的情況。日治時期延續清代的區分，形成山腳區與苑裏區，也就是民間通稱的內、外區。而慈和宮進香過程中的遊莊活動，便沿著此二區而發展，內、外區的稱呼至今不變，不過每次的遊莊活動，二地皆包含在內，顯示著清代後期閩客問題的解決，似乎此活動有其融合的效用。而行政區屬於通霄的下五里牌聚落，清代時實乃包含於苑裏的範圍內，戰後持續參加慈和宮的活動，亦顯現民間信仰所形塑的聚落空間，長久歷史發展所構成的傳統，不太容易為現今的行政區劃所破壞。

---

[53]　李豐楙，〈台灣慶成醮與民間廟會文化──一個非常觀狂文化的休閒論〉，見行政院文化建設委員會編印，《寺廟與民間文化研討會論文集（上冊）》，（台北：編者，1995 年 3 月），頁 50-51。

　　最後我們可以看出民間自主運作的力量，似乎與官方控制地方社會
的意圖兩相交雜。過去論者已有提出官方透過寺廟此一公共空間，透過
「立碑示禁」豎立統治的合法性[54]，乾隆 37 年（1772）慈和宮重建，時
任淡水廳同知的宋學灝爲慈和宮建立碑記，以及官方賜匾「海國標靈」
（乾隆）、「故曰配天」（嘉慶）[55]，都可得知官方透過民間信仰祠廟，試
圖以柔性方式滲入地方社會的作法。而苑裡內、外區的發展，則是官方
對民間社會發展的適時予以承認。戰後的行政規劃雖然切割了少部分透
過地方寺廟所發展出來的地方社會範圍，可以看出官方建立的行政組
織，並不完全配合著民間社會的運作，然而卻無法撼動地方社會長久發
展所形成的歷史傳統。從宗教信仰而言，信仰組織的發展自有其韌性而
不太容易爲官府的種種作爲所完全破壞，此從通霄五南里羊寮莊隸屬於
慈和宮的祭祀圈，縱然到戰後受到行政區劃的切割，轉隸於通霄，仍然
參與慈和宮的祭祀活動可知。直到今日慈和宮舉辦廟會活動，羊寮莊仍
然參加。而地方社會的運作及其範圍似乎更可以從宗教信仰活動與組織
的發展，瞭解的更爲深入。

伍、結論

　　本文主要偏重慈和宮廟會活動的發展及變化，以及官治組織和民間
信仰活動間的關係立論。苑裡慈和宮的廟會活動由來已久，有其歷史
性，清代時期已有普度放水燈以及進香繞境等活動，戰後的幾次建醮活
動留下了相當豐富的資料，可以讓我們瞭解該宮廟會活動的運作。大致
而言，普度放水燈、建醮、進香等的繞境遊莊活動，除了有廟會基本的
遊藝性質之外，由於活動規模龐大，廟方執事對於種種事項的安排都需
要縝密的計畫，因此核心人員需要密切的合作，各莊頭的頭人在此部分
已形成了合作關係。

---

[54]　見陳世榮的討論。氏著，〈清代北桃園的地方菁英及「公共空間」〉，《國立政治大學歷
　　　史學報》18（2001 年 5 月），頁 226-234。

[55]　見王志宇，《苑裡慈和宮誌》，頁 202-203、208。

　　雖然慈和宮的進香組織，因事務繁重而發展出里公辦會制度，屬行政體系下的里長雖藉此涉入進香活動中，可視為官方與民間自主運作的結合，不過其發展與結束都未引起爭議，彰顯慈和宮為全鎮信仰中心的角色，深植當地住民的價值觀念中。

　　此外，官方力量與民間社會自主的發展似乎呈現互相交雜的關係，苑裡內、外區的發展，彰顯官方制訂制度時承認地方社會民間自主力量的運作，而設定內、外區。戰後將下五里牌羊寮莊納入通霄五南里，然而行政上的切割，似乎抵擋不了民間信仰力量的發展，戰後的五南里羊寮莊仍舊參加慈和宮的進香繞境活動。而普度及進香的繞境活動，對苑裡地方意識的形成頗有影響，信徒透過廟會活動繞經內區及外區，無疑將這過去分屬閩客分布的區域做了一個結合，凝聚了苑裡地區的鄉土意識，消弭清代原先存在的閩粵械鬥與對立。

　　最後必須一提，廟會活動的狂歡性，恰是凝聚鄉土意識的一種方式，透過此類的活動，一來發洩平日生活的壓力，二是也透過此類活動的合作與互助，團結在鄉子弟，產生內聚性的鄉土意識。廟會活動所謂的狂歡性，與傳統信徒所懷抱的「行善積德」、「做功德」的觀念並不相悖，透過為神明服務，提供斗首緣金等，從參與服務神明，獲得信仰的支持，以及各莊頭間彼此合作，完成廟會醮典，藉由這些廟會相關活動的進行，進而得以凝聚地方社會的社區意識。

附錄：

苑裡鎮慈和宮壬午年慶成祈安五朝圓醮行事科儀暨信士須知事項表

醮儀科目	行事日期	地點	備註	生相日時不合年齡
一、 預告上蒼 叩謝圓醮	農曆8月12日國曆9月18日（星期三）早子時即（11日）夜2時10分	慈和宮廟前	慈和宮廟前，由廟與各壇之主委、副主委、委員等，敬備五果六齋，焚香上疏叩告上蒼圓醮盛典及叩謝神庥。	日不合相羊60歲，時不合相馬25歲（勿先焚香隨後大吉）
二、 選取燈篙	農曆9月21日 國曆10月26日（星期六）辰時上午8點10分		全體委員及眾信士人等。	日不合相雞22歲，時不合相狗45歲（日時不合者請勿參與）
三、 搭醮壇 （本訂）	農曆10月27日 國曆12月1日（星期日）27日卯時即上午6時10分	各醮壇用地現場	宜坐巽「東南」向「西北」興工動土搭建迪吉	日不合相雞46歲，時不合相雞34歲（日時不合者請勿靠近）
搭醮壇 （可提前）	農曆10月6日 國曆11月10日 （星期日）	各醮壇用地現場	日期：提前十七日。吉時座向不變。	日不合相鼠7歲，時不合相雞46歲（日時不合者請勿靠近）
四、 全境大掃除 （清潔日）	農曆11月11日 國曆12月14日 （星期六）	全境	請各機關團體學校及各住戶整理清潔內外環境，溝渠疏通屍畜惡臭處理妥當，有礙交通之路樹修剪、垃圾徹底清除等以達清淨之界。	
五、 恭請諸眾神	農曆11月14日	慈和宮	請各里長及各位委員齋戒兩天，當日整	日不合相牛30歲，時不合

佛臨壇監醮	國曆12月17日（星期二）辰時即上午8時10分出發		肅衣冠，到慈和宮廟前集合（出發前30分鐘集合待命）。	相狗21歲（日時不合者請勿參加）
六、採陞燈篙	農曆11月15日 國曆12月18日 （星期三） 辰時即上午8時10分		請各壇派員（工）備刀具及載運燈篙竹車輛、陣頭不拘於辰時7點30分前抵達取燈篙山林地。	日不合相虎29歲，時不合相豬8歲（日時不合者請勿參加及採燈篙）
七、豎立燈篙（幡旗掛燈）	農曆11月20日 國曆12月23日 （星期一）卯時即上午6時10分	慈和宮各醮壇	1. 在巽「東南角」或「南」方興工動土，豎立燈篙竹迪吉。 2. 在豎立燈篙後至普施圓滿期間，閒人、婦女、小孩、帶孝、不清等人請勿近。	日不合相羊24歲，時不合相雞10歲（日時不合者請勿靠近）
八、陞燈篙火	農曆11月20日 國曆12月23日 （星期一）申時下午3時10分燃燈火大吉。	慈和宮	上午6時豎燈篙，至下午3時30分陞燈火大吉。（備註：各醮壇豎燈篙後因尚未安壇主發令，故豎燈篙當日不可陞燈火，請各壇主委於11月23日早上八點半前備車來宮恭迎壇主至各壇後可先奉香，再待法師分至各壇安壇主後，經法師指示方燃燈篙火）。	日不合相羊24歲，時不合相虎65歲（日時不合者請勿靠近）
九、齋戒	1.素食六天	農曆11月22日，國曆12月25日（上午零時起至27日丑時齋天酬神後止	眾信善士每戶	眾信善士、各調首、各位主事、駐宮廟人員、機關團體、駐軍、善男信女等需三齋七戒、素食清心、淨身竭誠遵守齋戒。

		起六天）（星期三至星期一計6天）			
	2.禁屠	同上	眾信善士每戶	1. 境內各家戶善信人士，禁殺生靈。 2. 駐宮廟及各壇等醮務人員勿穿戴獸皮。	
	3.禁樵	同上	眾信善士每戶	1. 輪值轄區封山禁水不得肆意樵採魚撈捕殺生靈。 2. 採食蔬菜，只宜折葉。	
	4.禁曝	同上	眾信善士每戶	在齋戒期間各家住戶所洗男女內衣衫褲被寢具，不可曝曬於屋外。（神明廳前內外亦不可）	
	5.禁用	同上	眾信善士每戶	各善信士、調首、勿用苧麻綑綁六畜、勿用孝家使用過物品。廚房內勿存葷腥之物品。	
十、掛平安燈綵（平安燈開點）		農曆11月23日，國曆12月26日（星期四）子時即22日夜11時10分	眾信善士每戶	1. 請各住戶先清潔環境以表誠心。 2. 敬拜時用水果清茶向本家神佛敬拜後，點亮平安燈綵。	
十一、安護法		農曆11月23日，國曆12月26日（星期四）卯時即上午5時10分	慈和宮	安請護法神監護俱吉。	日不合相狗21歲，時不合相雞34歲（日時不合者勿近避吉）
十二、安斗燈		同上，卯時5時20分	慈和宮	1 於慈和宮內安斗燈並依序排列 2 首事及各調首安置斗燈同時然燈火迪吉。	日不合相狗21歲，時不合相雞34歲（日時不合者勿點火吉）
十三、建醮起功		同上，卯時上午6時5分	慈和宮	1. 慈和宮內起鼓引奏入壇，同時發表上疏諸事科儀，請眾神佛蒞臨監醮吉。 2. 發表首先焚香後，再由各調	日不合相狗21歲，時不合相雞34歲（日時不合者勿焚香吉）

			首信士焚香迪吉。	
十四、 請水官淨壇	同上，辰時即上午7時至9時	慈和宮	在慈和宮宜向北「天月德」水星方，恭請水官淨壇迪吉。	日不合相狗21歲，時不合相狗33歲（日時不合者勿近避吉）
十五、 恭送壇主各登壇座	同上，吉時：連及水官淨壇後	慈和宮各醮壇	請各壇主委於早上八點半前備車來宮恭迎壇主至各壇後可先奉香，再待法師分至各壇安壇主後，經法師指示方燃燈篙火。	日不合相狗21歲，時不合相狗33歲，相豬32歲（日時不合者請勿參加）
十六、 安灶君	同上，午時即上午11時至12時	慈和宮各醮壇各住戶	各調首及每戶敬備香案焚香讀灶君疏文後焚化大吉。	日不合相狗21歲，時不合相鼠31歲（日時不合者勿安灶君）
十七、 蓮花燈遊行	農曆11月24日，國曆12月27日（星期五）午時即正午12時10分起	遊行境內	全體委員及首事眾信士人等，集合於廟前，同時向北「天月德」方啟發境內遊莊，放蓮花燈普照，而獲福蔭祐祚合境平安。	日不合相豬20歲，時不合相鼠19歲（日時不合者請勿參加點燈）
十八、 素食普施	農曆11月25日，國曆12月28日（星期六）申時即下午3時10分起	慈和宮各醮壇	本廟、各壇轄內住戶應備素食敬品至各醮壇實行素齋普施有功文武列魄而獲禎祥。（普施至下午6時30分止）	日不合相鼠19歲，時不合相虎5歲（日時不合者請勿參加）
十九、 放水燈	農曆11月26日，國曆12月29日（星期日）午時即正午12時10分起	遊行境內海邊施放	請眾信士及各首事，捧奉水燈、水燈頭及各壇水燈排，齊集於廟前，啟程遊境後向「東北角」貴人方放下。禮懺超渡水界大吉（亥時10時	日不合相牛18歲，時不合相鼠55歲（日時不合者請勿參加）

			前施放）	
二十、敬奉天恩酬謝三界（叩答恩光）齋天酬神（拜天公酬神）	農曆11月27日，國曆12月30日（星期一）丑時即上午1時5分起	慈和宮各醮各住戶	各廟、各醮壇、各住家宅前設香案齋蔬果品（宜用清茶菜碗水果糖餅天金尺金壽金，免用燈座，不可用牲禮）焚香叩謝神恩。祈求風調雨順、國泰民安、財穀豐盛、鄉梓禎祥、諸事如意吉。	日不合相虎17歲，時不合相羊48歲（日時不合者請勿先焚香隨後叩拜吉）
二十一、發豬獻刃	同上，（酬神後）丑時即上午2時50分後	慈和宮各醮各住戶	1. 設香案焚香，祝告天神連及宰殺牲畜。 2. 發豬獻刃（即上午2時50分酬神後）各商家住戶方可宰殺牲畜。	日不合相虎17歲，時不合相羊48歲（日時不合者請勿宰殺牲畜即吉）
二十二、拜地基主及拜祖先	同上，＊（中午）	各住戶	各住戶準備豐富敬品拜「地基主」連及拜祖先（公媽）	
二十三、葷食普施，普渡排放	同上，申時即下午3時5分起	慈和宮各醮壇	宮廟各醮壇將飯擔米包，裝滿全席看桌肉山，供奉敬品至所屬宮廟壇前，排放整齊普渡。	日不合相虎17歲，時不合相虎47歲（日時不合者請勿焚香隨後叩拜即吉）
二十四、普渡開始	同上，申時即下午3時20分起	慈和宮各眾各醮壇	1. 醮務委員各眾信士，一同焚香敬神普渡（中途勿先將供品祭物收回）。 2. 下午3時20分起排好祭品燃鄉後至10時30分止香煙應持續不斷。	日不合相虎17歲，時不合相虎47歲（日時不合者請勿焚香隨後叩拜即吉）

二十五、普渡收孤	同上,亥時即下午10時30分後	慈和宮各醮壇	1. 宮廟各壇眾信士焚化金帛,收回祭品,神豬羊等。 2. 謝燈篙熄燈。	日不合相虎17歲,時不合相蛇38歲(日時不合者請勿參加熄燈篙火即吉)
二十六、謝壇圓醮	連接普渡收孤後謝壇功德圓滿	慈和宮、各醮壇	連鼓尾敕符謝壇,謝燈篙答謝鑒醮神佛,謝斗燈,謝醮壇圓滿圓醮,各醮壇輪流謝壇。	日不合相虎17歲
二十七、送神	農曆11月28日,國曆12月31日(星期二)巳時即上午9時10分	慈和宮	1. 送各監醮諸神佛回各寺廟宮觀壇堂。 2. 各調首、社團整衣冠旗旌鼓樂俟三聲炮響起程。	日不合相兔16歲,時不合相狗33歲(日時不合者請勿參加送神佛回宮即吉)

資料來源:慈和宮圓醮委員會編,《苑裡鎮慈和宮慶成祈安五朝圓醮法事程序表》,(苑裡:編者,2002),頁4-7。

參考書目

一、史料

慈和宮編，《苑裡鎮慈和宮慶成祈安五朝福醮法事程序表》，苑裡：編者，
　　1984。

慈和宮圓醮委員會編，《苑裡鎮慈和宮慶成祈安五朝圓醮法事程序表》，
　　苑裡：編者，2002。

二、專書

片岡巖著，陳金田譯，《臺灣風俗誌》，臺北：眾文圖書公司，1990。

王兆祥、劉文智著，《中國古代廟會》，台北：臺灣商務印書館，1998。

王志宇，《苑裡慈和宮誌》，苑裡：慈和宮管理委員會，2005。

王見川、李世偉，《臺灣媽祖廟閱覽》，蘆洲：博揚文化事業有限公司，
　　2000。

王振勳總編纂，《苑裡鎮志》，苑裡：苑裡鎮公所，2002。

吳瀛濤，《臺灣民俗》，臺北：眾文圖書公司，1975 四版。

吳瀛濤，《臺灣民俗》，臺北：眾文圖書公司，1975 四版。

高有鵬，《中國廟會文化》，上海：上海文藝出版社，1999

陳培桂，《淡水廳志》，台灣歷史文獻叢刊，台灣省文獻會，1993。

蔡振豐，《苑裏志》，台灣歷史文獻叢刊，台灣省文獻會，1993。

楊念群主編，《空間、記憶、社會轉型——「新社會史」研究論文精選
　　集》，上海：人民出版社，2001。

趙世瑜，《狂歡與日常——明清以來的廟會與民間社會》，北京：三聯書
　　店，2002。

蕭富隆、林坤山著，《苑裡地區古文書集（上）》南投市：國史館臺灣文
　　獻館，2004。

三、論文

尹章義，〈閩粵移民的協和與對立——以客屬潮州人開發台北以及新莊三山國王廟的興衰史爲中心的考察〉，《台北文獻》74（1985 年12 月），頁 1-28。

王世慶，〈民間信仰在不同祖籍移民的鄉村之歷史〉，《台灣文獻》23：3（1972 年 9 月），頁 1-38。

王志宇，〈民間信仰與地方社會——以清代及日治時代的苑裡地區爲例〉，《社會科教育學報》6（2003 年 7 月），頁 91-110。

王志宇，〈苑裡鎮志政事篇〉，見王振勳總編纂，《苑裡鎮志》，頁 233-370。

王志宇、高世賢合撰，〈苑裡鎮志宗教禮俗篇〉，見王振勳總編纂，《苑裡鎮志》，頁 1055-1153。

李秀娥〈臺北大稻埕霞海城隍廟的聖誕暗訪與繞境〉《研究與動態》7，2002 年 12 月，頁 115-142。

李豐楙，〈台灣慶成醮與民間廟會文化——一個非常觀狂文化的休閒論〉，見行政院文化建設委員會編印，《寺廟與民間文化研討會論文集（上冊）》，台北：編者，1995，頁 41-64。

李豐楙，〈由常入非常：中國節日慶典中的狂文化〉，《中外文學》22：3（1993 年 8 月），頁 116-154。

康豹，〈慈祐宮與清代新莊街地方社會之建構〉，《台北縣立文化中心季刊》53（1997 年 6 月），頁 71-78。

陳世榮，〈清代北桃園的開發與地方社會建構（1683-1895）〉，中央大學歷史研究所碩士論文，1999。

陳世榮，〈清代北桃園的地方菁英及「公共空間」〉，《國立政治大學歷史學報》第 18 期（2001 年 5 月），頁 203-242。

陳世榮，〈近代大科崁的菁英家族與地方公廟：以李家與福仁宮爲中心〉，《民俗曲藝》138（2002 年 12 月），頁 239-278。

陳志豪，〈寺廟與地方社會之研究——以關西太和宮爲例〉，《民俗曲藝》147（2005 年 3 月），頁 201-259。

陳建宏，〈遶境與地方社會——以大溪普濟堂關帝誕辰慶典爲例〉，《民
　　俗曲藝》147 （2005 年 3 月），頁 261-332。

劉汝錫，〈從群體性宗教活動看台灣的媽祖信仰〉，《台灣文獻》37：3
　　（1986 年 9 月），頁 21-50。

賴玉玲，《新埔枋寮義民爺信仰與地方社會的發展——以楊梅地區爲
　　例》，中央大學歷史研究所碩士論文，2000。

賴玉玲，〈楊梅的義民信仰聯庄與祭典〉，《民俗曲藝》137（2002 年 9
　　月），頁 165-201。

蘇瑤崇，〈論廟會活動與地方文化——以苑裡鎮慈和宮建醮爲例〉，靜宜
　　大學通識中心主辦，「中部地區自然與人文系列議題研討會」論
　　文，2003 年 10 月 19 日。

四、口述人

郭天柱，民國 11 年生，苑裡人苑南里人，現任慈和宮主委。

黃淑敏，民國 48 年生，苑裡苑北里人，慈和宮執事。

五、英文

Feuchtwang, Stephan, "City Temple in Taipei under Three Regimes." In
　　Mark Elvin and William Skinner eds.. *The Chinese City Between
　　Two Worlds*. pp.263-302

Katz , Paul R. "Temple Cult and the Creation of Hsin-Chuang Local
　　Society(寺廟與新莊地方社會之建構)"， 收入湯熙勇主編，《中
　　國海洋發展史論文集》第七輯下冊，南港：中研院中山人文社會
　　科學研究所，1999，頁 735-798。

Katz, Paul R. 〈 Special Issume on "Festivals and Local
　　Society"--Introduction〉《民俗曲藝》147，2005 年 3 月，頁 1-14。

Sangren, P. Steven, *History and Magical Power in a Chinese Community*,
　　Stanford: Stanford University Press, 1987.

清代臺灣彰南地區的媽祖信仰
——以東螺街及悅興街的發展為中心

摘要

　　彰化南部地區以現今的北斗、田中爲中心，對於媽祖信仰與地方發展之間有種種的傳說，這些傳說彼此之間或有類同、或有齟齬，周璽《彰化縣志》對該地區媽祖廟的記載，亦有東螺街媽祖與悅興街媽祖之分，文獻的記載與傳說的紛紜，使清代彰南地區的媽祖信仰更加隱晦不明。本文主要針對這些文獻記載及傳說中的彰南媽祖，利用清代及日治時代的文獻以及戰後的口傳資料，試圖釐清彰南地區有關東螺媽祖及悅興街媽祖的種種傳說，並提出其可能的真實情況。透過這些文獻與傳說的對比，以及清代彰南地區頻繁的民變及社會、宗教活動的慣習，筆者認爲悅興街媽祖與東螺街媽祖同出一源，各種傳說如漳泉族群二分媽祖廟或漳泉客族群三分媽祖廟的說法，應該是受到清代彰南地區因洪水影響，造成市街遷移，以及頻繁的民變械鬥對彰南社會產生的影響所導致。

壹、前言

　　臺灣媽祖信仰是個非常火熱的議題，有關此一議題的論文可說已是汗牛充棟，已逾千篇之上。過去張珣回顧 1925 年到 1995 年間曾發表的媽祖相關論文，分為（一）媽祖事蹟與傳說；（二）媽祖的經典與祭典；（三）進香研究；（四）祭祀活動與組織；（五）媽祖廟之間的戰爭；（六）媽祖信仰與政治；（七）媽祖信仰的傳播；（八）其他等八個子題進行討論，幾乎已涵蓋過去媽祖研究的幾個重點和重要的論著[1]。近二年蔡相煇更整理有關媽祖信仰的研究，發表〈近百年來媽祖研究概況〉，以時間為序，分成日據時代和國民政府遷台以後二期，說明臺灣地區有關媽祖研究的學術研究、研討會等的論著，最後再說明大陸地區的媽祖研究情況[2]。張、蔡二位學者在媽祖議題的研究上，卓然有成，是以相關研究的掌握皆相當充實，前者以研究議題來呈現，後者以學術研究及研討會論文的分類來呈現，所陳述的方向雖然不同，但卻為近百年來的媽祖研究作了詳細的整理及介紹，並凸顯具有代表性的著作，有其學術上的貢獻。參照上列的研究介紹，可以發現以有關彰化縣媽祖信仰的論文，顯然並不多，且大部分集中在彰化市南瑤宮的探討，以及鹿港地區媽祖廟的研究，前者如林美容有關彰化市南瑤宮的研究[3]，以及彰師大地理系受南瑤宮委託所編印的《彰化南瑤宮志》等[4]；後者如余光弘以戰後鹿港天后宮中點光明燈、太歲燈的信徒名冊以及從該宮分靈各地前來進香的記錄，說明鹿港天后宮的影響力[5]，以及謝宗榮針對新祖宮所作的研究[6]等皆是。

---

[1]　見張珣，〈臺灣的媽祖信仰——研究回顧〉，《新史學》6：4（1995 年 12 月），頁 89-126。

[2]　蔡相煇，〈近百年來媽祖研究概況〉，《台北文獻直字》152（2005 年 6 月），頁 171-205。

[3]　林美容有關媽祖研究的著述甚豐，有關彰化媽祖的研究大多集結於《媽祖信仰與臺灣社會》，（台北縣蘆洲市：博揚文化事業有限公司，2006 年 3 月）出版。

[4]　國立彰化師範大學地理系編纂，《彰化南瑤宮志》，（彰化市：彰化市公所，1997 年 9 月）。

[5]　余光弘，〈鹿港天后宮的影響範圍〉，見漢學研究中心編印，《民間信仰與中國文化研討會論文集》，（臺北：編者，1994 年 4 月），頁 455-470。

[6]　謝宗榮，〈政治社會變遷與宗教信仰發展——以彰化平原媽祖信仰發展與鹿港新祖宮沿革為核心的探討〉，《彰化文獻》2（2001 年 3 月），頁 139-172。

　　相較於彰化市及鹿港地區媽祖信仰的探討，彰化南部的鄉鎮，如田中、二水社頭、北斗、田尾、溪洲等地，研究者著墨的更少，然而並不代表這些地區的媽祖信仰不普遍，相反地，這些地區的全鎮性公廟，仍然是媽祖廟。爲何有關這些地區的媽祖信仰探討者較少，比較可能的因素是這些廟宇的發展並未拓展出具規模的信仰圈，仍屬於地方性公廟，相對於一些發展較好的媽祖廟，這些寺廟留下的資料也較少，是以無法很快地吸引研究者的目光。筆者爲土生土長的田中人，北斗、田中、社頭、二水、溪洲等地，屬於親族分佈的範圍，是到外地求學之前，常出入的地區，自然有一份濃郁的感情。這些地區屬於漳泉客三大族群的混居地，清代時期，不僅族群械鬥嚴重，也受到清代民變的影響。因此，開發、族群與械鬥，影響這些地區的發展甚深。時序降至日治時代，有關當地在清代社會的傳說已有不少，其中有關媽祖信仰與地方發展的傳說更是普遍，或有言田中鎮乾德宮爲新社宮，或有言北斗奠安宮爲械鬥下遷建的結果。種種傳言，或可透過史料的勾稽與整理，釐清原貌。本文基於上述幾個因素，以東螺街與悅興街的聚落及信仰發展爲核心，透過史料及邏輯論證的支持，試圖釐清傳言與史實間的關係。

貳、清代彰南地區的開發與東螺街、悅興街的興起

　　彰化地區的開墾，尤其是今日濁水溪以北的開發，大約要到康熙40年代左右，如《諸羅縣志》所載：「當設縣之始，縣治草萊，文武各官僑居佳里興，流移開墾之眾，極遠不過斗六門。北路防汛至半線、牛罵而止……於是四十三年秩官、營汛悉移歸治；而當是時流移開墾之眾，已漸過斗六門以北矣。自四十九年……設淡水分防千總，增大甲以上七塘；蓋數年間而流移開墾之眾，又漸過半線大肚溪以北矣。[7]」康熙40年（1701）以後，彰化南部大武郡保及東螺保等地陸續有墾戶入

7　清周鍾瑄，《諸羅縣志》，（南投市：臺灣省文獻委員會，1993年6月），頁109-110。

墾，如康熙 48 年（1709）的施世榜、康熙 60 年（1721）的黃仕卿、康熙末年的泉州吳姓、雍正元年（1723）的丁作周、雍正初年的漳州林廖亮、雍正 13 年（1735）以前的吳姓、乾隆初年的蕭姓等的入墾皆是[8]。然而實際上大規模墾民的移入要到施世榜開築八保圳之後才有明顯的進展[9]。而乾隆 10 年（1745）左右田增加的速度超過園面積增加的速度，更說明水利興築的成果[10]。道光 12 年（1832）的《彰化縣志》記載，在彰南地區的東螺保、大武郡保，也就是今天濁水溪北岸、彰化縣東南部的地區，已發展的街市有東螺保的東螺北斗街（由東螺街移遷）、小埔心街、悅興街、社頭街、永靖街、枋橋頭街的發展[11]。其中東螺街與悅興街的發展，對日後北斗、田中等地的發展關係甚大。然而欲瞭解兩地的發展，需先理解彰化平原的大環境，尤其是濁水溪的變遷，才能掌握彰南地區的環境變動。

　　大致而言，彰化平原屬於濁水溪沖積扇，濁水溪在二水出山後，流向原甚分歧，主流偏向西北，稱為東螺溪，由鹿港附近入海。鹿港初興起時，原為河港，而並非海港，自有文字記錄的 260 年以來，主流流向已有好幾次變動，漫流此沖積扇的主要大溪，從南到北計有虎尾溪、舊虎尾溪、新虎尾溪、西螺溪與東螺溪五條。經過人工的壓束，目前係以西螺溪為主流[12]。東螺街與悅興街是在濁水溪沖積平原發展出來的街市，是以受到濁水溪變遷的影響相當大，這是瞭解此二街市發展，不可不注意的因素。

　　東螺街與悅興街的發展，可從清代的方志資料來理解。康熙 24 年（1685）蔣毓英的《臺灣府志》，在市廛項下，有關諸羅縣僅出現灣裏

---

[8]　彰化平原南部的拓墾參見林文龍，《臺灣中部的開發》，（台北市：常民文化事業股份有限公司，1998 年 5 月），頁 77-78。

[9]　彰化平原的開發大約在康熙、雍正朝，此期八堡圳之開鑿具有決定性的影響。見王崧興，〈八堡圳與臺灣中部的開發〉，《臺灣文獻》26：4/27：1（1976 年 3 月），頁 43；另八保圳逐圳之過程，見林文龍，《臺灣中部的開發》，頁 86-92。

[10]　有關清代彰化縣的水利興修與田園、人口等的增加情況，參見溫振華，〈清代臺灣中部的開發與社會變遷〉，《師大歷史學報》11（1983 年 6 月），頁 59-69。

[11]　清周璽，《彰化縣志》，（南投市：臺灣省文獻委員會，1993 年 6 月），頁 40-42。

[12]　陳正祥，《臺灣地誌》（臺北：南天書局，1993 年 10 月），頁 831。

街，在目加溜灣社。但在同書鋪舍項下裡，已記錄有東螺鋪[13]。乾隆 7
年（1742）劉良璧的《重修福建臺灣府志》，已記載東螺街的出現，此
時東螺保管下分別有：舊社莊、三條圳莊、打馬辰莊、侯心霸莊、大段
莊、十張犁莊、興化莊、睦宜莊、埔心莊、眉裏莊、埤頭莊、斗六甲莊、
麻園寮莊。大武郡保管下有舊社莊、崙仔莊、崁頂莊、枋橋頭莊、陳厝
莊、紅毛社莊、油車店莊、火燒莊、濫港東莊、西成莊、柴頭井莊、馬
光厝莊、新莊仔莊、卓乃潭莊、橋頭莊[14]。分佈於今埤頭、埔心、田尾、
溪洲、社頭、田中、二水一帶。悅興街的崛起，比上列各莊晚得多，要
到道光 12 年的《彰化縣志》才出現，顯示最晚到嘉慶末期與道光初年
間，悅興街已經出現。東螺街的發展與北斗街有密切的關係，此於下文
說明，悅興街則與後來田中鎮的出現有關。大致而言，悅興街的發展與
濁水溪北岸的部分聚落發展類似，受到洪水的影響而沒落，其中一部分
的居民遷往沙仔崙（今田中鎮內），而在沙仔崙發展的居民，仍受到在
道光年間仍然深受洪水的威脅，道光 30 年（1850）沙仔崙因洪水土地
流失大半，部分居民移往田中央發展，沙仔崙元氣大傷，明治 31 年 8
月，彰南地區發生大水災，沙仔崙一地再受衝擊，次年又因火災燒毀五
十八戶，使居民再度的遷入田中央，沙仔崙也因此沒落下來，其地位被
田中央所取代。[15]田中央莊於日治時期改稱為田中庄，戰後改稱為田中
鎮。

參、清代彰南地區媽祖信仰的發展

　　寺廟，尤其是地方性的公廟，為村落居民所共同興建，且是村落居
民有關村落公共事務之意見交流處所，因此與地方社會的關係相當密

[13] 清蔣毓英，《臺灣府志》，（南投：臺灣省文獻委員會，臺灣歷史文獻叢刊，1993 年 6 月），頁 73。

[14] 清劉良璧，《重修福建台灣府志》，（南投：臺灣省文獻委員會，臺灣歷史文獻叢刊，1993 年 6 月），卷五城池，頁 79。

[15] 有關悅興街、沙仔崙聚落與田中央間的關係，參見王志宇，〈從田中央到田中庄—彰化平原「田中央」的形成與發展〉，《逢甲人文社會學報》9（2004 年 12 月），頁 100-104。

切。此種公共事務中心角色的形成與地方公廟之董事由祭祀圈內各村選
任，形成領導地方事務的核心有關，此外透過分香、割火或神明之互訪
等活動，可與祭祀圈外的友好村落建立社會關係，在地方上有相當強烈
的社會性。而台灣的宗族較之大陸的宗族顯然較小，大陸上許多宗族的
社會功能，在台灣傳統社會中，多由一村或數村共同執行，而負擔此類
功能的機構，常是一村或數村所共有的公廟來執行。因此台灣的公廟雖
為民間信仰機構，確有地方事務中心的實質功能。[16]因為寺廟負擔著地
方居民意見交流與事務中心的角色，所以是地方社會成形的重要指標，
地方的仕紳、領導菁英等，得以利用寺廟作為集議場所。

　　寺廟不僅作為地方社會的集議場所，透過信仰和建醮、進香繞境等
相關的活動，除了能凝聚地方社會之外，甚至能跨越村莊，達到聯合不
同村社，形成聯防組織的目的[17]。從此角度出發，來觀察彰化縣的媽祖
信仰，可以發現過去研究者所討論的彰化縣的媽祖信仰，大略可分為南
瑤宮系統、鹿港舊祖宮系統以及彰化南區以永靖永安宮及社頭天門宮為
中心所形成的七十二聯庄系統。

　　研究者所討論的地方公廟因具有村落公共事務中心的性質，影響地
方社會甚為深遠，這些祠廟可用以對內凝聚族群意識者，亦可以調和族
群關係者，亦有用之以作為凝聚不同地緣團體以抵抗其他族群者，此以
彰化南部地區的七十二聯莊與媽祖信仰間的關係最為著稱。彰化七十二
聯莊是彰化縣分類械鬥下的產物，其緣起為道光年間彰化發生漳泉械
鬥，永靖地區的客家居民想充當和事佬不成，引發衝突，因此，客家人
與漳人聯合與泉人鬥。道光年間的械鬥之後，漳客族群意識到不聯合則
無法抵抗泉州人的勢力，是以雙方族群的領導菁英商議決定以永靖永安
宮為中心，聯合武西、武東、東螺東及東螺西等保之漳客聚落居民為一

16　唐美君，〈台灣公廟與宗族的文化意義〉，《國立歷史博物館館刊（歷史文物）》2：1（1983
　　年1月），頁14-18。

17　筆者研究苗栗縣苑裡鎮的慈和宮時，發現媽祖廟透過建醮等儀式，動員全鎮的人力投入，
　　建醮及普渡等活動，儼然為一種源自民間社會的動員力量，並得以透過此類宗教活動凝聚
　　地方社會。參見王志宇，〈廟會活動與地方社會——以臺灣苑裡慈和宮為例〉，《逢甲人
　　文社會學報》12（2006年6月），頁239-262。

體，俗稱七十二庄[18]。七十二庄分為九個角頭，有開基祖媽、眉洲媽、大媽、武東堡大二媽、武西堡大二媽、武西二媽、二媽、聖三媽及三媽等九個會媽，主要分佈在社頭、田中、田尾、員林、埔心、員林、永靖、埔心等地[19]。而社頭天門宮分香自鹿港天后宮[20]，是以從廟宇的香火關係而言，以媽祖祭祀為手段的彰化七十二聯庄系統，與鹿港天后宮之間也有關係。類似這種跨地域族群的宗教組織還有彰化北部的南瑤宮系統。

南瑤宮據傳緣起於雍正元年（1723），彰化設縣後，有窯工楊謙自諸羅縣笨港南街應募工事而來，隨身攜帶媽祖之香火袋，以供護身之用，後將香火袋掛在工寮內，入夜每見毫光，附近居民認為是神明顯靈，仕紳乃集資雕塑媽祖神尊，暫奉於隔鄰土地公廟內，自此香火漸盛；乾隆3年（1738），瓦磘莊民陳氏捐獻土地，建小祠奉祀，時稱媽祖宮。同年11月，總理吳佳聲、黃景祺、林君、賴武等發起募資興建廟宇，並雕塑五尊神像，定名為南瑤宮。卓克華則依地方志書等資料，指建廟於乾隆3年有疑義，較可信者為乾隆14年（1749）。[21]南瑤宮成立後逐漸發展成為彰化市乃至鄰近之彰化縣、台中縣、臺中市、南投縣等地區居民的信仰中心，其中因素很多，而十個媽祖會的形成為最主要的原因。[22]此十個媽祖會中，成立於光緒9年（1883）的老四媽，其下的關帝廳角（永靖、田尾）、陳厝角（永靖、埔心、田尾）；以及成立於老四媽會後的聖四媽會，主要分佈範圍就在永靖、埔心、田尾，皆已緊鄰在本文所討論的東螺、北斗、二水、田中地區[23]，但並未在這些地區形成

18　許嘉明，〈彰化平原福佬客的地域組織〉，《民族學研究所集刊》（1973年9月），頁181。
19　曾慶國，《彰化縣三山國王廟》，（南投市：臺灣省文獻委員會，1997年6月），頁336-339。
20　天門宮創立於乾隆二十年（1755）以前，昔日之武東、武西保七十二庄眾弟子建廟在枋橋頭，恭請鹿港天后宮之天上聖母像前往崇奉。許雪姬，〈鹿港天后宮歷史沿革〉，見陳仕賢總編輯，《鹿港天后宮志》，（彰化縣鹿港鎮：鹿港天后宮管委會，2004年12月），頁70。
21　有關南瑤宮建廟時間的爭議，參見卓克華《寺廟與臺灣開發史》，（台北市：揚智文化事業有限公司，2006年3月），頁126-130。
22　林美容，〈彰化媽祖的信仰圈〉，見氏著，《媽祖信仰與臺灣社會》，頁64。
23　十個媽祖會的形成及分佈，參見林美容，〈彰化媽祖的信仰圈〉，見氏著，《媽祖信仰與臺灣社會》，頁65-106。

媽祖會。

　　鹿港舊祖宮媽祖像是開基媽祖之一，在台灣地位崇高，據《鹿港天后宮志》所記，清代已有麥寮拱範宮、朴子配天宮、北港朝天宮、彰化天后宮（內媽祖）、埤頭合興宮、大肚永和宮、埔里恒吉宮、土庫順天宮、枋橋頭天門宮等分香子廟[24]，此說法或受廟方影響，過於誇大，但舊祖宮在清代已有相當勢力，而其對彰南地區的影響討論者不多，似仍相當隱微。但從有限的史料上，我們卻可以發現它和東螺街媽祖、悅興街媽祖間，有著密切的關係。

　　東螺街媽祖的發展在文獻上有跡可尋，此媽祖系統在東螺街的受創及嘉慶 13 年的北斗建街中，清楚的被記錄下來，據〈東螺西保北斗街碑記〉所載：

> 彰南有東螺舊社街久矣。自嘉慶丙寅年被洪水飄壞，眾紳卜遷於其北二里許，蓋有不得已者焉。問其地，則東螺番業主也，其佃則李氏、謝氏、林氏居多。於是請業主、各佃定稅明白，其番租、正供悉係佃人與業主理，不干鋪民事；又買地於其北一段及西南一小段以足之。乃定規模，經營伊始。其北一段，中建天后宮，南向；西北建土地祠，所以崇明祀、庇民人，禮至重也……名曰「北斗街」，取其形勢之相似也……是時董其事者，武舉陳聯登、監生陳宣捷，街耆高倍紅、吳士切、謝嘮，余亦參莫議焉。是為記。舉人楊啟元撰……嘉慶戊辰年花月穀旦立。[25]

　　《臺灣中部碑文集成》註記溯自乾隆 3 年左右，建市街於東螺溪南岸舊社檨仔莊附近，即今溪州鄉舊眉之東螺。由於發現了東螺街媽祖廟的香爐，上刻有「清乾隆元年　東螺舊社街　天后宮」[26]，除了可以將東螺街的建立往前提至乾隆元年之前外，因此香爐之發現，日治時代北斗奠安宮的寺廟台帳便有了較為信實的旁證。該寺廟台帳記載北斗奠安

24　許雪姬，〈鹿港天后宮歷史沿革〉，見陳仕賢總編輯，《鹿港天后宮志》，頁 68-70。

25　劉枝萬編著，《臺灣中部碑文集成》，（南投市：臺灣省文獻委員會，1994 年 7 月），頁 16-17。

26　見謝瑞隆，〈東螺街的形成與消逝〉，《彰化文獻》6（2005 年 3 月），頁 207。

宮爲康熙 57 年（1719）由鹿港媽祖廟分香而來，原在舊眉庄舊社一帶，
嘉慶 11 年（1806）間受戰火以及後來濁水溪氾濫所波及，遷至北斗街。
同治 7 年（1868），北斗街居民倡議改建，並由東螺東堡及東螺西堡兩
地信徒中募捐籌建[27]。成稿於昭和 6 年（1931）的《北斗鄉土調查》中
記載當地的天上聖母會，亦記錄西北斗奠安宮天上聖母由鹿港街天上聖
母分香而來[28]。所謂鹿港媽祖，因鹿港有興安宮、天后宮及新祖宮三座
媽祖廟，需稍加解釋。新祖宮建於乾隆 52 年（1787）有實際證據，無
疑義，但興安宮與天后宮之成立年代，則需加辯證。興安宮媽祖又稱興
化媽祖宮，相傳爲鹿港最古老之媽祖廟，建於康熙 23 年（1684），惟此
說葉大沛提出種種疑點，認爲不足採信。而天后宮又稱舊祖宮，其成立
年代有言爲明永曆元年（1647）者，又有言康熙 22 年（1683）及康熙
30 年（1671）者，亦有言雍正 3 年（1725）及乾隆初期者，許雪姬則
推論鹿仔港天妃廟的建廟時間，較可信的年代應該是不早於永曆元年也
不晚於康熙 22 年，至於在今址所建的媽祖廟，應該是雍正 3 年。[29]葉氏
據縣誌與施世榜獻地等判斷，認爲以乾隆初年建廟較爲合理[30]。一般而
言，早期的建廟年代通常隱晦不明，無論是雍正三年或乾隆初期的推
論，都難有確切的論斷。如同許雪姬所指出鹿港媽祖宮的興修年代言人
人殊，其原因在於：一、對「廟」所下的定義不同，有人認爲只要有漢
人移民處即會有媽祖廟，且廟不一定是後來的規模，可能只是海岸邊的
一處小廟。二、有人則主張必須有「文字」資料才算有足夠的證據。這
都造成各公有各自的說法。[31]臺灣寺廟的緣起，除非有當時代留存的文
獻或碑文記錄的證明，否則許多寺廟的創建時間，都不易完全掌握。奠
安宮於康熙 57 年分香建廟的說法，應指其前身東螺街媽祖廟而言，可

---

[27]　《北斗郡寺廟台帳》，北斗街「奠安宮」項。

[28]　見張素玢編注，陳彌毅翻譯，《北斗鄉土調查》，（1931 年版，彰化市：彰化縣文化局，
2003 年 9 月），頁 117。

[29]　許雪姬，〈鹿港天后宮歷史沿革〉，見陳仕賢總編輯，《鹿港天后宮志》，頁 42-43。

[30]　有關興安宮與天后宮的成立年代之爭議及論斷，參見葉大沛，《鹿港發展史》，（彰化市：
左羊出版社，1997 年 6 月），頁 156-163。

[31]　許雪姬，〈鹿港天后宮歷史沿革〉，見陳仕賢總編輯，《鹿港天后宮志》，頁 41。

視爲建廟時間的說法之一。日治時代不同來源的調查資料皆指出東螺街媽祖（奠安宮）與鹿港媽祖的香火關係，顯見日治時代當地對奠安宮媽祖香火來自鹿港媽祖，是一種普遍性的看法。從道光元年北斗建街到日治時代約有七、八十年的時間，其中最多僅間隔一代，因此所謂東螺媽祖香火來自鹿港媽祖的口頭傳說的可信度仍高。

與東螺街媽祖相較，悅興街媽祖的發展，在文獻上的支持度更爲薄弱。悅興街媽祖見於道光 12 年的《彰化縣志》[32]，如前述後來該街受洪水之衝擊而沒落，部分街民遷往沙仔崙，後來沙仔崙遭受水災，居民遷建田中央。直至現今田中鎮耆老亦有言乾德宮乃由悅興街媽祖廟（名新社宮）遷移而來，先遷至沙仔崙，位於今天受宮址，而再遷至田中央現址之說法。而田中央的興起與沙仔崙人陳紹年極力勸導街民至田中央開墾有關[33]。此段傳言有相當的真實性，一是田中鎮耆老傳言中的陳紹年，確有其人，他是同治年間戴萬生之亂時，家屋爲賊所焚的廩生陳貞元之子，日治時代曾任台中廳田中央區長的陳芳輝之父，曾任清代的儒學訓導，明治 28 年（1895）受命爲東螺東堡兼沙連下堡堡長[34]。田中鎮耆老所言的勸墾，應指日治初期田中鎮接連遭受水火二災，使剩餘的街民再轉往田中央發展一事[35]。第二，檢視《臺灣中部碑文集成》所收錄之乾德宮內的「新社宮天上聖母碑」碑文，雖內容因原碑字跡剝落而有缺字，但仍可看出是朱添等捐獻田地，作爲新社宮祀費，並禁持僧不得與爭的碑文，其時間爲嘉慶元年[36]。《彰化縣志》記錄悅興街媽祖而非沙仔崙媽祖，顯見新社宮應是由悅興街轉來，而此碑文也應是從悅興街所帶來。而悅興街媽祖與東螺街媽祖究竟是否爲同一香火？如果從二水安德宮的資料來推敲，同一系統的可能性極大。據二水安德宮的寺廟台帳所記，安德宮乃在乾隆元年二八水莊民由悅興街乾德宮分香而來，此後並

---

[32] 清周璽，《彰化縣志》，頁 154。

[33] 劉金志，《故鄉田中》，（彰化縣田中鎮：財團法人彰化縣賴許柔文教基金會，2001 年 8 月），頁 4-6，92-93。

[34] 不著撰人，《人文薈萃》，（台北市：遠藤寫真館，1921 年 7 月），頁 273。

[35] 王志宇，〈從田中央到田中庄——彰化平原「田中央」的形成與發展〉，頁 103-104。

[36] 臺灣銀行經濟研究室編輯，《臺灣中部碑文集成》，頁 127。

至乾德宮進香，至道光二十七年止。[37]如前所述，東螺街媽祖乾隆元年的香爐被發現，安德宮台帳所記載的乾隆元年，就有其意義。如從東螺街、悅興街的發展時間而論，安德宮寺廟台帳所記的乾隆元年，其所指宮廟應就是東螺街天后宮，因為乾隆元年乾德宮尚未出現，就算是其前身新社宮也還未出現。[38]而為什麼寺廟台帳只記載乾德宮？這部分應該是就日治時期已在田中庄建廟的乾德宮所做的記錄，是以不提新社宮。而乾德宮的寺廟台帳則記載其緣起來自悅興街媽祖。然而當安德宮的台帳需溯源記錄創建年代時，即需溯源到源頭，故記錄到乾隆元年。從東螺街、悅興街、沙仔崙、田中央等地的發展，乾隆元年時存在的天后宮，應只有東螺街媽祖。這是從東螺街、悅興街等各地發展的歷史研判出來的結果。而為什麼彰化南部的媽祖信仰這麼複雜，涉及民變與漳泉客等族群關係的發展，此在下節論之。

表一：彰南媽祖系統表

```
            ↗北斗奠安宮
東螺媽祖→悅興街媽祖（新社宮）→沙仔崙媽祖→田中央（乾德宮）
            ↘二水安德宮
```

肆、民變械鬥與彰南媽祖信仰間的關係

　　如果東螺街媽祖與悅興街媽祖是源自同一系，那麼二水安德宮為何到田中乾德宮進香，而不是北斗的奠安宮？此外，彰南地區所流傳有

---

[37] 《員林郡寺廟台帳》，二八水庄「安德宮」項；惟有關安德宮緣起，二水地區另有所謂嘉慶十四年的說法。參見蔡錦堂，《二水鄉志・社會篇》，（彰化二水：二水鄉公所，2002），頁 670-673。

[38] 據伊能嘉矩所述，嘉慶初年，李、謝、林三姓人，建寶斗庄及其東邊的悅興街。因為乾隆元年悅興街尚未出現，是以《臺灣府志》與《諸羅縣志》等皆未記載。如以新社宮的碑記而論，悅興街的出現可能乾隆末期已出現，否則居民不可能在嘉慶元年捐獻田地給新社宮。參見伊能嘉矩編《大日本地名辭書續編——（三）台灣》，（東京：富山房，1909），頁 85。

關東螺媽祖由泉漳人分廟或泉漳客三族群分廟的傳說又是怎麼一回事？這都需要從彰南地區所留下的史料來加以印證，並從彰南地區的自然環境、歷史發展和社會情況來加以理解。

東螺街和其他清代彰化南部地區的聚落一樣，位在濁水溪的沖積平原上，受到濁水溪流變遷的影響，在洪水的威脅下，聚落往往因而衰落，前述東螺街、悅興街、沙仔崙等地，都是因洪水的因素而沒落。因此，洪水是濁水溪沿岸聚落變遷極為重要的因素。受到聚落的興衰的影響，居民被迫遷移，而在這種數度遷移的情況下，對聚落事物的回憶，便比較容易失實。

除了自然環境的影響外，彰南地區濁水溪沿岸聚落還受到清代民變和械鬥的影響。清代彰化平原的民變和械鬥非常頻繁，牽動著福客關係的發展。郭伶芬指出彰化平原牽動族群關係的事變有林爽文、張標、陳周全、李通、戴潮春等幾個案件[39]，其中影響彰南地區者較深者有林爽文及戴潮春兩次的變亂，這些動亂都影響及於今濁水溪北岸地區，尤其是戴潮春之亂，豎義旗力抗戴黨亂事的沙仔崙廩生陳貞元宅被毀，濁水溪北岸受禍甚烈。[40]除了民變事件之外，彰南地區的社會動亂還有械鬥事件，清代彰化地區發生過幾次重大的械鬥事件，據《彰化縣志》所載，計有如乾隆 40 年（1775）發生於縣治西門外四里的蘇桐腳莊，肇因於漳泉人聚賭換呆錢所致，縣志並云「邑之有分類自此始」；又有嘉慶 11 年（1806）二月，為防海寇蔡牽來襲鹿港，理番同知黃嘉訓指示義首王松等，率領鄉勇數百人到鹿港協助防務。因王松所帶皆為漳人，進入鹿港後，與轎店小夫有所口角，並發鳥槍，傷斃數人，此事引發漳泉分類械鬥，至六、七月間始平息；又嘉慶 14 年（1809）四月，受淡水廳械鬥影響，彰化縣內亦風吹草動，莊民不安，漳泉交界地區紛紛遷徙，匪徒乘勢劫掠，至早稻收割時期始平；道光 6 年（1826）四月，又有東螺

---

[39]　郭伶芬，〈清代彰化平原福客關係與社會變遷之研究──以福佬客的形成為線索〉，《臺灣人文生態研究》4：2（2002 年 7 月），頁 35-42。

[40]　有關此二大戰役濁水溪北岸各莊受禍一事，參見王志宇，〈從田中央到田中庄─彰化平原「田中央」的形成與發展〉，頁 94-99。

保睦宜莊李通等，因竊黃文潤豬隻起衝突，互相鬥狠，各處匪徒乘機散佈閩粵分類謠言，使各地莊民搬徙，員林一帶粵人紛紛遷入大埔心莊及關帝廳等處。[41]

　　不管是民變或是械鬥，都應該從彰南地區的開發及社會來瞭解。彰南地區的開發得利於八保圳等水利工程之處甚多，康熙 58 年（1719）八保圳築成之後，墾民大量移入，此時因為入墾的時間點尚早，台島上的分類械鬥還未普遍發展，漳、泉、客在未受分化之下，尚能在一起混居，故彰化平原的族群分布尚未出現明顯的移動。康熙 60 年（1721）朱一貴事件後，清政府開始採用分化政策，分化閩粵族群，乾隆 51 年（1786）林爽文事件又分化漳泉族群，以平林亂，各族群間的分類意識，更被深化[42]。雖然林偉盛認為清政府利用臺灣社會分籍仇視，使各籍互相牽制，不能以分化視之。[43]然而彰化縣的分類械鬥，卻因清政府應用以漳制泉、以泉制漳或閩粵互制等策略的運用，深化漳泉或閩粵間彼此間的對立，以致族群間一聞有變，即有焚殺或遷移的情事，前述數次的械鬥都有此類的情況。頻繁的民變及分類械鬥，使清代的彰化社會蒙受分類械鬥的陰影，也成為地方居民的共同記憶。

　　在上列種種因素的影響下，我們可以檢視相關的口傳資料的記載。地方耆老流傳的口傳資料也流露出一些看法，但口傳資料往往有許多模糊的說法或是錯誤。如二水鄉耆老賴宗寶則引述安德宮管理員後裔陳飛鵬的說法，傳言安德宮媽祖奉祀於此地是在乾隆元年，亦有說嘉慶 14 年（1809）[44]。又如劉金志為田中三民里十張犁人，國小校長退休，退休後以其過去聞知於耆老的舊聞撰成《故鄉田中》一書，他於該書述及

---

[41]　清周璽，《彰化縣志》，頁 363，382-383。

[42]　張菼認為清政府於基於朱一貫事件的義民經驗，此後開始利用漳泉、閩粵的分類矛盾進行分化，尤其在林爽文事件中特別顯著，而臺灣之有大規模的分類械鬥，始於乾隆 35 年（1770）之閩粵械鬥和 47 年（1782）之漳泉械鬥。張菼，〈吳福生事變〉，見氏著，《清代臺灣民變史研究》，（台北市：臺灣銀行，臺灣研究叢刊第 104 種，1970 年 5 月），頁 26-27。

[43]　林偉盛，《羅漢腳：清代臺灣社會與分類械鬥》，（台北市：自立晚報社文化出版部，1993年 3 月），頁 69-71。

[44]　臺灣省文獻委員會編印，《彰化縣鄉土史料》，頁 495。

乾德宮的發展時，說明乾德宮源自於悅興街，原爲清康熙年間，陳姓人家由湄洲媽祖廟分鄉帶來天上聖母一尊，供奉於悅興街，香火日盛後，建廟名爲新社宮。後來悅興街爲洪水衝擊，乃遷至田中鎮新民里沙崙路242 號天受宮現址，其後隨鄉民移入田中央者衆，大正 8 年（1919）入火安座於現址，改名乾德宮。而他更指出道光 18 年（1838）歲次戊戌，山洪爆發，悅興街岌岌可危，北斗街及沙崙街人士不忍鼎盛香火的新社宮隨洪而去，最後乃以抽籤決定，結果北斗抽中後殿，沙仔崙抽中前殿，前殿的神像、木匾、石獅及雕樑等，全部遷移至沙仔崙街[45]。劉氏的說法單純以口傳資料爲依歸，有許多失實之處，如所謂道光 18 年發生洪水，可能是光緒 24 年（1898）戊戌水災的誤傳，因爲檢視曹永和、徐泓、林玉茹及莊吉發等人有關清代自然災害的研究，道光 18 年並沒有發生大洪水的記載[46]，應是劉氏誤將光緒 24 年的水災往前提六十年所致。雖然劉氏的資料有許多錯誤，但卻提供了口傳資料流傳狀況的實例；其所述的漳泉二分廟是指悅興街媽祖，這個說法顯然與其他耆老有些差距。同爲田中鎮耆老的許遠利認爲沙仔崙媽祖遷建田中時，與北斗方面商量，田中的乾德宮爲前殿，北斗的媽祖廟爲後殿[47]。《埔心鄉志》亦記載社頭天門宮媽祖來自鹿港，「本來和田中乾德宮、北斗奠安宮共有一宮，在靠近濁水溪之一分支溪邊，因爲大水將該宮沖毀，三地人士分別搶救廟中一部分神物，而後分立三廟」[48]此外，張素玢撰《北斗鎮志·開發篇》時，也記錄了嘉慶 11 年漳泉械鬥以後，東螺街的漳州人和泉州人已經無法共存，在遷街時，兩族分庄，漳州人一部分到偏東的沙仔崙建街（即田中鎮舊街），另一部分北遷目宜庄（今田尾睦宜村），

---

[45]　劉金志，《故鄉田中》，頁 92。

[46]　參見曹永和，〈清代臺灣之水災與風災〉，見氏著，《臺灣早期歷史研究》，（台北市：聯經出版事業公司，1979 年 7 月），頁 399-476；徐泓，〈清代臺灣天然災害史料補證〉《台灣風物》34:2（1984 年 6 月），頁 1-28；林玉茹，〈清代臺灣的洪水災害〉，《台灣文獻》49:3（1998 年 9 月），頁 83-104；莊吉發，〈清代臺灣自然災害及賑災措施〉，《台灣文獻》51:1 （2000 年 3 月），頁 23-44。

[47]　見臺灣省文獻委員會編印，《彰化縣鄉土史料》，（南投：編者，1999 年 9 月），頁 142。

[48]　張榮昌等，《埔心鄉志·宗教篇》（彰化埔心：埔心鄉公所，1933 年 9 月），頁 398。

泉州人則到寶斗建北斗街。兩族群共創的東螺街天后宮，則抽籤決議分割前、中、後殿之權益。結果前殿原有法物歸遷居沙仔崙的漳州人所有，日後重建田中乾德宮；中殿原有法物歸遷居睦宜庄漳人，後來建睦宜村聖德宮。泉州人分得後殿，建奠安宮[49]。張氏所言因無註明資料來源，惟指出一說奠安宮（應指其前身）當時只有前、後，殿據其文意此資料可能來自口述。事實上，日治時代所調查的寺廟台帳記載田尾庄聖明宮緣起於因洪水遷至悅興街的東螺舊宮，道光 23 年（1843）的洪水，使東螺舊宮（在悅興街）的大媽遷至北斗街，二媽遷至饒平厝（田尾）[50]。可見東螺街和悅興街媽祖，因為洪水、市街遷移等因素的影響，口傳資料有相當程度的差異。其中，尤其是清代嚴重的民變械鬥，使各類的傳說資料，融入了這個時代的特徵，因而有漳泉二分廟之說，或漳泉客三分廟之說。

　　前文所提到的第二個問題，田中的乾德宮如果與東螺媽祖同一香火系統，二水的安德宮為何到田中的乾德宮，而不到北斗奠安宮？就必須從清代備受民變械鬥摧殘的彰化地區的社會來瞭解。

　　前述安德宮寺廟台帳記載乾隆元年二八水莊民由悅興街乾德宮分香而來，此後並至乾德宮進香，至道光 27 年（1847）止。前文已說明新社宮和東螺街媽祖屬於同一系統，但是道光 27 年時乾德宮尚未出現，日治時代的調查應指乾德宮的前身悅興街新社宮而言，從康熙 60 年朱一貴事變以後，受到清政府從中利用分化的影響，彰化縣社會已處於族群衝突的敏感期。乾隆 40 年的分類械鬥是彰化縣分類之始，嘉慶 11 年以後的械鬥使漳泉間的爭執更為激烈，道光 6 年的械鬥甚至使彰縣大部分的客家族群遷移到大埔心和關帝廳。為何二水安德宮到悅興街新社宮進香，從上面的彰化漳、泉、客族群的發展似乎已經可以看得出來，嘉慶 13 年後的北斗成為泉州人的勢力範圍，而悅興街則是漳州人

---

[49]　張素玢，〈開發篇〉，見張哲郎總編纂，《北斗鎮志》，（彰化縣北斗鎮：北斗鎮公所，1997 年 11 月），頁 145-146。

[50]　《北斗郡寺廟台帳》，田尾庄「聖明宮」項。

的勢力範圍,同屬於漳州人勢力範圍的二水[51],二水漳州人當然往新社宮進香,而不往泉州人的奠安宮進香。

　　大致而言,頻繁的民變與械鬥,又加上清政府從中利用族群分類的弱點,以遂行其統治,因此使得彰化縣內漳、泉、客三大族群的對峙更加明顯,也形成此期居民深刻的共同歷史記憶。而在漳、客二族群與泉州族群對峙失利的情況下,於道光年間二大族群共組了七十二聯莊,以共同對付泉州人。而這個組合所利用的融合介質,也正是臺灣地區非常普遍的媽祖信仰,而媽祖是臺灣人民另一個共同記憶。溪洲、北斗、田中、田尾一帶正處於漳、泉、客三大族群的交會區,而溪洲一地正是東螺街的所在地,悅興街則在北斗和田中交界處[52]。但是在二條街市的發展過程裡,都有興衰沒落的變化,由東螺街遷北斗街,或是悅興街轉沙仔崙,再遷田中央的聚落變化,使得這一段歷史的發展有著鮮明及被強化的集體記憶[53]和受遷移影響的破碎記憶部分,這兩部分起著交雜的作用。在這種情況下,東螺街媽祖廟的遷建有事實的存在,但也在民變動亂、族群對峙與市街遷建中,交相混雜。事實隨著街市的遷建和時間的變化,口傳逐漸流失其原本的真實,加入了清代民變的共同記憶,如同戴文鋒分析媽祖「抱接砲彈」的傳說,指出媽祖助戰傳說有著承襲性、模糊性、天意性和時代變異性等四大質性,意即傳說內容是有跡可尋、隱約不明,傳說的內容與一切自然變化均是天意、神意,以及傳說內容

---

[51] 有關彰化縣的祖籍分佈,社頭、田中、二水都是漳州人為主的分佈區,北斗為泉州人為主的分佈區,見陳其南,《臺灣的傳統中國社會》,(台北市:允晨文化事業股份有限公司,1987年3月),頁134-136。

[52] 據張素玢的研究,此地在今臺灣省畜產試驗所彰化繁殖場偏東附近,筆者所瞭解該繁殖場位於今斗中路在田中、北斗交界處附近。見張素玢,《歷史視野中的地方發展與變遷─濁水溪畔的二水、北斗、二林》,(台北市:學生書局,2004年3月),頁169。

[53] 如同王明珂的研究,指出集體記憶研究者的主要論點為:(1)記憶是一種集體社會行為,人們從社會中得到記憶,也在社會中拾回、重組這些記憶;(2)每一種社會群體皆有其對應的集體記憶,藉此該群體得以凝聚及延續;(3)對於過去發生的事來說,記憶常常是選擇性的、扭曲的或是錯誤的,因為每個社會群體都有一些特別的心理傾向,或是心靈的社會歷史結構;回憶是基於此心理傾向上,使當前的經驗印象合理化的一種對過去的建構。(4)集體記憶賴某種媒介,如實質文物及圖像、文獻,或各種集體活動來保存、強化或重溫。見氏著,《華夏邊緣─歷史記憶與族群認同》,(台北市:允晨文化實業股份有限公司,2001年5月),頁50-51。

隨時代而變化[54]。也如同戴寶村分析二次大戰美軍轟炸臺灣與媽祖傳說
間的關係，指出美軍轟炸臺灣的漫天烽火，對一般市井小民的影響，「在
希望渺茫之際，媽祖就成他們心目中一個很重要的精神寄託，而留下一
椿椿的傳說故事，而進出於 B29 的轟炸空襲的事實與媽祖接炸彈的傳說
之間，交織成臺灣人的戰爭集體記憶。[55]」這個說法和清代的彰化縣的
情況有著異曲同工之妙，清代的彰化縣在頻繁的民變和械鬥下，漳泉械
鬥和漳、泉、客械鬥的歷史記憶，和普遍且真實存在的媽祖廟間，起了
交織的作用，而形成了漳泉二分媽祖廟和三分媽祖廟的說法。這個說法
和前者不同之處，在於前者是真實的傳說（接砲彈），而後者是傳說的
真實（實際有廟，有遷移的狀況）。

　　由上面的論述，筆者認爲東螺街媽祖與悅興街媽祖應該從歷史及社
會發展的角度上來理解，從康熙末年到乾隆初期，隨著彰化縣各地水利
工程的開發，移民大量進入，產生混居現象。乾隆末年到嘉慶初年間，
各類民變械鬥的發展，族群問題已隱然出現。移民開發建立聚落都在街
市的建立之前，康熙末年北斗已有閩人前往開發[56]，乾隆後期的械鬥，
應已影響各族群在彰化的開發狀況，北斗以泉人爲主，鄰近今田中鎮的
悅興街一帶以漳人爲主，應是自乾隆以來，漳泉人群各自結合地緣團體
開發的結果，已是東螺街漳泉分庄的濫觴，嘉慶 13 年的北斗建街行動
及悅興街的形成，應是因勢利導的行爲。北斗街及悅興街的出現，在時
間上相去不遠，在東螺街受到洪水及械鬥的影響下，街民不斷出走，悅
興街新社宮的出現，應是東螺媽祖分香的第一波[57]，北斗建街遷廟則是
第二波，田尾漳人或許是第三波或由新社宮再分香的情況。但傳說中比

---

[54]　戴文鋒，〈臺灣媽祖「抱接砲彈」神蹟傳說試探〉《南大學報：人文與社會類》39:2（2005
　　　年 10 月），頁 57-58。

[55]　戴寶村，〈B29 與媽祖：臺灣人的戰爭記憶〉《國立政治大學歷史學報》22（2004 年 11
　　　月），頁 270。

[56]　據張素玢藉由北斗廟宇創建年代推知，北斗一地的開發與聚落的形成，大約在康熙末年左
　　　右，範圍在今天的東北斗（又稱寶斗莊）、北勢寮（又稱北勢寮莊）以及西北斗。見氏著，
　　　《歷史視野中的地方發展與變遷—濁水溪畔的二水、北斗、二林》，頁 168。

[57]　此從《彰化縣志》記載東螺街媽祖、悅興街媽祖而沒有記載北斗街媽祖，可見悅興街媽祖
　　　比北斗遷街後建立的奠安宮早。

較不可能的情況是所謂分前、中、後殿的說法，從乾隆元年（或康熙57 年）的建廟時間推測，此期彰化縣的開發剛開始不久，能否建造出一具有前、中、後殿的大規模廟宇，是值得相當懷疑的事。在洪水及械鬥的衝擊下，漳泉人士各帶部分法物到他地建廟或有可能，在漳泉人士共同鬮分的說法，甚或漳、泉、客共分的說法，可能都是受到彰縣民變械鬥的集體記憶影響下的說法。

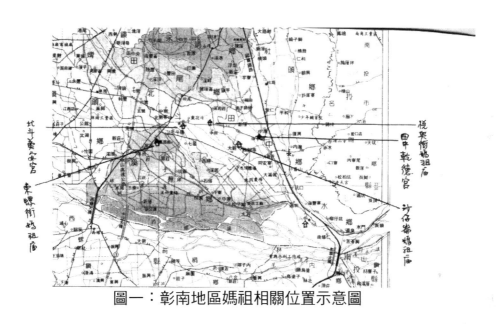

圖一：彰南地區媽祖相關位置示意圖

資料來源：據南華文化圖書出版有限公司編印，《台灣區縣市鄉鎮地圖總集》（臺北：編著，1993 年 9 月），頁 113「彰化縣地圖」繪製。

伍、結論

彰化平原南部的媽祖信仰過去一直隱微不彰，東螺街媽祖與悅興街媽祖雖然在早在道光 12 年的《彰化縣志》裡出現，但其系統卻不甚清楚，彰南地區有關此二地媽祖也一直有著種種的傳說，其最基本的原因就是清代早期的寺廟創廟時間除非留下直接史料，否則不易判斷，也因此有著種種的傳言。本文嘗試以清代及日治時代相關史料的支持為基

礎，透過彰化地區的自然環境、社會發展、宗教習慣以及集體記憶等，推論兩地媽祖可能的發展。

由於彰南地區受到洪水侵襲的影響，不僅東螺街、悅興街都多少受其影響而沒落，鄰近的一些聚落也都有此現象。市街的沒落也造成該二地媽祖廟的遷徙，寺廟的遷移更造成了史料的湮沒，是以東螺街媽祖及悅興街媽祖都共同出現源頭不易確定的情況。不過宗教的發展往往從其儀式、傳說等可暸解其發展過程，透過日治時代的史料記載，以及相關廟宇的發展的記載，東螺街媽祖源自於鹿港舊祖宮應是可以相信的。

悅興街媽祖的發展，因悅興街的存在時間較短，其發展更難追查。不過透過日治時代的記載、相關的傳說以及清代彰化平原社會的發展，我們可以發現，日治時代彰南地區的寺廟如田中乾德宮、二水安德宮、北斗奠安宮以及田尾睦宜村的聖明宮的寺廟台帳記載，這些記錄留下了解開悅興街媽祖之謎的蛛絲馬跡。二水安德宮的寺廟台帳與田中乾德宮的寺廟台帳一對比，可發現兩者之間有進香的記載，顯見兩者存在著乾德宮-安德宮的傳承關係，而從記錄的時間而言，更反映了悅興街媽祖-新社宮-乾德宮的系統，和悅興街媽祖-新社宮-安德宮間的傳承關係。而安德宮所記傳承源自鹿港天后宮，從悅興街媽祖到乾德宮的傳承關係而論，則反映了悅興街媽祖和鹿港媽祖間的關係。

那為何彰南地區流傳著東螺街媽祖被漳、泉、客三族群分別奉祀，此可從彰化平原頻繁的民變和械鬥來理解。由於彰化平原從林爽文事件以後，受到民變相當的影響，原來入墾混居的族群已受到清政府的挑動而變得非常敏感，後來又受到道光 6 年分類械鬥的影響而造成族群的遷移，泉州人在此械鬥中往靠海平原聚集，客家人往關帝廳聚集，漳州人往靠山平原聚集，族群已然分居。在這樣的社會環境下，族群的對立已成彰化人的集體記憶，因此在彰南地區市街沒落，媽祖廟的遷移過程中，族群對立的集體記憶，被附和到媽祖廟遷移的史事裡，而形成了後來的東螺街媽祖二分或三分說，也造成了過去彰南地區媽祖信仰發展過程中的歧異發展。原來同一香火的東螺街和悅興街媽祖也在族群對立的

氛圍裡，有了不同的發展，屬於漳州人勢力範圍的二水安德宮到同屬漳州人勢力的乾德宮（新社宮）進香，而不到屬於泉州人的北斗奠安宮，就是一個明顯的例子。本文透過史料以及相關社會情況、史事的對比，指出東螺街媽祖、悅興街媽祖的發展，應同屬於鹿港媽祖系統。過去流傳於彰南地區的東螺媽祖廟的種種傳說，或許在本文的釐清後，可以有比較清晰的發展脈絡可以依循。

參考書目

壹、中文資料

一、專書

卓克華，《寺廟與臺灣開發史》，台北市：揚智文化事業有限公司，2006。

林文龍，《臺灣中部的開發》，台北市：常民文化事業股份有限公司，1998。

林美容，《媽祖信仰與臺灣社會》，台北蘆洲：博揚出版事業公司，2006。

林偉盛，《羅漢腳：清代臺灣社會與分類械鬥》，台北市：自立晚報社文化出版部，1993。

國立彰化師範大學地理系編纂，《彰化南瑤宮志》，彰化市：彰化市公所，1997。

張哲郎總編纂，《北斗鎮志》，彰化縣北斗鎮：北斗鎮公所，1997。

張素玢，《歷史視野中的地方發展與變遷—濁水溪畔的二水、北斗、二林》，台北市：學生書局，2004。

張素玢編注，陳弸毅翻譯，《北斗鄉土調查》，1931 年版，彰化市：彰化縣文化局，2003。

張菼，《清代臺灣民變史研究》，台北市：臺灣銀行，臺灣研究叢刊第104 種，1970。

周鍾瑄，《諸羅縣志》，南投市：臺灣省文獻委員會，臺灣歷史文獻叢刊，1993。

周璽，《彰化縣志》，（南投市：臺灣省文獻委員會，臺灣歷史文獻叢刊，1993。

劉良璧，《重修福建台灣府志》，南投：臺灣省文獻委員會，臺灣歷史文獻叢刊，1993。

蔣毓英，《臺灣府志》，南投：臺灣省文獻委員會，臺灣歷史文獻叢刊，1993。

陳仕賢總編輯，《鹿港天后宮志》，彰化縣鹿港鎮：鹿港天后宮管委會，2004。

陳正祥，《臺灣地誌》，臺北：南天書局，1993。

陳其南，《臺灣的傳統中國社會》，台北市：允晨文化事業股份有限公司，
　　　1987。

曾慶國，《彰化縣三山國王廟》，南投市：臺灣省文獻委員會，1997。

曾慶國等訪談，《彰化縣口述歷史》，彰化市：彰化縣立文化中心，1998。

葉大沛，《鹿港發展史》，彰化市：左羊出版社，1997。

彰化縣文化局編，《彰化縣客家族群分布調查》，彰化市：彰縣文化局，
　　　2005（857）。

彰師大地理系，《南瑤宮志》，彰化市：彰化市公所，1997。

臺灣省文獻委員會編，《彰化縣鄉土史料》，南投：省文獻會，1999
　　　（677.9）。

劉枝萬編著，《臺灣中部碑文集成》，南投市：臺灣省文獻委員會，1994。

劉金志，《故鄉田中》，彰化縣田中鎮：財團法人彰化縣賴許柔文教基金
　　　會，2001。

蔡錦堂，《二水鄉志》，彰化縣二水鄉：二水鄉公所，2002。

賴熾昌等主修，《臺灣省彰化縣志稿》，台北：成文，1983。

　　二、論文

王志宇，〈從田中央到田中庄—彰化平原「田中央」的形成與發展〉，《逢
　　　甲人文社會學報》9（2004），頁 91-110。

王志宇，〈廟會活動與地方社會—以臺灣苑裡慈和宮為例〉，《逢甲人文
　　　社會學報》12（2006 年 6 月），頁 239-262。

王崧興，〈八堡圳與臺灣中部的開發〉，《臺灣文獻》26：4/27：1（1976
　　　年 3 月），頁 42-49。。

余光弘，〈鹿港天后宮的影響範圍〉，見漢學研究中心編印，《民間信仰
　　　與中國文化研討會論文集》，（臺北：編者，1994 年 4 月），頁
　　　455-470。

李秀娥，〈清乾隆帝敕建天后宮（鹿港新祖宮）的信仰與活動〉，《彰化
　　　文獻》4（2002 年 8 月），頁 189-220。

林玉茹，〈清代臺灣的洪水災害〉，《台灣文獻》49:3（1998 年 9 月），頁
　　83-104。

林美容，〈彰化媽祖的信仰圈〉，《中央研究院民族學研究所集刊》68（1990
　　年 6 月），頁 41-104，收入氏著，《媽祖信仰與臺灣社會》，頁 57-140。

施振民，〈祭祀圈與社會組織--彰化平原聚落發展模式的探討〉，《中央研
　　究院民族學研究所集刊》36（1973 年秋），頁 191-208。

唐美君，〈台灣公廟與宗族的文化意義〉，《國立歷史博物館館刊（歷史
　　文物）》2：1（1983 年 1 月），頁 14-18。

徐泓，〈清代臺灣天然災害史料補證〉《台灣風物》34:2（1984 年 6 月），
　　頁 1-28。

張珣，〈臺灣的媽祖信仰——研究回顧〉，《新史學》6：4（1995 年 12
　　月），頁 89-126。

莊吉發，〈清代臺灣自然災害及賑災措施〉，《台灣文獻》51:1 （2000 年
　　3 月），頁 23-44。

許文堂，〈清法戰爭中淡水、基隆之役的文學、史實與集體記憶〉，《台
　　灣史研究》13:1（2006 年 6 月），頁 1-50。

許嘉明，〈彰化平原福佬客的地域組織〉，《中央研究院民族學研究所集
　　刊》36（1973 年秋），頁 165-190。

郭伶芬，〈清代彰化平原福客關係與社會變遷之研究——以福佬客的形
　　成為線索〉，《臺灣人文生態研究》4：2（2002 年 7 月），頁 1-55。

曾慶國，〈彰化七十二庄〉，《臺灣文獻》47:1（1976 年 3 月），頁 101-142，
　　收入氏著，《彰化縣三山國王廟》。

溫振華，〈清代臺灣中部的開發與社會變遷〉，《師大歷史學報》11（1983
　　年 6 月），頁 43-95。

蔡相煇〈近百年來媽祖研究概況〉《台北文獻直字》152 民 94.06 頁
　　171-205。

戴文鋒，〈臺灣媽祖「抱接砲彈」神蹟傳說試探〉《南大學報：人文與社
　　會類》39:2（2005 年 10 月），頁 41-66。

戴寶村,〈B29 與媽祖：臺灣人的戰爭記憶〉《國立政治大學歷史學報》
　　22（2004 年 11 月），頁 223-275。

謝宗榮,〈政治社會變遷與宗教信仰發展--以彰化平原媽祖信仰發展與鹿
　　港新祖宮沿革爲核心的探討〉,《彰化文獻》2（2001 年 3 月），
　　頁 139-172。

謝瑞隆,〈東螺街的形成與消逝〉《彰化文獻》6（2005 年 3 月），頁 201-211。

謝瑞隆,〈彰南地區媽祖廟信仰文化初探〉《彰化藝文》35（2007 年 4
　　月），頁 54-61。

貳、日文資料

不著撰人,《北斗郡寺廟台帳》,日治時代。

不著撰人,《員林郡寺廟台帳》,日治時代。

不著撰人,《人文薈萃》,台北市：遠藤寫真館,1921。

伊能嘉矩編《大日本地名辭書續編—（三）台灣》,東京：富山房,1909。

彰南田中地區的媽祖信仰與地域社會
——以乾德宮為中心

摘　要

　　本文以彰化縣田中鎮乾德宮為中心討論彰南地區媽祖信仰與地域社會間之關連。由於彰化縣田中鎮的發展起源自該鎮之沙仔崙，而沙仔崙媽祖則源自悅興街媽祖，是以當地媽祖廟歷經多次遷移。為何如此？此與田中鎮位居濁水溪北，在清代濁水溪的氾濫下，鎮內聚落的發展受到相當大的影響，歷經多次遷移。聚落的變遷也影響到聚落村廟的發展。從沙仔崙到田中央的遷移過程中，我們可以發現當地的地方菁英，對於村庄公廟相當注意，不僅捐獻土地，也參與村庄公廟的遷建。為何地方菁英對於村庄公廟如此注重，從過去王世慶村庄公廟是社團法人的觀點，可以發現村庄公廟是村庄的代表。以乾德宮而言，地方菁英透過村庄公廟的經營，得以凝聚歷經多次水火災的沙仔崙村庄住民的共識，在遷移至田中央時，透過保有正統媽祖廟的建立得以進而保全村庄，繁榮村落。乾德宮在地方菁英的投入與經營下，奠定其作為田中鎮信仰中心的基礎，更在戰後田中鎮長兼代該廟管理人，後來成為兼代該廟管理委員會主任委員的情況下，成為官方介入經營的民間壇廟，在戰後官方發動幾次建醮活動，該鎮鎮民熱烈參與，顯然官方的介入並沒有降低民間參與該廟活動的意願，更透過幾次建廟活動的整合，乾德宮確立了田中鎮信仰中心的地位。從此一案例而言，多災的環境，造成地方菁英在主導地域社會發展的過程中，必須依賴村庄公廟的經營，藉著信仰中心的建立以凝聚地方共識，繁榮地方。

關鍵詞：媽祖、田中、地方菁英、地域社會、乾德宮

壹、前言

　　彰南地區泛指彰化南部的田中、二水、北斗、田尾、溪洲、埤頭、二林、竹塘、芳苑、福興、大城一帶，常受舊濁水溪水患侵襲的地區。這些地區過去受到舊濁水溪的洪水影響，時有聚落遷移的情況，更在洪水的危害下，產生種種與洪水相關的傳說與信仰。[1]而聚落的變遷更涉及了地方菁英對於地域社會的維繫與運作。地域社會研究緣起於 1981 年名古屋大學舉辦的中國史研討會，1982 年出版了研討會論文集《地域社會的視點—地域社會與領導者》；作為研討會主持人和地域社會研究倡導者的名古屋大學教授森正夫，論者認為日本明清史學向地域社會研究的轉變和森正夫本人的學術轉向分不開，他從研究明清時期土地制度和民眾反亂的視角，轉而著眼於「秩序」的概念。在 1981 年森正夫提出了有關他的地域社會研究的體系化觀點，認為所謂秩序或秩序原理，與進行生命的生產或再生產的場所，即人們生存的基本場所深相關連，它對於整合構成這個場所人們的意識來說，是不可或缺的要素。從人面對廣義的再生產的課題時，每個人都處於共同的社會秩序下，此種由共同領導者統治下被整合的的地域場所稱為地域社會，是種和行政區劃或市場圈等實體概念不同的方法概念。[2]論者亦指出森正夫以「作為」、「秩序」為經，將過去中國史研究所設定的生活場所及領導情形，歸納為：（1）家族：同族基軸論（2）地主（大土地所有者）領導型地域社會論（3）士大夫領導型地域社會論（4）國家基軸論等四個類型。[3]地域社會論的影響頗大，從森正夫之後，有岸本美緒[4]等接續討論，對

---

[1]　有關舊濁水溪的洪害與聚落變遷及傳說等可參見張素玢，〈洪患、聚落變遷與傳說信仰—以戊戌水災為中心〉，收入陳慶芳總編輯，《2005 年彰化研究學術研討會—「濁水溪流域自然與人文研究」論文集》（彰化市：彰化縣文化局，2005 年 12 月），頁 7-43；另見王志宇，〈清代臺灣彰南地區的媽祖信仰—以東螺街及悅興街的發展為中心〉，《逢甲人文社會學報》，15（2007 年 12 月），頁 143-162。

[2]　常建華，〈日本 80 年代以來的明清地域社會研究述評〉，《中國社會經濟史研究》，第 2 期（1988 年），頁 72-73。

[3]　有關森正夫及日本相關地域社會論的討論，參見山田賢著，太城佑子譯，〈中國明清時代「地域社會論」研究的現狀與課題〉，《暨南史學》，2（1999 年 6 月），頁 39-57。另可

於地域社會有種種的詮釋。地域社會理論被應用到臺灣史的研究上，如黃朝進應用地域社會概念探討清代地區的林占梅家族與鄭用錫家族，他參考森正夫的觀點，認為地域社會包含了兩層意義，第一是指稱一個實體的地域概念，如州縣等行政區分，村落、都市等聚落型態，或江南、西北等地理範圍；第二是在分析的方法意義上，它是指在實體範圍中運作的社會紐帶。[5]施添福亦應用此一概念討論台灣的情況，他認為地域社會研究的目的在揭露清代漢人社會，在區域上所展現的獨特性，其內涵有空間範圍、國家與環境、社會互動與互助、社會整合與秩序等幾個大項目。[6]這個內涵裡，聚落變遷與地方菁英、宗教信仰之間有著密切的關連，本文將著眼討論上列幾個因素彼此之間的影響。

位在彰化縣南部地區的田中鎮雖有媽祖、玄天上帝、王爺等信仰，但最大的信仰中心還是位在今日田中鎮市集內的媽祖廟乾德宮。乾德宮媽祖與彰南地區媽祖信仰的發展有密切的關係，彰南地區媽祖信仰非常昌盛，且具有普遍性，然而許多具有香火關係的媽祖廟或媽祖信仰，也常因族群間的不睦或地域意識的形成而漸漸中斷了往來，如清代彰南地區的漳泉械鬥，造成悅興街媽祖及其香火相承的田中乾德宮、田尾鄉睦宜村聖德宮、二水安德宮與北斗奠安宮少有互動。[7]此外，清代的田中

<hr/>

參考葉軍，〈日本「中國明清史研究」新特點：地域社會論與年鑑學派〉，《社會科學》，2002 年第 1 期，頁 73-77。

[4] 岸本美緒著有《明清交替と江南社會：17 世紀中國の秩序問題》（東京都：東京大學出版會，1999）。在其序言中，強調在變動的社會環境中，去思考當時人們處在此種社會中，如何構成社會秩序的問題。見岸本美緒著，何淑宜譯，〈明清地域社會論的反思—「明清交替と江南社會」新書序言〉，《近代中國史研究通訊》，30（2000 年 9 月），頁 164-176。

[5] 黃朝進，《清代竹塹地區的家族與地域社會》（台北新店：國史館，1995），頁 4。

[6] 施添福，〈區域地理與地域社會：以研究概念的實踐為中心〉，見陳慶芳總編輯，《2005 年彰化研究學術研討會—「濁水溪流域自然與人文研究」論文集》，頁 3-4。後來施氏又以地域社會概念探討民雄、卓蘭與苗栗內山一帶區域，分見氏著，〈日治時代臺灣地域社會的空間結構及其發展機制—以民雄地方為例〉，《臺灣史研究》，8：1（2001 年 10 月），頁 1-39；氏著，〈清代臺灣北部內山地域社會（1）—以罩蘭埔為例〉，《臺灣文獻》，55：4（2004 年 12 月），

頁 143-209；氏著，〈清代臺灣北部內山的地域社會及其區域化—以苗栗內山的基隆溪流域為例〉，《臺灣文獻》，56：3（2009 年 9 月），頁 181-242。

[7] 謝瑞隆，《彰南地區媽祖信仰之調查與研究成果報告書》（財團法人國家文化藝術基金會，2007），頁 72。

地區也受到南瑤宮信仰的影響，但影響似乎有限，日治時期之後其影響力衰退。[8]南瑤宮媽祖勢力在田中一地的衰退與田中本地的媽祖信仰崛起，並逐漸成為田中一地的信仰中心脫離不了關係，此與日治時期乾德宮的遷建有關。

民國 72 年 12 月 24 日，《聯合報》刊登一則小新聞，指出田中、二水舉行臺灣戰後以來最大的一次建醮拜拜。[9]此一則小新聞雖然所佔版面極小，然而卻指出來過去未被學界所注意到的地方歷史，以彰化縣田中鎮媽祖廟乾德宮為中心，正進行戰後最大的一次全鎮性大建醮，筆者為田中人，當時還聽聞長輩說是 60 年來的大建醮。此一建醮與日治時期乾德宮的遷建有關，也與地方菁英為了聚落的變遷所做的努力有關，這種多邊的牽連與互動，透過地域社會研究取向，可以清楚的理解。

本文沿用上述「地域社會」的概念，旨在探討田中地區所處的特殊自然環境，在洪水的威脅下，田中的發展由原先的沙仔崙轉移到田中央（今田中鎮街區）的建設過程中，哪些地方菁英涉入到這個建設過程，尤其是代表田中央村公廟的乾德宮的遷建和發展，地方菁英在此宗教信仰的建構過程中，又扮演了何種角色？本文擬透過乾德宮在田中地區的發展過程以及相關全鎮性建醮活動的運作，將乾德宮的全鎮性宗教角色及地方菁英與宗教信仰間的互動關係作一瞭解與詮釋，以瞭解地域社會的建構問題。

貳、清代彰南地區的開發與媽祖廟的發展

清代彰化平原的開發可以從清代方志的記載窺其一二，康熙 56 年

8　林美容指出南瑤宮的老二媽會會員分布甚廣，除今之草屯鎮、南投市、員林鎮、彰化市、臺中市外，田中、社頭、二水、埔里、魚池、豐原亦有分布，但日治時期因會務不振，迄民國 38 年才重新起會，未再召請上述地區居民為會員。林美容，〈彰化媽祖的信仰圈〉，見氏著，《媽祖信仰與臺灣社會》（台北蘆洲：博揚文化事業有限公司，2006 年 3 月），頁 72-73。

9　「四周芳鄰大拜拜　居民趕場吃不消　田中二水食客逾十萬」，見《聯合報》（1983 年 12 月 24 日），第六版（彰化版）。

成稿的《諸羅縣志》云：「當設縣之始，縣治草萊，文武各官僑居佳里興，流移開墾之眾，極遠不過斗六門。北路防汛至半線、牛罵而止⋯⋯於是 43 年秩官、營汛悉移歸治；而當是時流移開墾之眾，已漸過斗六門以北矣。自 49 年⋯⋯設淡水分防千總，增大甲以上七塘；蓋數年間而流移開墾之眾，又漸過半線大肚溪以北矣。[10]」又在該書街市項下所記，斗六門以北，也只有半線街（今之彰化市）的出現，[11]也就是說清初入墾彰化所形成的村庄還很少。至乾隆 7 年劉良璧的《重修福建台灣府志》已記載屬於彰南地區的東螺保管下有舊社莊、三條圳莊、打馬辰莊、侯心霸莊、大段莊、十張犁莊、興化莊、睦宜莊、埔心莊、眉裏莊、埤頭莊、斗六甲莊、麻園寮莊。同屬彰南一地的大武郡保管下有舊社莊、崙仔莊、崁頂莊、枋橋頭莊、陳厝莊、紅毛社莊、油車店莊、火燒莊、濫港東莊、西成莊、柴頭井莊、馬光厝莊、新莊仔莊、卓乃潭莊、橋頭莊[12]。乾隆 7 年在今日田中鎮內的十張犁莊、紅毛社莊、卓乃潭莊，皆已出現[13]。而街市方面鄰近今田中鎮的員林仔街、東螺街亦已出現[14]。

　　方志所載的聚落發展尚不足以呈現彰化村落的變化，尤其是彰南地區的開發，還要特別留意濁水溪的影響。由於彰化平原屬於濁水溪沖積扇，濁水溪在二水出山後，流向原甚分歧，主流偏向西北，稱為東螺溪，由鹿港附近入海。鹿港初興起時，原為河港，而非海港，自有文字記錄的 260 年以來，主流流向已有好幾次變動，漫流此沖積扇的主要大溪，從南到北計有虎尾溪、舊虎尾溪、新虎尾溪、西螺溪與東螺溪五條。經過人工的壓束，目前係以西螺溪為主流[15]。由於清代濁水溪常氾濫，彰南地區受害甚深，也導致聚落的遷移較為頻繁，此一狀況也影響了當地的主要信仰—媽祖廟的變化。

10　清周鍾瑄，《諸羅縣志》（南投：臺灣省文獻委員會，1993），頁 109-110。

11　清周鍾瑄，《諸羅縣志・規制志》，頁 32。

12　清劉良璧，《重修福建台灣府志》，卷五城池，頁 79。

13　對照洪敏麟所記田中鎮部分，見氏著，《臺灣舊地名之沿革》，第二冊下（南投市：臺灣省文獻委員會，1997 年 6 月再版），頁 325-333。

14　清劉良璧，《重修福建台灣府志》，卷五城池，頁 84-85。

15　陳正祥，《臺灣地誌》（臺北：南天書局，1993），頁 831。

　　由於濁水溪氾濫的影響，彰南地區的聚落受到洪水極大的影響，某些聚落因受洪水衝擊而消失，聚落的居民遷移他處，聚落裡的寺廟或者沖毀，或者隨居民遷移他處。年代久遠以及多方他遷的結果使得彰南地區部分媽祖廟的緣起及香火來源存在著不確定性，如東螺媽祖、悅興街媽祖、田尾睦宜村聖明宮媽祖等的香火起源都不易確認。也因此種不確定性，更在清代彰化平原族群械鬥嚴重的歷史記憶下，故有關北斗奠安宮、田中乾德宮及田尾聖明宮之間，流傳著漳、泉、客三分東螺媽祖廟，以及漳、泉二族群分取東螺媽祖廟的種種傳說。[16]而田中鎮乾德宮正是相關媽祖廟傳說中，極為重要的一座媽祖廟。

參、沙仔崙乾德宮的建立與日治時期乾德宮的遷建

　　有關田中鎮媽祖廟乾德宮的來源，根據日治時期《寺廟台帳》的記錄，是由悅興街媽祖廟轉來。該記錄在沿革項目下指出主神媽祖源自悅興街，後因洪水遷至沙仔崙。大正 8 年（1919），移轉至田中街現址。[17]此段記載並不夠清楚，然而透過日治時期相關文獻的記載，以及本人在針對此案進行田野調查時發現了乾德宮所保留的相關文物和戰後初期臺中地方法院有關乾德宮土地的訴訟判決書，可以彌補一部分的缺疑。

　　有關悅興街的緣起，伊能嘉矩在《大日本地名辭書續編—第三台灣》記載在嘉慶初或元年，李、謝、林三姓建立寶斗莊及其東方的悅興街，與東螺街對峙。後來嘉慶 11 年（1806）的漳泉分類械鬥以及次年的水災，東螺街全毀。道光 2 年（1822）在北方河洲內建寶斗莊新街，成為後來的北斗街，而悅興街的勢力乃為其兼併。[18]在田中鎮公所因乾德宮的土地問題提出訴訟所附的說明文件〈乾德宮與新社宮由緒〉，指出 158

16　有關漳泉客三分或漳泉二分東螺媽祖的說法及有關此種說的分析，請參見王志宇，〈清代台灣彰南地區的媽祖信仰—以東螺街及悅興街的發展為中心〉，頁 151-156。

17　「田中庄」項，《員林郡寺廟台帳》（昭和 16 年）。

18　伊能嘉矩編，《大日本地名辭書續編—第三台灣》（東京：富山房，1909 年 12 月），頁 85。

年前由大新庄總理陳松根、魏錦花及他人一名，計三名發起募捐，擬在大新庄所在地悅興街建廟。廟名以大新庄之地號名取「新」字，而得宮名「新社宮」，奉祀媽祖為主神，田中央區七張犁及北斗地區之信仰，每年一次地方巡狩。嘉慶元年（1796）朱漆同男媽賜（即朱漆及其子媽賜）拖欠政府大租，不得繳納，故將土地八甲餘之荒廢田園捐獻「新社宮」，以了拖欠之責任。[19]以民國42年該案判決往前推算約在1795年，也就是乾隆60年（1795）。在《臺灣中部碑文集成》所收錄的〈新社宮天上聖母碑〉，有朱漆及其男媽賜捐贈新社宮土地的碑記，目前還在乾德宮廟內。[20]〈新社宮天上聖母碑〉立於嘉慶元年，從日治時代的資料與〈乾德宮與新社宮由緒〉的內容看來，悅興街成街的時間應該可以確認在乾隆末期形成。

過去論者曾指稱新社宮之所以有此廟名，應是對應於東螺「舊社」街媽祖宮而來，[21]此說是否確定？從前述田中鎮公所的案卷中看來，可能不是這樣的情況。新社宮之名稱是與其所在地的大新庄有關。文獻上所見之悅興街新社宮與大新庄有何關連？田中當地耆老指稱悅興街在今北斗鎮大新里東南之永興畜牧場一帶，[22]而張素玢則認為在今台灣省畜產試驗所彰化繁殖場偏東附近。[23]彰化繁殖場在田中往北斗的斗中路上，而永興畜牧場則在更南邊靠近北斗、田中交界的區域，這兩地間還有一段差距。洪敏麟曾指出大新庄原屬沙仔崙之一部分，但隨著聚落勢力的變化，沙仔崙萎縮，最後消滅。[24]悅興街、沙仔崙、大新庄，三處本極相近，大新庄及悅興街於道光年間的《彰化縣志》皆已出現，[25]兩

---

[19] 〈乾德宮與新社宮由緒〉，收入《財產取回訴訟證件書類》。

[20] 〈新社宮天上聖母碑〉，見劉枝萬編著，《臺灣中部碑文集成》（南投市：臺灣省文獻委員會，1994年7月），頁127。

[21] 謝瑞隆，《彰南地區媽祖信仰之調查與研究成果報告書》（財團法人國家文化藝術基金會，2007年3月），頁21。

[22] 劉金志，《故鄉田中》（彰化田中：財團法人彰化縣賴許柔文教基金會，2001），頁92。

[23] 張素玢認為在今台灣省畜產試驗所彰化繁殖場偏東附近，見氏著，《歷史視野中的地方發展與變遷—濁水溪畔的二水、北斗、二林》（台北：學生書局2004年3月），頁169。

[24] 洪敏麟，《臺灣舊地名之沿革》，第二冊下，頁332-333。

[25] 清周璽，《彰化縣志》，卷二規制志，頁45-46，48-49；並對照洪敏麟，《臺灣舊地名之

者之間應有可能是大字聚落與小字聚落之間的關係，[26]大新庄作爲悅興街極盛期的村莊，極有可能，而在悅興街被沖毀後，大新庄的範圍取代了悅興街。[27]而從上述案卷內容而言，在戰後初期的地方人士看來，似乎認爲原來大新庄爲悅興街的村莊，新社宮在此一地頭上。

悅興街受到濁水溪洪水的侵襲後，居民及寺廟究竟何時遷移沙仔崙？有關此一問題歷來意見紛歧，有言道光 18 年者[28]，而上述法院檔案則指出是咸豐 3 年（1853）自悅興街移轉大新庄。[29]日治時期的檔案是以日治時大新庄範圍來論述，故悅興街、沙仔崙都已納入大新庄範圍。咸豐 3 年的說法或許有其可能性，但在現今乾德宮廟內，尚保存有光緒 8 年（1882）的陳傳宗的長生祿位，上提寫「興街建廟」，應爲在沙仔崙建廟的依據。（見圖一）[30]也就是說悅興街經洪水沖毀後，居民及寺廟轉入沙仔崙，以當時受到水災衝擊的住民而言，災後想馬上建廟存在相當的困難度，不過其後修葺竹造的臨時性小廟，不無可能。然而發展到光緒 8 年，隨著聚落的發展，居民可能已有足夠的力量建造寺廟，在陳傳宗的捐獻下，故而有此一興街建廟的長生祿位出現，而此次正式建廟應也是乾德宮宮名產生的時間點。

沿革》，第二冊下，頁 325-333。

[26] 日人之「大字」係指「街、庄、社、村」名；「小字」或稱「字」即指土稱地名（土名）；從民國 9 年以來，此種「大字」、「字」，並用以表示地籍。見洪敏麟，《臺灣舊地名之沿革》，第一冊（南投市：臺灣省文獻委員會，1980，1997 年 6 月三版），頁 173。

[27] 此種情況如清代沙連保範圍的演變，隨著時代的發展，各類文件所指沙連保一詞的範圍大小有所變化，相關研究參見陳哲三，〈「水沙連」及其相關問題之研究〉，《台灣文獻》，49：2（1998 年 6 月），頁 35-69。

[28] 田中鎮耆老劉金志認為道光 18 年戊戌水災，悅興街遭沖毀，與北斗二分媽祖廟物，一部分人取得媽祖廟物遷沙仔崙。見劉金志，《故鄉田中》（彰化田中：財團法人彰化縣賴許柔文教基金會，2001 年 8 月），頁 92。

[29] 〈乾德宮自大新庄移田中建設寺廟台帳抄寫〉，收於《財產取回訴訟證件書類》。

[30] 該祿位保存於乾德宮內。

圖一：乾德宮內所保存的光緒 8 年興街建廟陳傳宗長生祿位。

　　田中地方人士對於田中央的發展，基本上認為沙仔崙遭逢水、火二災，導致居民遷往田中央。[31]此一說法有其根據，據《臺灣日日新報》所載，明治 31 年（1898）8 月中旬，北斗、員林發生嚴重水災，北斗街全遭淹沒，而沙仔崙房屋全遭沖毀者有 63 戶，半倒者有 18 戶，死亡 12 人。[32]又明治 32 年（1899）5 月 21 日，沙仔崙居民梁九方以炊事不慎，引燃大火，燒毀 58 戶。[33]在水、火二災之後，沙仔崙人陳紹年極力

31　彰化縣立文化中心編印，《彰化縣口述歷史（二）》（彰化：編者，1996），頁 190-194。

32　《臺灣日日新報》（明治 31 年 8 月 27 日），頁 3。

33　《臺灣日日新報》（明治 32 年 6 月 7 日），頁 2。

勸導街民至田中央開墾，使田中央進一步發展。[34]而沙仔崙的乾德宮也在此情況之下，於明治34年（1901），由總理魏錦花發起，將乾德宮媽祖遷轉來田中，當時募建工事費75元，以竹造竹葺之廟供奉。大正元年（1912）受暴風吹壞，魏國楨管理人以廟產收入18元，建造竹造茅葺之臨時廟宇。[35]後來在魏國楨及相關人士的努力下，倡建新廟，並於大正8年落成。[36]

肆、地方菁英的投入與闔鎮性信仰中心的成立

田中媽祖廟乾德宮能發展為今日田中鎮闔鎮性的信仰中心與日治時期的遷建和地方菁英投入該廟的建設有密切關係，茲從遷建以及戰後乾德宮的發展二部分依序論之。

一、聚落變遷、地方菁英與地方公廟

臺灣傳統社會中公眾事務的運作，常以一村或數村所共有的公廟來執行。因此臺灣的公廟雖為民間信仰機構，確有地方事務中心的實質功能。[37]戴炎輝更指出清代臺灣的村庄，庄有其職員，庄合約為庄民的生活規範；庄對於違反行為的人，能行使裁判處罰權；庄公罰、庄公費等觀念已經確立。又臺灣的寺廟有官設壇廟與民設寺廟之不同，官設壇廟係國家以祭祀為政務之一部分，為其目的所營造者；民設寺廟乃非國有者。民設寺廟亦有多種，如屬私人所有、屬同業者之公有者、屬於一地方人民之公有者，此種寺廟於臺灣最多。臺灣屬一地方人民公有者之寺

---

[34] 劉金志，《故鄉田中》，頁92-93。

[35] 〈自大新庄遷移田中建設乾德宮調查清冊（譯）〉，見《財產取回訴訟證件書類》。

[36] 參見《員林郡寺廟台帳》（昭和16年），「田中庄」項；劉金志，《故鄉田中》，頁92。乾德宮目前供奉有十四塊長生祿位，據其牌位上所記大正甲子年，即為大正13年，由於有陳傳宗及朱添等之牌位，且皆記為大正甲子年，故應是將過去及此次建廟相關的捐獻人士，新製各長生祿位，加以供奉。

[37] 參見唐美君，〈臺灣公廟與宗族的文化意義〉，《國立歷史博物館館刊（歷史文物）》，2：1（1983年1月），頁11-18。

廟，可說其村廟組織及鄉村的自治機關，庄廟與庄係同一物，是以庄廟是社團的法人。[38]

由於村公廟具有此種性格，是以由悅興街居民所興建的新社宮，或轉移至沙仔崙時所建立的乾德宮，直到最後乾德宮遷往田中央，從新社宮到後來遷建改稱乾德宮，此一村公廟的性質不變。由於村公廟具庄代表的性質，倡導修建此一村庄公廟的人，顯然為當地的頭人、地方菁英。乾德宮留有過去三塊舊牌位，一是光緒 8 年陳傳宗的長生祿位，另有不著年月的「喜捐大緣田邱西桃生前祿位」、「功德主賴府公祖維遠喜捨田租祿位　賴尚僑、尚景、尚衍、尚傑、朝進等　戒僧慈化立」等二塊牌位。大正 13 年（1924）乾德宮將新舊牌位重刻，茲將此重刻之牌位製表如附錄：乾德宮的長生祿位主。（另見圖二）

圖二：現今乾德宮長生殿中的長生祿位，皆為大正 13 年刻製。

這些長生祿位主中，如魏國楨、謝清光、陳恒仁、陳紹年、陳芳輝、陳望熊、蕭敦仁等人，都值得留意。上列諸人，一類是與乾德宮在沙仔崙時期和遷入田中央有密切關係的人，與乾德宮的運作直接相關。當時

38　詳見戴炎輝之論述，見氏著，《清代臺灣之鄉治》（台北：聯經出版事業公司，1979，1992年 5 月三刷），頁 151-198。

的魏錦花、陳五美、陳天宋在日治初期都曾提供經費貼補乾德宮支出之
不足。[39]魏錦花當時倡議將沙仔崙媽祖遷建田中央，並在遷入田中央後，
倡建臨時廟壇，對乾德宮遷建田中央有肇基之功。魏錦花去世後，其子
魏國楨踵繼其緒，擔任乾德宮管理人，對乾德宮初期之發展有所影響。
[40]魏國楨於大正 12 年（1923）辭任管理人，選任陳金鳳擔任。昭和 2 年
（1927）年 4 月陳金鳳死亡，改由陳清逢接任，後再改任陳恆仁爲管理
人。[41]陳恆仁生於明治 7 年（1874），漢學出身，曾任土地整理委員、保
正、區委員、田中庄協議員、田中信用組合監事、台中州青果同業組合
代議員等重要職位。[42]第二則是田中當地的仕紳名流，如陳望熊、謝清
光、蕭敦仁、陳芳輝、陳景崧等。茲將上列相關人物簡歷，製表如下。

表一：乾德宮田中央建廟相關人物經歷表

姓名	簡歷
陳芳輝	田中央區長、田中央公學校學務委員
陳恆仁	漢學出身，土地整理委員、保正、區委員、田中庄協議員、田中信用組合監事
陳望熊	清武舉人、糖業界鉅子
陳景崧	醫師，田中庄協議會員
蕭敦仁	卓水潭區書記、卓水潭區長事務員、學務委員、台中廳農會地方委員、田中信用組合長、赤十字社特別社員、田中央興業株式會社取締役社長、臺灣青果株式會社取締役、蕭永富土地株式會社社長
謝清光	實業家、田中商工會長、田中庄協議會員、區委員等
魏國楨	國語學校畢業，公學校教師、田中庄助役、田中庄協議會員、田中信用組合監事

---

[39] 參見「田中庄」項，《員林郡寺廟台帳》（昭和 16 年）。

[40] 魏錦花去世於 1902 年，見〈乾德宮與新社宮由緒〉，收入《財產取回訴訟證件書類》；魏國楨接任後於大正 12 年退任，由陳金鳳選任擔任。見〈乾德宮自大新庄移田中建設寺廟台帳抄寫〉，收於《財產取回訴訟證件書類》。

[41] 〈自大新庄遷移田中建設乾德宮調查清冊（譯）〉，見《財產取回訴訟證件書類》。

[42] 《台灣官紳年鑑》，頁 457，見「台灣人物誌」資料庫，http://news8080.ncl.edu.tw/whos2app/start.htm，2010 年 12 月 28 日引用。

※資料來源：遠藤寫真館編印，《人文薈萃》（台北：編者，1921），頁 273-274、277-278；林進發，「台中州」，《臺灣官紳年鑑（1934）》（台北：成文出版社有限公司，1999 年 6 月），頁 37、46-49、50-52、61、64、67-72、79。

　　從上表看來，乾德宮的管理人與一般寺廟管理人似乎不太一樣，他們不僅是受過教育的社會菁英，魏國楨與陳恆仁二人還都曾擔任庄協議會員。而相關的捐獻建設的人士，如陳望熊、陳芳輝、蕭敦仁、謝清光等人也都大有來頭，都是田中庄的政治及社會菁英。陳望熊為秀才出身，曾任保良局長，二八水公學校學務委員，後從商並參與地方公益，佩授紳章。[43]謝清光，明治 12 年（1879）生於田中，漢學出身，不僅從商是位實業家，後來也經歷許多地方上的重要職位，如田中商工會長、田中庄協議會員、區委員等，並建立吳服商運送業、青果物販賣業等。[44]蕭敦仁於明治 23 年（1890）在田中卓乃潭出生，曾任田中信購利組合長、臺中州會議員、臺中廳雇、卓乃潭區長事務取扱、紳章、北斗芭蕉生產販賣組合長、田中央興業株式會社社長、卓乃潭區長、田中庄長、田中信用組合長、臺中州協議會員、田中鹽務支館業務擔當人指定、臺中州青果同業組合副組合長等職，並參與皇民奉公會臺中州支部附及員林郡支會等，[45]其活動力相當強，是田中地區相當活躍的社會菁英。

　　在這些地方菁英之中，沙仔崙陳紹年家族相當值得注意，在沙仔崙與田中央的發展過程中，陳紹年的家號為陳益昌，清代時曾為生員入泮，曾任東螺東堡保良局長、雲林紳董公議總局局長、勳六等瑞寶章、紳章、北斗辦務署參事、彰化廳沙子崙區街庄長、彰化廳田中央區庄長、

[43] 《台灣列紳傳》，頁 192；見「台灣人物誌」資料庫，《南部台灣紳士錄》（台北：漢珍數位圖書公司，2004），頁 341，http://news8080.ncl.edu.tw/whos2app/start.htm，2010 年 12 月 28 日引用。

[44] 參見《南進日本之第一線に起つ──新台灣之人物》，頁 381；《台灣官紳年鑑》，頁 594；上列資料見「台灣人物誌」資料庫，http://news8080.ncl.edu.tw/whos2app/start.htm，2010 年 12 月 28 日引用。

[45] 見「台灣人物誌」資料庫，《台灣人士鑑》，頁 199，http://news8080.ncl.edu.tw/whos2app/start.htm，2010 年 12 月 28 日引用。

彰化銀行監查役、北斗製糖公司監查役、臺中廳田中央區長等職。[46]他
不僅是沙仔崙遭受水、火二災後，倡導沙仔崙居民遷往田中央的重要人
物，乾德宮在沙仔崙所使用的土地，也是陳紹年所捐獻。[47]陳紹年父陳
貞元，清代廩生，曾在林圯埔講學。[48]子陳芳輝，曾任田中央區長、田
中央公學校學務委員、東螺東保兼沙連下堡堡長、臺中廳參事等職。[49]也
經營商業，如貨物運送棧、昌記號，[50]陳芳輝之子陳景崧，明治 36 年
（1903）生，台灣總督府醫學專門學校畢業，在田中開設醫院，曾任田
中庄協議會員。[51]由於陳景崧所開設的景崧醫院遇貧病者，不收分文，
為田中鎮著名之名醫。而陳景崧之子為陳時英，昭和元年（1926）生，
及長求學，為台中一中、台灣大學法律系畢業生，曾任執業律師、小學
教師、縣議員、彰化縣議會議長、縣長、台灣省社會處處長、省府委員
兼民政廳長、中國國民黨中央委員會秘書處主任、監察委員、總統府國
策顧問、中國國民黨中央評議委員等要職。綜觀陳紹年家族的發展，幾
位家族成員都位居地方要職，甚至部分成員已跨越區域的界線，成為跨
區域的政治菁英，是以由沙仔崙發跡的陳紹年家族，不僅是田中鎮的重
要家族，而且是一支活動力非常強的地方家族。[52]

　　這些地方菁英在田中央乾德宮的遷建過程中，都投入相當的金錢與
物力，是以能夠被乾德宮以長生祿位來供奉，[53]而這些地方菁英之所以

46　同前註，《台灣實業家名鑑》，頁 330，http://news8080.ncl.edu.tw/whos2app/start.htm，2010
　　年 12 月 28 日引用。

47　此地即今日田中鎮沙崙里的天受宮現址，有關陳紹年捐地，見「田中庄」項，《員林郡寺
　　廟台帳》（昭和 16 年）。

48　有關陳貞元的事蹟，參見林文龍，〈沙連興學的田中廩生陳貞元〉，《彰化文獻》，11（2008
　　年 8 月），頁 7-24。

49　遠藤寫真館編印，《人文薈萃》，頁 273。

50　見「台灣人物誌」資料庫，《南部台灣紳士錄》，頁 343，
　　http://news8080.ncl.edu.tw/whos2app/start.htm，2010 年 12 月 28 日引用。

51　參見《台灣官紳年鑑》，頁 458；見「台灣人物誌」資料庫，《台灣人士鑑》，頁 123，
　　http://news8080.ncl.edu.tw/whos2app/start.htm，2010 年 12 月 28 日引用。

52　有關陳紹年家族的重要人物，參見王貞富主持，《彰化縣田中鎮文化資產資源手冊》（彰
　　化市：彰化縣文化局，2009），頁 39-40、43。

53　寺廟中所供奉祿位，通常是對該廟及該地有相當貢獻的人，此種公廟才會供奉其祿位，如
　　竹山媽祖廟連興宮供奉胡邦翰長生祿位是因為胡邦翰對水沙連地區貢獻最大，並捐置山租

投入乾德宮的遷建，與乾德宮秉承悅興街到沙仔崙的村庄公廟的正統地位有所關連，也與田中央居民歷經悅興街的洪水，沙仔崙的洪水與火災的侵擾不無關係。在家園破碎，亟需重建之時，建立庄民的信仰中心，透過信仰穩定庄民的心理，以面對不穩定的環境所帶來的可能威脅，確實是地方菁英在領導地域社會發展過程中極為重要的手段。田中央乾德宮也在地方菁英的刻意經營下，逐漸建立其勢力，成為田中地區的信仰中心。

二、戰後民設寺廟的官方經營與活動

大正 8 年（1919）乾德宮新建後，田中鎮耆老指出大正 13 年（1924）曾經建醮，[54]惟當時建醮並未留下相關資料，不過該宮長生殿所供奉甲子年的長生祿位，應該是為該寺廟興建（含舊建）過程中的捐獻大德，配合當年的建醮所刻製。戰後乾德宮曾於民國 46 年（歲次丁酉年）舉行一次建醮，此次建醮乃屬祈安祭典，後來 48 年發生八七水災，台灣中南部蒙受重大災情，而田中鎮乾德宮媽祖於 48 年農曆 9 月 15 日夜即降筆指示 46 年的建醮蒙上蒼賜福，故次年「闔家平安、五穀豐收、六畜平順，但醮尾未做，地府藏王菩薩尚未關虎門，至本宮聖母諸神對於慶成祭典一切難稱結束。」[55]11 月 15 日夜天上聖母降筆指示，因 46 年曾建醮，故而田中鎮居民於此次水災中，鎮內人口幸獲平安，此是「眾神之庇佑，建醮之成果，本年醮尾決定要舉行收煞。」祭典於 11 月 19 日戌時道士動鑼鼓，並要求鎮內各村里之拜拜集中在各所屬廟宇或福德廟，不得已時在各戶門前舉行。而街內東、西、南、北、中各里之拜拜在各戶門前或店口。[56]田中鎮耆老，也參與民國 72 年建醮的張銀鏘，指

為連興宮香火之資。參見陳哲三，〈竹山媽祖宮歷史的研究—以僧人住持與地方官對地方公廟的貢獻為中心〉，《逢甲人文社會學報》，6（2003 年 5 月），頁 165-174。

54　謝紘介先生口述，民國 98 年 2 月 27 日訪問。

55　參見〈田中鎮乾德宮天上聖母民國 48 年農曆 9 月 15 日夜亥時降筆筆錄〉。

56　參見民國 48 年農曆 11 月 17 日田中鎮乾德宮「敬告」單。

出民國 46 年的祈安祭典為謝分金，當在一甲子內進行清醮及圓醮。[57]48 年因發生八七水災，連帶使當年農曆 9 月建醮來收煞。此後至民國 70 年間，田中鎮並未再舉行建醮，不過越接近民國 70 年，鎮民對於鎮內應建醮祈求平安的呼聲越為強烈。

雖然田中鎮民對於建平安醮有所祈求，但從戰後中國國民黨台灣省黨部於民國 37 年 5 月發起實行「戰時生活運動」以後，台灣省參議會也在 6 月召開會議提出「戰時生活公約」、「戰時生活規律」等，訴求厲行戰時生活、戒除奢侈、轉移社會風氣等。同年 9 月，總統在對全國同胞演講時，特別倡導「勤儉建國運動」，此後勤儉建國以及在此目標下的戒除迷信，查禁民間不良習俗等，形成一股由政府主導，以勤儉建國為目標的民俗改善運動。[58]民國 48 年，台灣省政府公佈「台灣省改善民間習俗辦法」，以宣導民間節約祭典的觀念；民國 64 年內政部公佈「社會節約實施要點七項」，要求在民俗祭典與生活中徹底戒除奢侈習俗等。[59]在政府大力提倡節約拜拜、戒除奢侈、杜絕鋪張浪費的政令下，幾任鎮長似乎都有所顧忌，不敢輕易嘗試辦理建醮活動，直到江肇嘉鎮長在任期屆滿前，才召開會議，決議辦理。民國 70 年 8 月 15 日在江肇嘉主任委員（即田中鎮鎮長）主持下，召開乾德宮管理委員會，並決議辦理清醮，但並未施行。劉楚傑鎮長上任後，隨即召開委員會，並指出上屆決議辦理清醮，若不進行，如發生重大災害，深恐難以交代，故決議於 72 年 12 月 21 日（農曆 11 月 18 日）起二天舉行清醮大典，共豎五壇。

乾德宮清醮五大角外壇：

玉皇壇：東路里、南路里、西路里、北路里、梅州里。

紫微壇：新庄里、香山里、碧峰里、東源里、復興里。

祈安壇：中潭里、龍潭里、頂潭里、平和里。

57　張銀鐄先生口述，99 年 8 月 29 日訪問。

58　有關勤儉建國與民俗改善的發展，參見劉祐成，〈戰後台灣「改善民俗運動」之探討〉（逢甲大學歷史與文物研究所碩士論文，2010 年 1 月），頁 73-77。

59　相關辦法的公布及實施情況，同前註，頁 156-162。

　　天師壇：三民里、三光里、大社里。

　　三官壇：新民里、沙崙里、大崙里、三安里。

　　合計 22 里。[60]

　　民國 76 年，在鎮長兼乾德宮主任委員劉楚傑的主持下，召開丁卯年乾德宮圓醮大典的籌備工作，並於國曆 77 年 1 月 6 日（農曆 11 月 17 日）丑時，舉行豎燈篙儀式，施行二朝科儀，至農曆 11 月 22 日普渡，23 日安醮符，整個建醮流程完成。[61]鎮內分設六外壇，分別為玉皇壇、三官壇、祈安壇、紫微壇、天師南壇、天師北壇等六壇。[62]經過上列幾次建醮活動，動員公所相關幹事及各級人員以及全鎮人力參與，此一由官方發動結合田中鎮民間力量所辦理的建醮活動，辦理過程順遂，規模龐大，透過此一活動，不僅號召了田中鎮民的參與，也凝聚了田中鎮民的地方認同。

　　戰後田中鎮乾德宮透過 46、48 年的建醮，可說已經彰顯其在田中鎮的信仰中心角色，而此一角色之能形成與乾德宮遷建田中央，秉承悅興街、沙仔崙媽祖廟的正統，又在眾多地方菁英的投入以及地方重要家族主要成員的支持下，使得乾德宮在正式建廟之後，影響力大增。民國 39 年，乾德宮的管理人正式由民間人士陳藏改由田中鎮長謝樹生兼代，[63]由於乾德宮早期的管理人如陳恆仁等，具有庄協議會議員的身份，官方後來介入寺廟經營，似乎也就順理成章，並未有官方與民間勢力衝突的狀況。[64]然而鎮公所介入乾德宮的經營，似乎影響了乾德宮在田中鎮

---

[60]　參見〈田中鎮乾德宮往鹿港天后宮進香檢討會（會議記錄）〉（民國 70 年 8 月 15 日）；〈乾德宮管理委員會函（初稿）〉（民國 72 年 12 月 8 日）。

[61]　參見〈田中鎮乾德宮祈安圓醮籌備會通知〉、〈乾德宮祈安大典委員會會議記錄〉（民國 76 年 10 月 19 日）。

[62]　因三光里較遠，多分出一壇，設於合正公司旁。參見〈田中鎮乾德宮祈安圓醮大典組長、召集人、里幹事名單〉，另參考謝紘介先生口述，98 年 2 月 27 日訪問。

[63]　彰化縣政府，〈參玖亥真彰錡民社字第 2704 號函〉（民國 39 年 12 月 13 日）。

[64]　由於鎮公所介入乾德宮的經營僅止於鎮長掛名主委，乾德宮的運作仍由該宮寺廟管理委員會負責，與彰化市南瑤宮的官方接管情況，並不完全相同。彰化南瑤宮在昭和 11 年（1936）由官方接管；戰後彰化市公所於民國 40 年訂定「彰化市寺廟管理辦法，並於民國 41 年成立寺廟室，接管「彰化市寺廟管理委員會」業務，南瑤宮的香火錢等便由市公所管理運用，因而引起與民間勢力的衝突，並進一步導致南瑤宮香火的衰弱，參見鍾秀雋，〈「公所媽」一

的發展，尤其在民國 48 年的八七水災之後，乾德宮以田中鎮信仰中心的地位，倡導辦理建醮活動，以安穩災後受創的人心。田中鎮公所透過鎮長兼代管理人（後為管理委員會主委）所維繫的關係，無疑在此次建醮時也發揮了作用，鎮公所成為建醮活動的指揮中樞，更穩固了乾德宮在田中鎮各寺廟信仰中的地位。是以乾德宮由原來的悅興街媽祖，轉而為沙仔崙媽祖，其後勢力越大，此一發展與日治時期田中央成為彰南地區重要集市的發展，[65]以及乾德宮在田中央建廟的過程關係密切。尤其大正 8 年乾德宮在田中央的建廟，諸多地方菁英及重要家族都參與了這次的興建，更是提升了乾德宮的地位，並進而取得地方認同，成為其在田中地區擔任信仰中心角色的關鍵。戰後鎮公所介入廟方的經營以及自然災害的發生，使乾德宮有機會藉由建醮等宗教儀式的進行，進一步穩固其信仰中心的地位。

伍、結論

　　彰化縣田中鎮乾德宮的發展可說是彰南地區媽祖廟發展的典型之一，受到清代濁水溪氾濫，沖毀舊聚落的影響，其發展源頭容易有種種的傳說。本文透過光復初期臺中地方法院的判決書及相關文件，提出戰後初期當時官方的一些看法，有助於判斷早期媽祖廟的狀況。從現有事證看來，悅興街媽祖的設立應在乾隆末期，而遷移至沙仔崙有可能是在咸豐年間，一開始可能皆以臨時性廟宇存在，且在光緒 8 年應有在沙仔崙有正式建廟的事實。日治初期，隨著沙仔崙街遭受水、火二災，一波波居民往田中央發展，至明治 34 年（1901），在魏錦花倡議下，沙仔崙媽祖廟往田中央遷移，初期以臨時性的竹造茅草屋搭建，至大正 8 年而

彰化南瑤宮管理制度之更迭與效應初探〉，見釋性廣總編輯，《「傳統宗教與新興宗教」學術會議論文集（下）》（桃園觀音：臺灣宗教學會，2010），頁 235-262；氏著，〈信仰戰轉─從彰化市搶醮習俗論彰化市公所接管南瑤宮之效應〉，發表於彰化文化局主辦，「2010媽祖信仰學術研討會」（2010 年 9 月 25 日），頁 24-29。

65　王志宇，〈從田中央到田中庄─彰化平原「田中央」的形成與發展〉，《逢甲人文社會學報》，9（2004 年 12 月），頁 91-110。

有正式的媽祖廟成立。由於乾德宮具有悅興街、沙仔崙一脈相承的媽祖正統脈絡，在田中央的建廟過程中，又有地方菁英及菁英家族的參與，奠定其發展基礎。戰後鎮公所的力量介入乾德宮的經營，由鎮長兼代該宮的主任委員（原為管理人），更落實了田中鎮乾德宮在該鎮的信仰中心地位。戰後該鎮面臨八七水災的威脅，鎮公所發動建醮以收煞，護佑該鎮安全，70 年代又進行了兩次大規模的建醮活動。鎮公所介入民設廟壇的經營，似乎沒有影響乾德宮在該鎮的地位，反而該宮在田中鎮的地位日益穩固。此一發展與田中地區從清代遭受濁水溪氾濫的影響，使地方菁英在領導地方發展的過程中，結合寺廟的力量，取得地方住民的認同，顯然有密切的關係。從地域社會的角度而言，災難叢生的地域環境，使田中鎮人必須因應此一變局，地方菁英透過地方信仰的力量，進而穩定人心，成為維持地域社會「秩序」的一種方式。日治時期乾德宮的建廟過程中，地方重要的領導菁英的介入，以及戰後民選鎮長呼應鎮民的需求，不理中央政府號令地方節約拜拜的命令下，仍能舉行大規模的建醮活動，地方菁英展現的作為，顯然得到地方民眾的支持。地域社會中，環境所影響的心理需求，以及地方菁英透過地方公廟的建設，從宗教作為上，展現對於地方民眾祈求平安的宗教關懷，透過乾德宮的發展，清楚的看到了環境、地方菁英與寺廟信仰三者間密切結合的關係。

附錄：乾德宮的功德祿位主（大正 13 年立）

排於長生殿共三排

左前一：喜充大緣並重修首事　石天秀、黃口、石天烈　長生祿位　大正甲子葭月立

右前一：喜充大緣　許元盛、王誥、魏炎坤長生祿位　大正甲子葭月立

二排左一：喜充大緣　陳旺火、林恩、陳寶聰　長生祿位　大正甲子葭月立

二排左二：喜充大緣　陳恒川、陳靖喜、陳長水　長生祿位　大正甲子葭月立

二排左三：喜充乾德宮祀田朱添全男媽賜　長生祿位　大正甲子葭月立

二排左四：喜充大緣　黃紹南、柯春榮、黃佛南　長生祿位　大正甲子葭月立

二排右二：喜充大緣　謝環、張明日、謝國　長生祿位　大正甲子葭月立

二排右一：大檀樾　賴維德、邱西桃、陳傳宗　前長生祿位大正甲子葭月立

三排右一：喜充大緣並重修首事　魏國楨、陳丹周、謝清光　長生祿位大正甲子葭月立

三排右二：喜充大緣並重修首事　陳恒仁君全男茂松　長生祿位大正甲子葭月立

三排右三：喜充大緣並重修首事陳紹年君全男芳輝　長生祿位大正甲子葭月立

三排左一：喜充大緣金善士者陳望熊君　長生祿位　大正甲子葭月立

三排左二：喜充大緣蕭紹賡君全男敦仁長生祿位　大正甲子葭月立

三排左三：喜充大緣金善士者泉德堂魏興烈、興國、興倉長生祿位　大正甲子葭月立

參考書目

一、史料

〈田中鎮乾德宮「敬告」單〉（民國 48 年農曆 11 月 17 日）。

〈田中鎮乾德宮天上聖母民國 48 年農曆 9 月 15 日夜亥時降筆筆錄〉。

〈田中鎮乾德宮往鹿港天后宮進香檢討會（會議記錄）〉（民國 70 年 8
　　月 15 日）。

〈田中鎮乾德宮祈安圓醮大典組長、召集人、里幹事名單〉。

〈田中鎮乾德宮祈安圓醮籌備會通知〉（不著日期）。

〈乾德宮祈安大典委員會會議記錄〉（民國 76 年 10 月 19 日）

〈乾德宮管理委員會函（初稿）〉（民國 72 年 12 月 8 日）。

《員林郡寺廟台帳》（中央研究院臺灣史研究所圖書館藏，昭和 16 年）。

《財產取回訴訟證件書類》（田中鎮公所藏）。

《臺灣日日新報》（1898-1899）。

《聯合報》（1983 年 12 月 24 日），第六版（彰化版）。

彰化縣政府，〈參玖亥真彰錞民社字第 2704 號函〉（民國 39 年 12 月 13
　　日）。

二、專書

王志宇，《寺廟與村落─臺灣漢人社會的歷史文化觀察》（台北：文津出
　　版社有限公司，2008）。

王建新、劉昭瑞，《地域社會與信仰習俗》（廣州：中山大學出版社，
　　2007）。

王貞富主持，《彰化縣田中鎮文化資產資源手冊》（彰化市：彰化縣文化
　　局，2009）。

伊能嘉矩編，《大日本地名辭書續編─第三台灣》（東京：富山房，1909）。

周鍾瑄，《諸羅縣志》（南投：臺灣省文獻委員會，1993）。

林美容，《媽祖信仰與臺灣社會》（台北蘆洲：博揚文化事業有限公司，2006）。

林進發，《臺灣官紳年鑑（1934）》（台北：成文出版社有限公司，1999）。

洪敏麟，《臺灣舊地名之沿革》，第一冊（南投市：臺灣省文獻委員會，1980，1997 年三版）。

洪敏麟，《臺灣舊地名之沿革》，第二冊下（南投市：台灣省文獻委員會，1997 年再版）。

張素玢，《歷史視野中的地方發展與變遷：濁水溪畔的二水，北斗，二林》（台北：學生書局，2004）。

陳正祥，《臺灣地誌》（臺北：南天書局，1993）。

陳慶芳總編輯，《2005 年彰化研究學術研討會－「濁水溪流域自然與人文研究」論文集》（彰化市：彰化縣文化局，2005 年）。

黃朝進，《清代竹塹地區的家族與地域社會》（台北新店：國史館，1995）。

彰化縣立文化中心編印，《彰化縣口述歷史（二）》（彰化：編者，1996）。

遠藤寫真館編印，《人文薈萃》（台北：編者，1921）。

劉良璧，《重修福建台灣府志》（南投：台灣省文獻委員會，1993）。

劉枝萬，《臺灣中部碑文集成》（南投市：臺灣省文獻委員會，1994）。

劉金志，《故鄉田中》（彰化田中：財團法人彰化縣賴許柔文教基金會，2001）。

戴炎輝，《清代臺灣之鄉治》（台北：聯經出版事業公司，1979，1992 年三刷）。

謝瑞隆，《彰南地區媽祖信仰之調查與研究成果報告書》（財團法人國家文化藝術基金會，2007）。

三、論文

山田賢著、太城佑子譯，〈中國明清時代「地域社會論」研究的現狀與課題〉，《暨南史學》，2（1999 年 6 月），頁 39-57。

王志宇，〈從田中央到田中庄－彰化平原「田中央」的形成與發展〉，《逢甲人文社會學報》，9（2004年12月），頁91-110。

王志宇，〈清代臺灣彰南地區的媽祖信仰—以東螺街及悅興街的發展為中心〉，《逢甲人文社會學報》，15（2007年12月），頁143-162

岸本美緒著、何淑宜譯，〈明清地域社會論的反思—「明清交替と江南社會」新書序言〉，《近代中國史研究通訊》，30（2000年9月），頁164-176。

林文龍，〈沙連興學的田中廩生陳貞元〉，《彰化文獻》，11（2008年8月），頁7-24。

林美容，〈彰化媽祖的信仰圈〉，見氏著，《媽祖信仰與臺灣社會》（台北蘆洲：博揚文化事業有限公司，2006），頁57-139。

施添福，〈日治時代臺灣地域社會的空間結構及其發展機制—以民雄地方為例〉，《臺灣史研究》，8：1（2001年10月），頁1-39。

施添福，〈區域地理與地域社會：以研究概念的實踐為中心〉，見陳慶芳總編輯，《2005年彰化研究學術研討會—「濁水溪流域自然與人文研究」論文集》，頁1-6。

施添福，〈清代臺灣北部內山地域社會（1）—以罩蘭埔為例〉，《臺灣文獻》，55：4（2004年12月），頁143-209。

施添福，〈清代臺灣北部內山的地域社會及其區域化—以苗栗內山的基隆溪流域為例〉，《臺灣文獻》，56：3（2009年9月），頁181-242。

唐美君，〈臺灣公廟與宗族的文化意義〉，《國立歷史博物館館刊（歷史文物）》，2：1（1983年1月），頁11-18。

常建華，〈日本八十年代以來的明清地域社會研究述評〉，《中國社會經濟史研究》，第2期（1988），頁72-83。

張素玢，〈洪患、聚落變遷與傳說信仰—以戊戌水災為中心〉，收入陳慶芳總編輯，《2005年彰化研究學術研討會—「濁水溪流域自然與人文研究」論文集》（彰化市：彰化縣文化局，2005），頁7-43

陳哲三，〈「水沙連」及其相關問題之研究〉，《台灣文獻》，49：2（1998

年 6 月），頁 35-69。

陳哲三，〈竹山媽祖宮歷史的研究—以僧人住持與地方官對地方公廟的
　　　貢獻為中心〉，《逢甲人文社會學報》，6（2003 年 5 月），頁 155-181。

陳清香，〈從清代僧官制度看臺灣媽祖宮的僧侶住持〉，《臺灣文
　　　獻》，59：1（2008 年 3 月），頁 49-80。

葉　軍，〈日本「中國明清史研究」新特點：地域社會論與年鑑學派〉，
　　　《社會科學》，第 1 期（2002），頁 73-77

葉爾建，〈日治時代彰化平原的土地開發特色〉，《臺灣人文（師
　　　大）》，9（2004 年 12 月），頁 83-102。

劉祐成，〈戰後台灣「改善民俗運動」之探討〉（逢甲大學歷史與文物研
　　　究所碩士論文，2010）。

謝瑞隆，〈彰南地區媽祖廟信仰文化初探〉，《彰化藝文》，35（2007
　　　年 4 月），頁 54-61。

鍾秀雋，〈信仰戰轉—從彰化市搶轎習俗論彰化市公所接管南瑤宮之效
　　　應〉，發表於彰化文化局主辦，「2010 媽祖信仰學術研討會」（2010
　　　年 9 月 25 日），頁 24-29。

鍾秀雋，〈「公所媽」—彰化南瑤宮管理制度之更迭與效應初探〉，見釋
　　　性廣總編輯，《「傳統宗教與新興宗教」學術會議論文集（下）》
　　　（桃園觀音：臺灣宗教學會，2010），頁 235-262。

四、口述人

張銀鏘先生，民國 25 年生，田中鎮沙崙里人。
謝紘介先生，民國 33 年生，田中鎮北路里人。

五、資料庫

「台灣人物誌」資料庫，漢珍數位圖書公司，2004 年 9 月，
　　　http://news8080.ncl.edu.tw/whos2app/start.htm。

戰後台灣新興鸞堂豐原寶德大道院之調查研究——教義與宗教活動面向的觀察

摘要

　　鸞堂，日人稱爲降筆會，日治時期因爲臺灣總督府鴉片政策的影響，引起降筆會運動的流行，造成一波鸞堂的發展。戰後，臺灣的政治及社會環境丕變，鸞堂也在這個變動的環境中求生存。戰後臺灣因爲大陸撤守之故，原在大陸的各類教派漸次傳入臺灣，如大陸的佛教、道教等教派傳入臺灣，以及一貫道的傳入等，都是這種狀況。大陸的教派傳入後，對臺灣的本土教派產生相當的衝擊，如佛教的影響，使齋堂漸次衰微；又如一貫道入台後迅速發展，後來成爲臺灣重要的一支民間宗教教派，都衝擊臺灣的本土教派。在這複雜的宗教環境之下，鸞堂的發展也有所變化，部分鸞堂改變其型態以適應現代社會的發展，豐原寶德大道院即其中的一支。本文透過對該鸞堂的教義及活動進行考察，並指出造成鸞堂此種變化的原因，作爲觀察戰後臺灣鸞堂發展的立足點。

關鍵詞：鸞堂、寶德大道院、民間宗教、一貫道、現代適應

壹、前言

　　臺灣傳統鸞堂的發展在日治時期因日人的鴉片政策，引起臺灣知識菁英的反感，而有鸞堂降筆會運動的產生。[1]而在這一波降筆會運動的發展之下，臺灣的鸞堂迅速的傳遍了台島，是以受到研究者相當的注意。戰後鸞堂的相關研究裡，善書以其文獻史料的性質，較早受到了注意，部分人士投入了臺灣鸞堂出版品目錄編輯的基本工作，如蔡懋棠[2]、魏志仲[3]、林永根[4]、王見川[5]、林榮澤[6]等，其中王見川整理清代及日治時代的善書書目，編撰〈光復（1945）前台灣鸞堂著作善書名錄〉，這份書目雖仍可能有所遺漏，但已是目前光復以前善書書目較為完善者。而林榮澤據所建立的資料庫，在數量上有其可觀之處，然而尚未正式公開。

　　除了善書資料的整理外，研究者也陸續的投入。戰後初期，民國70 年代有關臺灣鸞堂的研究初展頭角，如歐大年（Daniel Overmyer）及焦大衛（David Jordan）[7]、宋光宇[8]、鄭志明[9]等，80 年代則進入了極

---

[1]　參見王世慶：〈日據初期臺灣之降筆會與戒煙運動〉，《臺灣文獻》，34：4（1986 年 12 月），頁 111-152。

[2]　見蔡懋棠：〈台灣現行的善書（佛道等教勸善之書）〉，《台灣風物》，24:4（1974 年 12 月），頁 86-117；氏著：〈台灣現行的善書（續）〉，《台灣風物》，26:4（1976 年 12 月），頁 84-123；氏著：〈台灣現行的善書〉，《台灣風物》，29：3（1979 年 9 月），頁 21-93。

[3]　魏志仲：《台灣儒宗神教法門著造善書經懺史鑑》（台北：清正堂，1977）。

[4]　林永根：《鸞門暨台灣聖堂著作之善書經懺考》（台中：聖德雜誌社，1982,1985 再版）。

[5]　王見川編：〈光復（1945）前台灣鸞堂著作善書名錄〉，收入王見川主編：《民間宗教（第一輯）》（台北：南天書局有限公司，1995），頁 173-194。

[6]　林榮澤將收集了十多年的天書訓文及鸞書等建置了一個「民間宗教資料庫」，其中鸞堂、儒宗神教、道教出的鸞書，以及一貫道的訓文歸於「民間宗教天書訓文資料庫」，該資料庫收集了一貫道訓文近七千多部，而鸞堂鸞書 600 多部，各類遊記 60 多部，道教鸞書約 50 部，佛教寺廟出的鸞書約 20 部。有關民間宗教資料庫的介紹參見林榮澤：〈民間宗教天書訓文初探〉，收入林榮澤編著：《臺灣民間宗教研究論集》（台北新店：一貫義理編輯苑，2007），頁 19-22。

[7]　David K. Jordan and Daniel L. Overmyer, The Flying Phoenix: Aspects of Chinese Sectarianism in Taiwan, (Princeton N.J. : Princeton University Press, 1986).

[8]　宋光宇發表了〈中國地獄罪報觀念的形成〉，《台灣省立博物館年刊》，26（1983 年 12 月），頁 1-36；〈從「玉曆寶鈔」談中國俗民的宗教道德觀念〉，《台灣省立博物館年刊》，

盛期，王見川[10]、李世偉[11]、王志宇、柯若樸（Philip Clart）[12]、范純武[13]
等相繼投入此領域，鑽研相關議題。以台灣學者而論，論者認為在上述
諸位台灣學者的論述發表以後，將鸞堂研究推向一個高峰，[14]也帶動了
鸞堂相關研究，吸引了博碩士生的投入，鑽研此一議題。[15]在這些研究
中，比較集中討論臺灣鸞堂的緣起與發展，鸞堂性質的界定，以及儒家
宗教化等問題。然而有關戰後鸞堂的研究，相對而言，卻比較稀少。[16]戰
後鸞堂的研究，除過去筆者以中部地區為中心，討論儒宗神教及鸞堂的

27（1984 年 12 月），頁 3-15，上列幾篇文章之外，在民國七十年代還發表了〈飛鸞勸化：
　今日台灣功利思想及奢靡風氣的煞車〉，《歷史月刊》，9（1988 年 10 月），頁 54-58。

[9] 鄭志明在民國七十年代已發表〈台北地區弘化院的宗教體系〉，《台灣神學論刊》，8（1986
　年 3 月），頁 51-75；〈台灣民間新興宗教的發展趨勢：遊記類鸞書的宗教分析〉，《台北
　文獻直字》，77（1986 年 9 月），頁 243-282；〈遊記類鸞書所顯示之宗教新趨勢〉，《中
　央研究院民族學研究所集刊》，61（1987 年 6 月），頁 105-128，等等有關鸞堂的著作近
　十篇。

[10] 有關王見川主要的鸞堂著作，可參見氏著：《臺灣的齋教與鸞堂》（台北：南天書局有限
　公司，1996）。

[11] 李世偉鸞堂相關著作，見氏著：《日據時代臺灣儒教結社與活動》（台北：文津出版社，
　1999）；

[12] 柯若樸（Philip Clart）有關台灣鸞堂的相關研究有：" The Ritual Context of Morality Books: A
　Case-Study of a Taiwanese Spirit-Writing Cult." Ph.D. dissertation, University of British
　Columbia, 1996. 柯若樸著，林聖授譯：〈一部新經典的產生：臺灣鸞堂中的啟示與功德〉，
　收入王見川主編：《民間宗教（第一輯）》，頁 93-116；以及柯若樸講：〈「民間儒教」
　觀念之試探——以台灣儒宗神教為例〉，《近代中國史研究通訊》，34（2002 年 9 月），
　頁 31-38。

[13] 范純武：〈清末民間慈善事業與鸞堂運動〉（中正大學歷史系碩士論文，1996）。

[14] 王見川、李世偉：〈戰後以來台灣的「宗教研究」概述—以佛、道教與民間宗教為考查中
　心〉，《台灣文獻》，51：3（2000 年 9 月），頁 197。

[15] 此如許玉河：〈澎湖鸞堂之研究(1853-2001)〉（台南大學鄉土文化研究所碩士論文，2003）；
　張有志：〈日治時期高雄地區鸞堂之研究〉（台南大學臺灣文化研究所，2007）；范良貞：
　〈獅山勸化堂與南庄的地方社會〉（中央大學歷史研究所碩士在職專搬碩士論文，2007）；
　陳瑞霞：〈從書院到鸞堂：以苗栗西湖劉家的地方精英角色扮演為例（1752-1945）〉（交
　通大學客家社會與文化教師碩士在職專班碩士論文，2008）；周怡然：〈終戰前苗栗客家
　地區鸞堂之研究〉（中央大學客家文化研究所碩士論文，2008）；鄭寶珍：〈日治時期客
　家地區鸞堂發展：以新竹九芎林飛鳳山代勸堂為例〉（中央大學客家文化研究所碩士論文，
　2008）等。

[16] 有關台灣鸞堂的討論集中在日治時期以及善書及其社會文化等的相關研究上，參見鄭志明：
　〈近五十年來台灣地區民間宗教之研究與前瞻〉，《台灣文獻》，52：2（2001 年 6 月），
　頁 135。

發展之外，[17]近幾年則有康豹（Paul Katz）、邱正略所研究的埔里鸞堂，集中在討論埔里鸞堂菁英與地方社會形成的問題，[18]康豹更透過埔里參贊堂討論客家族群遷入埔里後如何由族群及原鄉的認同，轉變爲地方認同的過程。[19]此外，亦有少數幾篇碩士論文探討相關的議題，[20]這些研究逐漸開展出戰後鸞堂的新議題。筆者並不否認鸞堂在發展過程中，部分鸞堂與地方產生了緊密的聯繫，形成了公廟的型態，[21]以致於與地方公共權力的運作有了密切的交集。然而在戰後鸞堂的發展型態裡，部分鸞堂的發展呈現相當濃厚的教派色彩，而沒有與地方社會產生緊密關連。這些教派化傾向濃厚的廟堂，其發展不僅受到臺灣社會環境的影響，更需要透過臺灣宗教史的角度加以觀察。

　　戰後的臺灣宗教一方面保有清代到日治時期臺灣宗教本身發展的特質，另一方面又需承受戰後大陸相關宗教及新興宗教[22]傳入的影響。此外，在國民政府採取相對於日治時期較無效度的宗教管理政策下，[23]鸞

---

[17]　見王志宇：《臺灣的恩主公信仰──儒宗神教與飛鸞勸化》（台北：文津出版社，1997），頁 60-70，173-180。

[18]　康豹（Paul R. Katz）、邱正略：〈鸞務再興──戰後初期埔里地區鸞堂練乩、著書活動〉發表於暨南國際大學人類學研究所主辦，「水沙連區域研究學術研討會：劉枝萬先生與水沙連區域研究」，2008 年 10 月 18-19 日。

[19]　Paul R. Katz, "Spirit-writing and Hakka Migration in Taiwan- A case Study of the Canzan Tang 參贊堂 in Puli 埔里, Nantou 南投 County", paper presented at the International Conference on Comparative Study of Ritual in Chinese Local Society, Hong Kong, May 5-7,2008.

[20]　此如蔡合綱：〈真佛心宗組織、儀式及其教義初探〉（真理大學宗教研究所碩士論文，2006）；鄭育陞：〈鍛乩、修行與功德：埔里鸞堂信仰與實踐〉（暨南國際大學人類學研究所，2009）；劉智豪：〈傳統與現代──論台灣鸞堂扶鸞儀式及其變遷因素〉（真理大學宗教文化與組織管理學系碩士論文，2008）；李立涵：〈高雄無極明善天道院的起源與發展〉（逢甲大學歷史與文物研究所碩士論文，2010）等四篇較集中論述戰後鸞堂的狀況。

[21]　此如陳建宏討論的桃園大溪普濟堂，參見陳建宏：〈公廟與地方社會──以大溪普濟堂為例（1902-2001）〉（中央大學歷史研究所碩士論文，2004）；氏著：〈寺廟與地方菁英──以大溪普濟堂的興起為例（1902-2001）〉，《兩岸發展史研究》，1（2006 年 8 月），頁 209-255；氏著：〈繞境與地方社會──以大溪普濟堂關帝誕辰慶典為例〉，《民俗曲藝》，147（2005 年 3 月），頁 261-332。

[22]　董芳苑定義新興宗教的範圍：1. 戰後為迎合台灣民眾心理需求及寄託而在本地創立的新教門；2. 戰後來自中國大陸及國外的教門與近代宗教；3. 戰後發生於傳統宗教的新現象。見董芳苑：《認識台灣民間信仰》，（台北：長春文化事業公司，1986），頁 320-321。

[23]　論者認為戰後台灣的宗教管理政策較之日治時期而言，較無效率，日人的調查與資料保存等顯見日人的地方行政系統及調查工作易於掌握台灣寺廟的實際狀況。而戰後政府對於無

堂本身處於這樣的宗教環境之中，內部也有著相當大的變化。

　　原本臺灣鸞堂的系統即相當複雜，[24]戰後臺灣的鸞堂面對佛、道二教的發展，以及越來越蓬勃發展的民間宗教，尤其是戰後入台的一貫道勢力的擴張，以及佛教、道教發展的擠壓，鸞堂究竟如何面對這些教派的發展？又有哪些因應的舉措？本文擬透過豐原寶德大道院此一新興鸞堂進行個案研究。以「新興鸞堂」指稱寶德大道院，乃受到所謂新興宗教定義的一些影響。鄭志明曾為新興宗教做過定義，他從宗教內在本質下手，認為判定新興宗教有四點準則：一是自稱某一神明應劫下凡救世，經由靈媒的傳播，不斷地宣揚其救世的理念，自成一套系統。這一類教團有的雖然沒有教主，但是經由神職人員發展組織，成為宣揚神恩的團體。如慈惠堂、文化院等；二是自稱教主是某一神明脫胎下凡，且被信徒視為救世主，相信教主具有某種神秘能力或教法，可以幫助眾生解脫。如盧勝彥的靈仙真佛宗等；三是自立一套新的修行方法，宣揚其無比的靈驗與效力，正式地開班授徒，且形成一套宣傳體系，修行工夫與宗教儀式，如現代禪、佛乘宗、九九神功、禪學會等；四是自立一套教義詮釋體系，特別強調傳統宗教中某些神秘的體驗，將其教義重心組合或改革，進而形成新的運動團體。如清海的禪定學會與宗聖的萬佛會等。[25]鄭氏所提的四點準則，都與神明、教義與修行等有關，也成為本文據以檢視鸞堂在戰後的發展與變化的一個立足點，故將此種與傳統鸞堂有所變化與差異的鸞堂稱為新興鸞堂。透過寶德大道院的成立與發展，尤其是其神明崇奉與教義體系的建立，來瞭解戰後鸞堂面對宗教環

　　法依規登記的寺廟並沒有提出另一套管理的方式，是以沒有登記的寺廟自然就無視於法規的存在。參見陳秀蓉：〈戰後臺灣寺廟管理政策之變遷〉（臺灣師範大學歷史研究所碩士論文，1998），頁69、142。

24　臺灣鸞堂的來源相當複雜，過去有關臺灣鸞堂的傳入有單元說、南北源頭說、多元說等論述，見鄭志明：〈近五十年來臺灣地區民間宗教之研究與前瞻〉，頁135-136。而日治時代崛起的儒宗神教也不過是民間宗教裡的一支，戰後隨著宗教環境的變化，尤其是解嚴以後民間宗教百花齊放的發展，民間教派間的競爭更為激烈。有關儒宗神教的發展參見王志宇：《臺灣的恩主公信仰──儒宗神教與飛鸞勸化》，頁39-71。

25　見鄭志明：〈臺灣「新興宗教」的名詞界定〉，《臺灣史料研究》，6（1995年8月），頁42-52。

境的變動所產生的調適現象，藉以瞭解現代鸞堂在各教派的競爭下，如何因應社會環境的變遷與進行自我轉型。

貳、戰後的宗教環境與臺灣鸞堂的發展概況

戰後的宗教環境與日治時代有所迥異，一是社會變遷與民間宗教的發展間的關係。瞿海源從民間信仰寺廟數的變化指出民間信仰不只有著傳統的特殊韌力，同時隨著社會經濟的發展有著一種維持不墜的持續力量。寺廟數目的成長未受到社會經濟與人口變遷的影響，並不表示兩者無關，因為民間信仰要保持其韌性和持續力量，必須因應變遷中的民眾需求。此外，民間信仰與大部分民眾的日常生活密切相關，故可能透過與其他社會制度的關連而保持其不墜。[26]第二則是中華民國政府的遷台，許多原在大陸發展的教派也傳入臺灣，對臺灣原有的民間宗教產生衝擊。戰後鸞堂面對新政權，尤其在 1949 中華民國政府的遷台，政府原在大陸推動的宗教政策，也隨之在台灣施行，政策的發展，[27]也對臺灣的民間宗教及鸞堂的發展方向有一定的影響；此外，大陸民間宗教的傳入，對鸞堂而言，實際上有著種種的競合關係。

臺灣鸞堂的發展原有其複雜性，鸞堂有著種種不同的系統，從其供奉主神觀察，顯然有些地域性的不同。楊明機所推動的三恩主系統是很強的一支，但並非所有的恩主公信仰皆是以此三恩主組合為原則，澎湖地區便不相同。以馬公普勸社（咸豐三年成立）為例，該社奉祀南天文衡聖帝（關聖帝君）及太醫院慈濟真君（許遜）二恩主。光緒 13 年（1887）改為一新社，光緒 17 年（1891）開堂濟世，稱為樂善堂。[28]宜蘭地區的鸞堂則有宜蘭鑑民堂主神孚佑帝君、新民堂主神雷部李、喚醒堂主神豁

---

[26] 瞿海源、姚麗香：〈台灣地區宗教變遷之探討〉，見瞿海源、章英華主編：《台灣社會與文化變遷（下冊）》（台北：中央研究院民族學研究所，1986，1998 二刷），頁 666。

[27] 陳秀蓉指出戰後台灣寺廟管理政策有三個階段，各階段政府對寺廟的要求與作為有所不同。參見陳秀蓉：〈戰後臺灣寺廟管理政策之變遷〉，頁 37-135。

[28] 黃有興：《澎湖的民間信仰》（台北：台原出版社，1992），頁 66-67。

落靈官王天君等之不同。如同林永根所指稱鸞堂有種種的稱呼，有稱「鸞門」、「聖堂」、「聖門」、「儒門」、「儒宗神教」、「儒宗聖教」、「儒宗鸞教」等等稱呼，[29]鸞堂彼此之間似乎有著相當的歧異性，甚至鸞堂內部所供奉主神在不同區域間，也有各地的習慣稱法，成為別稱，一般而言，鸞堂信眾以「恩主」稱之，按地區及所供奉恩主之差異，亦有以「仙公」稱之，[30]或以「恩主公」此一敬稱稱之者。

日治時期儒宗神教的發展，僅是楊明機以三恩主系統為主，所推動的一波鸞堂整合運動而已，這一波整合運動其成就可說是將儒宗神教的教名推廣出去，但鸞堂仍未有實質上的整合。戰後雖有一波波的整合運動產生，但鸞堂整合的困難度相當高。[31]除了鸞堂彼此之間的問題之外，鸞堂的發展還需面對不同教派間的競爭，其中最具競爭力者，當然是一貫道，且除了一貫道之外，還有在印順法師、星雲法師及證嚴法師等佛教大師的影響下，所急遽發展的佛教勢力。宋光宇曾就戰後臺灣的宗教教派進行研究，指出一貫道、天主教、長老教會以及佛教等的發展，認為一貫道和佛教能夠發展的比較好，是因為兩者都以本土文化為出發點，或者改革固有的文化，使之現代化：或者接納新的文化，將之調合到自身原有的體系中，此兩種方式都不難，故能鴻圖大展。[32]此外，瞿海源等也從台灣寺廟數的變化指出民間信仰有其傳統性的特殊韌力，同時隨著社會經濟的發展起碼有著一種維持不墜的持續力量。[33]由於鸞堂所具有的民間宗教性質，信徒對於儒、釋、道三者的教義都能吸收與信

---

[29]　林永根：〈台灣的鸞堂：一種蓬勃發展的民間信仰與傳統宗教〉，《台灣風物》，34：1（1984年3月），頁73。南部鸞堂常以「儒宗聖教」自稱，故有論者討論南部鸞堂時，逕以「儒宗聖教」稱之。見李立涵：〈高雄無極明善天道院的起源與發展〉，頁17。

[30]　通常指稱孚佑帝君。

[31]　有關戰後鸞堂的整合運動，參見王志宇：《臺灣的恩主公信仰──儒宗神教與飛鸞勸化》，頁61-70。

[32]　宋光宇：〈試論四十年來臺灣宗教的發展〉，見氏編：《臺灣經驗（二）—社會文化篇》（台北：東大圖書公司，1994），頁215-222。

[33]　瞿海源、姚麗香：〈台灣地區宗教變遷之探討〉，見瞿海源、張英華主編：《台灣社會與文化變遷》，頁666。

仰，在道教寺廟增多，[34]但是教義的發揚並不特別顯著的狀況下，一貫道與佛教二股勢力的發展，也就造成鸞堂發展的外在競爭壓力的來源。[35]部分鸞堂在信徒流失與正鸞的傳承出現斷層的情況下，香火有逐漸沒落的情況；部分鸞堂則力求振作，試圖以鸞堂的改革，突破其窘境。

參、豐原寶德大道院的成立與發展

　　寶德大道院是一座鸞堂，正式創立於民國 93 年，時間雖短，然而透過該院堂的創建過程以及該院堂所建構的教義及活動，卻可以瞭解戰後部分鸞堂進行改革，以求生存的發展狀況。從「寶德大道院」的名稱觀察，該院堂已與傳統鸞堂某某堂的稱呼有所不同，如中部地區的聖賢堂、無極明道院明正堂、虛原堂等以堂為名的方式大有區別。以筆者在 2010 年 8 月 19 日在寶德大道院的現場記錄，其所供奉的神祇分為正龕、左龕、右龕三部分，各龕供奉神祇如下表所列，另可參見本文附圖 1。

---

[34] 宋光宇指出傳統社區寺廟都歸入道教的勢力，故其寺廟數量一直超過佛教很多，而在民國 70 到 73 年間，一下子增加 2726 間，此種躍昇現象與臺灣的經濟發展有關。見宋光宇：〈試論四十年來臺灣宗教的發展〉，頁 186-191。

[35] 早期一貫道曾試圖以兼併鸞堂的方式，快速擴張其勢力，對鸞堂構成一定的壓力，如楊明機在二水創立的聖修宮，後來便變成了一貫道公共佛堂。一貫道在彰化市的道觀也曾試圖說服台中明正堂的王翼漢，率領全堂鸞生加入一貫道，但遭到王氏的拒絕。參見王志宇訪問整理，王翼漢口述：〈台中市明正堂王翼漢先生訪問記錄〉，《民間宗教》2（1996 年 12 月），頁 293-294。

圖1　寶德大道院的神祇崇奉

表一：寶德大道院神祇位置

正龕
第一排：關聖帝君、巡駕關聖、瑤池金母、諸葛武侯、瑤池金母娘娘、元始天尊、靈寶天尊、道德天尊
第二排：斗姥元君、紫微大帝、王禪老祖、註生娘娘、豁落靈官王天君、瑤池金母財神爺、呂仙祖(純陽帝君)、九天玄女
第三排：文昌帝君、北斗星君、南斗星君、岳武穆王、司命真君、王母娘娘、城隍爺、福德正神、月下老人
第四排：天官大帝、九天玄女、天上聖母、地母至尊、驪山老母、龍王護法 ＊以關公為主神

左龕
第一排：觀世音菩薩、千手觀音佛祖、準堤菩薩
第二排：綠度母菩薩、觀音菩薩、魚籃觀音、濟公活佛、東海龍王
（附註：另有四尊神明是信徒寄放，稱謂不明。） ＊以觀世音菩薩為主神

右龕
第一排：彌勒慈尊、南無大妙相菩薩、南無法音輪菩薩
第二排：彌勒佛、濟公活佛、關聖帝君、千手千眼觀音菩薩
（附註：另有一尊神明為信徒寄放，稱謂不明。） ＊以彌勒慈尊為主神

資料來源：2010 年 8 月 19 日現場記錄。

　　寶德大道院正龕供奉關聖帝君等神祇，以關公為主神，可說仍是鸞堂傳統的恩主公信仰，然而以下同祀各神祇，已跨越了傳統鸞堂的祀神範疇，又左龕供奉觀音菩薩等神祇，右龕供奉彌勒佛等神祇，都已經超出傳統鸞堂的神祇供奉模式。[36]這些崇祀的神祇，尤其以右龕的主神彌

---

[36] 楊明機所編纂的《儒門科範》詳列鸞堂神祇的供奉方式，敘明上座中懸無極燈代表無極天尊，其下以孔子居中，左為老子，右為釋迦牟尼左安韋馱菩薩，右安護法真君。中座中為文衡聖帝，左一為孚佑帝君，右一為九天司命真君，左二為豁落靈官王天君，右二為岳五

勒佛，以及其正堂並無區隔內外堂，這種供奉方式，一開始頗令人有進入一貫道佛堂的錯覺。無疑地寶德大道院的神祇供奉已與傳統鸞堂有相當不同的差異。不過寶德大道院的鸞法爲一人扶鸞的單手乩，鸞生參加扶鸞時著青色禮衣，亦與傳統鸞堂無異，顯然該院保留了相當多傳統鸞堂的特徵。然而寶德大道院透過其扶鸞著作的鸞書，提出種種新的神學理論，這種神學教義的創新，使吾人不得不謂其爲新興鸞堂。該院有關神學理論的創新將於下節深入討論。

　　寶德大道院成立於民國 93 年，創堂堂主爲吳振鋒。由吳振鋒堂主的口述訪問中，可以瞭解該堂的發展以及和民間宗教之間的關係。吳堂主於民國 44 年出生於嘉義，後來隨父親遷居於雲林北港，幼年即居處於北港，直到約四十歲左右再遷回嘉義。讀高中時接觸聖賢堂的善書，如《地獄遊記》、《天堂遊記》、《玉皇普渡真經》等以及真善美出版社所出版的相關善書。民國 64、65 年間，加入北港聖德宮，成爲鸞生。初任鐘鼓生，72 年間則擔任副鸞。在聖德宮擔任副鸞之後，深感地方人才聚集不易；另一方面以當時臺中及高雄地區鸞堂相當興盛，前者如聖賢堂，後者如明善天道院等，認爲鸞門要在鄉下地區發展不太容易。尤其在聖德宮活動期間，其母發生車禍昏迷，情況危急。吳堂主當時急往媽祖廟，祈求媽祖保佑。以那時曾接觸一貫道、佛門及鸞堂故，心中當時認爲鸞門人才較少，或許有其可以發揮之處，故向媽祖發願，一是要其母能存活；二能不用開刀；三願意一生於鸞門效勞。並得媽祖三次聖筶之允諾。吳堂主於回家途中，仍有所疑慮，故又轉往聖德宮，再次以前述三大願，祈求恩主同意，並取得三聖筶之允諾後，再趕往醫院。吳母昏迷第三夜的凌晨五時許甦醒，並告知先夢見關聖帝君，後又夢見媽祖。吳母本應手術，但手術前主治醫師告知病人已甦醒，不用再手術。此次生活上的磨難，以及願力的發出，更堅定了吳堂主在鸞門的發展。民國 77 年到大甲發展，因對鸞門的活動相當認同，故 78 年間即留意評估台中地區鸞堂的狀況，瞭解豐原有宏德堂及拱衡堂等，後來於民國

穆王。見楊明機編輯：《儒門科範》（南投竹山：克明宮，1937，1973 三版），頁 34-35。

79 年間加入拱衡堂，一直到 92 年，都在拱衡堂活動。93 年 3 月 1 日則另創建寶德大道院。[37]

　　吳堂主曾夢見彌勒要其辦理共修法會，後來果真辦理了共修法會，一直到寶德大道院的正式成立運作，這種純屬個人經驗的夢境啓示，常是推動民間宗教發展的動力，吳振鋒亦不例外。此外，吳堂主自幼接觸宗教、走入鸞門還有其機緣。他自言：「因年幼時偶然發現母親藏於床頭櫃有關吳堂主一生的流年批字，其中有言十七歲時有溺水之劫，而心生恐懼，轉而閱讀眾多宗教書籍。」受到傳統算命的影響，使他心生恐懼，轉而閱讀宗教相關書籍冀求從中得到解脫的辦法。年輕時所閱讀的書籍以聖賢堂及真善美出版社所出版之善書與宗教書籍爲主，此也導致其入鸞北港聖德宮。成年後深覺鸞堂發展未能隨社會變遷而改變，有漸衰敗之象，故力主革新，民國 88 年間先創共修會，後來創立寶德大道院之後，受儒、釋、道及一貫道等影響，而凝聚四禪淨土的理念，加以提出。[38]

　　共修法會的運作在寶德大道院在尙未正式成立之前，已以吳堂主爲中心，開始運作。其運作模式乃自民國 89 年 3 月（筆者案：其他資料顯示爲 88 年）由當時任職拱衡堂副堂主吳振鋒發起，寶德大道院成立後，此一擴大共修法會利用每月的第一個星期日進行，以鸞生和信徒爲主，集體共修，吳振鋒堂主帶領所有參與信徒一起唱誦神咒、誦經、靜坐、宣講道理等。[39]除此之外，寶德大道院極力發展扶鸞著書的活動，除了發行《寶德雜誌》之外，亦有鸞書的出版，至 2010 年 8 月已出版有 18 本鸞書及兩本經書合刊本，茲列表於下。

---

[37] 吳振鋒口述，98 年 7 月 24 日訪問。

[38] 吳振鋒口述，98 年 7 月 24 日訪問。

[39] 董益銓：〈從彼德‧伯格的宗教世俗化觀點探討臺灣鸞堂的演變——以臺中寶德大道院爲例〉（南華大學宗教學研究所碩士論文，2008），頁 128-129。

表二：寶德大道院出版鸞書目錄

鸞書名	主著正鸞	出版年
1. 世風集錄	宣筆：邱原章	85
2. 修道心法衍繹	宣筆：邱原章	87
3. 新阿鼻地獄遊記	宣筆：邱原章	88
4. 修戒	宣筆：邱原章	89
5. 修身養性	宣筆：邱原章	90
6. 靈遊際遇	宣筆：邱原章	91
7. 祥光初現	宣筆：邱原章	93
8. 聖道千秋錄	宣筆：邱原章	93
9. 因果經事例	宣筆：邱原章	94.
10.證道院訪遊	宣筆：邱原章	95
11.歸真罡	宣筆：邱原章	95
12.育婦德	延筆：陳美宇	95
13.破惑篋	宣筆：邱原章	95
14.鸞門修行次第論	宣筆：邱原章	96
15.四禪淨土遊記	宣筆：邱原章	96
16.末法消災錄	宣筆：邱原章	97
17.福祿壽喜	宣筆：邱原章	98
18.因果形成之業報因暨命格之果報	宣筆：邱原章	98
19.地藏菩薩本願經・地藏懺合印本	不著撰人	年月不詳
20.玉皇育德真經、四禪普化真經合訂本	不著撰人	年月不詳

資料來源：豐原寶德大道院提供，2010 年 8 月。

說明：編號 19、20 為合刊經典，非扶鸞著作。

　　寶德大道院的成立與發展受到台灣宗教教派發展的影響相當大，尤其是教派勢力龐大的一貫道及佛教相關教義，都可以在寶德大道院相關的鸞書中發現。寶德大道院所刊行的鸞書內容雖然大致與傳統的善書相似，以勸善教化為主；然而在這些鸞書之中，卻也不時地可以發現鸞書內容所顯露建構教義的思維。如《修身養性》所言：「為求學習先天大道義，而——皈依進入鸞門聖地，藉以學習人生哲學，了達修身之目的。『修身』不外行功立德，『養性』不外降服貪、嗔、痴、愛、妄；而一個修行者，縱然智慧再高，那也不過是內涵而已，但終究未實踐在外，

一切的功行，皆在於外在之實踐，方稱『功德』。」[40]闡述修身養性與功德間的問題；又如《因果經事例》將《因果經》更加通俗化，透過種種事例，強調因果循環的道理，如同該書末仙真所做的跋文，指出：「姻緣各有前兆，而後演化善與惡，起心若善，逢人便結善因、植善緣，起心若惡，遇人便結不善，深積孽因，一旦果熟難可收拾，是故勸人行善、思善而身立德，自然重返無極瑤天之極樂佛邦。」[41]此外，部分鸞書已實際點出其吸納各教派教義的民間宗教的特質，如《歸真罡》的跋文裡，提到：「《歸真罡》一書，內含修身要點，蘊藏五大正教『復性歸真』之妙法，更深含學佛修仙之成就必經法則。雖然文短言淺，卻是耐人尋味其中含蘊人道綱常。」[42]在這些修道法則裡，特別著墨於庶民大眾所關切的自身的利益，如《福祿壽喜》一書跋文所言：「（本書）旨在闡明福氣之真理與談論祿格之妙義，並且論述壽元個中妙法，更道明喜悅與身心之變化。」[43]

除了勸善的鸞書宣揚行善的觀念之外，寶德大道院重要的共修法會、保調、放生等活動也有相關的鸞書加以宣導。有關共修法會部分，寶德大道院的共修法會在民國 88 年推動，已實施十一年，95 年再成立四禪淨土宗，弘揚淨土法門，每月一次，以修道子為主，集體共修，凝聚共善願力，始得法輪常轉。其課程包括：拜懺、讀經、禮佛、持咒、共修佛法、淨心靜坐。該道院指出其意義在於提倡佛法、鼓勵修子勤修，提升靈慧，並以願心力行消冤解業，陰陽兩利。[44]吳堂主辦共修法會已十年，此類似佛門的共修，鸞門原來並沒有此類組織。如同其所自稱：「我一開始提議，沒人要辦，但彌勒常於夢中示現，要其辦理。吳堂主一開始不願意，推舉鸞門的王師兄，又推舉一貫道的洪師兄，但夢中彌

---

[40]　邱原章、陳美宇編輯：《修身養性》（台中豐原：寶德大道院，2008 年 7 月四版），頁 5。

[41]　邱原章、陳美宇編輯：《因果經事例》（台中豐原：寶德大道院，2009 年 2 月七版），頁 94。

[42]　邱原章、陳美宇編輯：《歸真罡》（台中豐原：寶德大道院，2007 年 11 月二版），頁 108。

[43]　邱原章、陳美宇編輯：《福祿壽喜》（台中豐原：寶德大道院，2009 年 7 月），頁 97。

[44]　不著撰人：〈擴大共修法會＆消業祈福燈之真義〉，《寶德雜誌》，80（2010 年 4 月），頁 72。

勒皆搖頭。幾次的夢境中，彌勒皆不開口言語，但後來有一次夢中，彌勒開口言：『要你辦，你就辦，然後你就知道。』後來問了相關幹部，沒人要辦，最後只好自己試著辦看看。大約從 87、88 年間開始籌備辦理，至今已約十餘年。」[45]

有關放生活動部分，寶德的鸞書中強調放生的意義，而且對於宗教放生活動所引起的環保問題，導致社會大眾的注意與批評，寶德大道院的出版刊物也極力的闡述該活動的意義以及「放生」所引發的環境問題之解決方式。在寶德《靈遊際遇》一書中，指出「放生」為修行中的重要課目，甚至是解消殺業之良方，「因藉此放生而培養我人之『慈悲心』，一者，展露仁民愛物之心；再者，止斷殺生害命劣行。至於『放生』實乃以原本地域既有之靈物，予以放生，如此便無所謂『環境問題』」。[46]甚至針對現今社會所出現的墮胎現象，寶德大道院點出其業報的種種問題，並認為此等男女如「能聞正法，知懺悔，則應積極勤造放生善舉，以護生延命之心參贊放生，一來與生靈結下善緣，二來因修法迴向以減縮放生物之畜生道業報，又結下法緣」，[47]積極鼓勵放生。

保調儀式亦是寶德大道院重要的活動之一，《證道院訪遊》一書為寶德大道院說明其保調活動的鸞書，書中說明保調法門是三清道祖有感於部分道子常以善款多少作為「保調」及「證道」之憑藉，而使靈界產生一片混亂，特令由無極五方證道院作為凡設有「保調法門」的陽世道場及諸大鸞堂之示範及依循之目標。[48]簡單的說，保調法門是透過陽世子孫的發心透過證道院院尊的調解，而將祖先及冤親債主等薦入證道院靈修成為靈修士，而陽世之保調人則需繼續行善，造作善功護持道院，而道院之院尊及主事與正鸞三方面，共同保證陽世保調人將會誠心悔改懺罪，始得冤親債主接受保調而原諒當事人。但此僅是接受和事佬之調

45　吳振鋒口述，98 年 7 月 24 日訪問。

46　邱原章、陳美宇編輯：《靈遊際遇》（台中豐原：寶德大道院，2007 年 11 月三版），頁 36。

47　邱原章、陳美宇編輯：《修戒》（台中豐原：寶德大道院，207 年 2 月），頁 62。

48　邱原章、陳美宇編輯：《證道院訪遊》（台中豐原：寶德雜誌社，2008 第五版），頁 7、

解，並無法立即釋怨，唯有憑藉授課仙師日日教導，方能使靈修士逐漸透徹人生無常，漸漸釋懷往昔怨恨。[49]

上列諸活動為寶德大道院的幾項重點活動項目，論者認為寶德大道院辦理保調活動、擴大共修法會，甚至四禪淨土的提出等，不僅讓寶德得以適應現代化社會的發展而存活，擴大共修法會更能凝聚有志於修道的信徒，因為每週二次的鸞期不是每個人都有空參加；每月一次的共修法會不致於太頻繁，使得參加的人數逐漸增加，在民國 95 年底參與的人數已達七十餘人。[50]

上列所述著作的鸞書以及寶德大道院強調共修法會、放生法會，可說都是戰後新興鸞堂與傳統鸞堂不同的地方，尤其寶德大道院特別提出「鸞門淨土宗」以及「四禪淨土」，這種揉合佛教觀念的作法，可說是戰後鸞堂發展中的一種特殊樣貌，如聖德寶宮楊贊儒的發展，也由鸞堂轉向佛教的修持；[51]真佛心宗，則是以鸞堂懿敕崇心堂為基礎，奉燃燈古佛為「人天大宗師」，以儒教鸞堂作體系，不分別儒釋道耶回等教派，以下列三大目標為使命：1.尋找四億佛子、九二原靈；2.把握當下，化垢澄清以達一世成佛的究竟；3.大道無名強名道，守住心田便是道，不欺暗室守人道，浩然正氣是正道。[52]到底是何種力量促使部分鸞堂產生此種發展傾向，下一節將有更深入的討論。

肆、鸞堂的轉型—寶德大道院「鸞門淨土宗」及「四禪淨土」的提出

豐原寶德大道院雖自稱為鸞堂，但從其神明的崇奉與其鸞書所顯示的教義而言，實與傳統鸞堂頗有差異，可稱為一新興鸞堂。寶德大道院

---

[49] 邱原章、陳美宇編輯：《證道院訪遊》，頁 86。

[50] 參見董益銓：〈從彼德・柏格的宗教世俗化觀點探討臺灣鸞堂的演變—以臺中寶德大道院為例〉，頁 107-110，128-129。

[51] 有關楊贊儒及聖德寶宮走向佛教化的過程，參見鄭志明：〈楊贊儒與聖德寶宮〉，《台灣文獻》，51：3（2000 年 9 月），頁 139-163。

[52] 參見蔡合綱：〈真佛心宗組織、儀式及其教義初探〉，頁 11-14。

對其神明崇奉的安排，主神龕安奉關聖帝君，並安奉三清道祖及瑤池金母等，左龕供奉觀音菩薩主神及諸菩薩，右龕供奉彌勒佛主神及濟公、千手千眼觀音等，此種供奉形式與傳統鸞堂供奉關聖帝君等恩主頗有差異，尤其屬於儒宗神教系統的關聖帝君、孚佑帝君、司命真君的供奉方式差異性相當大。此種差異又可以從寶德大道院的鸞書裡，觀察此一新興鸞堂與傳堂鸞堂之間的不同。此外在扶鸞過程中，除了仍保留著藍色禮衣之外，過去鸞堂所沿革區分的內外堂已不見，傳統鸞筆所強調筆身桃木、筆尖柳木，採陰陽合一的寓意，也沒有被寶德大道院的扶鸞所遵循，該院所使用的鸞筆已是木筆穿上一支鐵條所組成的簡陋鸞筆和傳統鸞筆並用。（見附圖 2）從神明的供奉與扶鸞儀式及法器的變化都可以看到寶德大道院與傳統鸞堂的不同。這種變化尤其在寶德大道院的教義體系中看得更清楚。

圖 2　寶德大道院所使用的改良鸞筆

在寶德大道院所出版的鸞書之中，與傳統許多鸞書類似，該院所出版的鸞書也以道德勸善為主，然而在其所扶鸞出版的鸞書中，部分鸞書已漸漸整理出修行的系統次第，如《世風集錄》一書，其內容分為〈個

人篇〉、〈家庭篇〉、〈社會篇〉、〈問答篇〉四個部分，從個人的修行，擴大至家庭裡的父子關係、夫妻關係、手足關係，婆媳關係等，社會方面則從「忠」、「名利」、「急功躁進」、「好逸惡勞」等一層層的開展，[53]形成一「修身、齊家、治國、平天下」的脈絡。似乎逐漸的建構其教義體系。

　　在這些鸞書之中，除了作為該院經典的《玉皇育德真經、四禪普化真經合訂本》的編纂外，其最重要的三部與其教義相關的鸞書著作為《修道心法衍繹》、《鸞門修行次第論》及《四禪淨土遊記》。在《修道心法衍繹》一書中，分為四十四章，其中第一到十五章標題分別為1.道為何物；2.修為何物；3.皈依；4.拜佛妙義；5.念佛要義；6.向心力；7.禮儀之重要；8.素食之重要性；9.戒殺之目的；10.放生之殊勝；11.急難救助之殊緣；12.冬令救濟之意義；13.同門之誼；14.懺悔心；15.不二過。此十五章大致討論修道的意義及素食、戒殺、放生及行善項目的相關意義。第16-20章分別為「因緣聚會」、「婚姻論（一）」、「婚姻論（二）」、「墮胎的罪業」、「修道子與父母之相處」等，從家庭的角度，討論因緣的聚合、婚姻的關係、墮胎及修道子在家庭中的角色等。第21-30章分別討論「衛道護持的重要」、「立愿的認知與感應」、「懺悔心法」、「修功立德」、「禪定心法」、「自性佛」、「西方剎那」、「滅罪心法」、「業報差別」、「修道吉凶」等，廣泛討論修道的種種心法及問題。第31-40章則為仙師問答，藉由仙師討論修道相關的種種問題來啟示信眾。[54]該書無異將修道的意義、方法及相關問題作了整理，成為寶德大道院有關修行功夫的基礎書籍。在《鸞門修行次第論》裡，則以「善」、「戒」、「忍」、「精

53　該書內文中的聖示言：「此書除將闡述個人之修為外，並擴及剖析家庭、社會之種種弊端；其中不乏以小說形式為實例，並包含短篇故事鋪陳，其可為乃直指民心之一部聖典……在此亦勉爾等諸生當從此書之中深切體悟，當下極為菩提種開花之時，有犯其中一、二者，宜虔求懺悔……以此為戒，那麼內性之修持，便會提升。再加以外功之行持，內外合一，功果累積之下，返回無極理鄉之大道便在眼前」。見邱原章、陳美宇編輯：《世風集錄》（台中豐原：寶德大道院，2006年9月），頁4。

54　參見邱原章、陳美宇編輯：《修道心法衍繹》（臺中豐原：寶德雜誌社，1998，2010年第三版）。

進」、「禪定」、「智慧」等項目，分析各項目中的修行層次，如同其序所言：「修行有其次第，無法一步登天⋯⋯一種善便有數種心思，修行又豈能以一概全，次第改造便是一門重要佛學道理，三教皆遵之方針。譬如：孔門弟子三千，入門者不過幾希，餘者次第善導，始有所成。因此，修行次第必須明白深入，並落實在日常生活間，以促使成就隨身也。」[55]是以《鸞門修行次第論》成為寶德大道院剖析修道次第及其義理的專書。

上列兩部鸞書都指出了寶德大道院所遵循的修持理論與途徑，然而在其出版的鸞書之中，最值得注意的還是《四禪淨土遊記》，此書提出了寶德大道院極為重要的神學理論——四禪淨土。在《四禪淨土遊記》裡，寶德大道院建構其神學理論的目標及理想，為了普渡眾生。所謂「四禪淨土」是鸞堂因應末法時期為廣引眾生及末法修行者步入正道之法門。「四禪淨土」是指鸞門淨土、觀音淨土、地藏淨土、彌勒淨土，該鸞書試圖詮釋「四禪」的意義所指出：

> 四禪本是四層不同層次之修行境界，果位程度自然一不相同，但因末法眾生根器太劣；因此，鸞門創立「四大淨土」，依眾生根器及其因緣而做攝受，以廣渡眾生。

當然能依止於「四大淨土」修行，以達到符合資格而帶業往生時，便能憑藉在世之修行善德及福德因緣，在「四大淨土」中安排蓮花化生，使修行者能先離開業力之纏擾，安住在淨土中，繼續修行定靜功夫，讓身心靈獲得自由自在，他日三會龍華，修敬業，再證菩提。

> ⋯⋯但眾生常生文字障、所知障，不能真心受教，故僅須立志往生淨土便可⋯⋯。[56]

在《四禪淨土遊記》裡，描述得以進入鸞門淨土的資格是必須皈依在鸞門，修行五戒十善，及守「忠義」。若眾生在世無法做到，如未造

---

55 邱原章、陳美宇編輯：《修道心法衍繹》，頁5-6。
56 邱原章、陳美宇編輯：《四禪淨土遊記》，（台中豐原：寶德雜誌社，2009二版），頁3。

過大罪惡，能盡量佈施行善，以及助印弘法利生之正法善書，並能奉行《玉皇育德真經》及《四禪普化真經》之鸞門淨土篇，能加以受持一字一句，並能禮敬諸佛者，便能往生鸞門淨土，[57]本書對於觀音淨土的描述，略同於鸞門淨土，透過建構觀音淨土裡有圓誠殿、圓殊宮等組織，進而藉由仙佛與鸞筆對話的描述，點出「觀身不淨」、「身念住」等教理，及應修五戒、十善等宗教理念。[58]地藏淨土及彌勒淨土，亦是透過正鸞邱生與仙佛同遊補經所、聚善所、彌勒外院—鸞門精修宮、彌勒內院等處，藉由仙佛對話，帶出初淺的教義義理，尤其是彌勒外院—鸞門精修宮，書裡指出鸞門為末法時期應運之普化道場，「受諸天之託而行法施教，適時解釋眾生法障，得以明白各教正理，自然能憑此法緣精修而往生本宮。」[59]當然本書滿天神佛及在天界各組織的遊歷，或許不必當真，但透過正鸞與仙佛的對話，及其所引述討論的教理，才是此類遊記型鸞書所要傳達的思想核心。如同其跋文所言：「雖然分有四大淨土，其實只有一個淨土，那便是『忠孝』而已……欲求往生淨土者，不可不明之真諦，淨土乃是靈寄之所，人心淨則淨土淨，人心明則淨土明，智者但求世間清淨，不寄借於雙眼朦朧時。」[60]鸞堂遊記型鸞書透過劇情化的安排，以及仙真的對話，將教理簡單化，以傳達給信眾，已是過去相當常見的作法，但在此書中，刻意強調的淨土，卻值得注意。

　　寶德大道院所提出的四大淨土，在《四禪淨土遊記》中，顯然並沒有精深的論述與思維，不過卻鮮明的標誌出淨土思想，接受了一部分佛教淨土的概念。淨土具有「淨佛國土」的含義，是大乘佛教「般若中觀」思想的一環，是基於諸佛菩薩為成就眾生而以四攝六度等清淨莊嚴自己教化的國土，也就是「發菩提心」的理念而來。[61]淨土思想有著「借他力」，即主要不是依靠自己的修行努力，而是借助佛菩薩的慈悲宏願來

57　邱原章、陳美宇編輯：《四禪淨土遊記》，頁 8-9。
58　身念住在本書的解釋是將「身體安住於清淨、安穩之地」，其他觀身不淨等解釋，參見邱原章、陳美宇編輯：《四禪淨土遊記》，頁 51-54。
59　邱原章、陳美宇編輯：《四禪淨土遊記》，頁 95。
60　邱原章、陳美宇編輯：《四禪淨土遊記》，頁 102。
61　釋慧嚴：《淨土概論》（臺北：東大圖書股份有限公司，1998 年），頁 8。

渡過苦海，達到彼岸；亦有「易行道」的特色，即用不著苦苦坐禪或悟解佛義，只要通過做功德或稱念佛菩薩的名號等簡單行為一樣可以取得正果。有此二特點，故淨土法門形成後，即迅速傳遍全國。廣義而言，中國的淨土法門包括阿彌陀淨土和彌勒淨土，前者的目標是西方極樂世界，後者是兜率天國（淨土）。更廣義來說，觀世音崇拜都可包括在內，藉由信仰觀世音而從苦難現實世界中得渡超生的意識，是一種特殊的淨土崇拜。由於淨土崇拜目標明確，方便易行，故其信念為民眾所接受，在中國佛教諸宗中，淨土宗擁有最廣大的群眾，這也是絕大多數其他宗僧人也兼修淨土法門的重要原因。[62]

　　寶德大道院建構四禪淨土，引入佛教的淨土思想，恐怕也與戰後臺灣佛教勢力的發展有關。從明鄭到日治時期，台灣佛教的發展史上，禪宗與淨土都有相當勢力。[63]戰後初期臺灣佛教的發展雖因民生凋敝，寺院受到轟炸波及，自顧不暇，以及原本土四大法脈的開山者，如覺力法師、永定法師、善慧法師、本圓法師等相繼圓寂，而無相對出色的繼任者所導致。[64]然而在中國佛教因政府遷台而來到臺灣後，臺灣佛教界有另一番的發展。一方面是政府遷台後，大批中國僧人東來，讓漢傳佛教在台灣得以再度發展，雖然當時台灣仍然以民間佛教最為普遍，但淨土宗很快就得到很大的發展。此因戰後民生困苦，而西方極樂的信仰，最能滿足民眾離苦得樂、了脫生死的願望，而淨土提倡的念佛法門，容易普及，是以很快取得民眾的信奉與支持。另外李炳南居士的佈教與社會救濟也促成淨土的發展。[65]另一方面亦有學者認為從太虛提倡的人生佛教，經過印順法師轉為人間佛教，在台灣影響深遠，成為佛教僧團的主

---

[62]　嚴耀中：《江南佛教史》（上海市：上海人民出版社，2000），頁237、249。

[63]　臺灣佛教從明清到日治時代的發展，參見江燦騰：《日據時期台灣佛教文化發展史》（台北：南天書局，2001），頁23-323。

[64]　見闞正宗：《重讀臺灣佛教：戰後臺灣佛教（正編）》（台北汐止：大千出版社，2004），頁41-43。

[65]　闞正宗認為臺中李炳南居士大力弘揚彌陀淨土，服膺印光大師的理念，對淨土思想在中臺灣的傳布頗有貢獻。見氏著：《重讀臺灣佛教：戰後臺灣佛教（續編）》（台北汐止：大千出版社，2004），頁242-277。

流理想。法鼓山聖嚴法師、佛光山的星雲大師、慈濟功德會的證嚴法師、印順法師傳承的道場，都可說是太虛法師的傳承，都在人間取向上，發展為人間淨土。然而有關淨土思想的詮釋卻有所歧異。[66]

　　雖然有關淨土思想的詮釋各方有所差別，然而在寶德的鸞書中卻拋開此一爭議，而透過扶鸞的詮釋與論述，給淨土修行一個簡易的說明。如同上述引文所指出，四禪淨土的提出有其方便性，是以《四禪淨土遊記》載：「主在闡揚四大淨土的殊勝奧秘之處及修持資格與要件，願修行者在學習『超凡入聖』之過程中，能以『戒』為師，『十善』為食也。」[67]甚至在《靈遊際遇》此一遊記類鸞書，阿彌陀佛回答正鸞邱原章的問題時，指出人間即是淨土，因五蘊、六識所擾，空、有之別，故淨土難得。「所謂心淨佛土淨，世人以愉悅之心所在，任何人、事、物便皆愉悅，故心地佛土清靜，眾人是和合眾，而若以煩惱心、妄想心，所面對之任何人、事、物，俱是煩惱怨戾，故佛土不淨。」[68]寶德大道院透過鸞書的闡釋，以淺顯的方式來解釋淨土思想，也教育其信徒並給予簡易的實踐方式，達到修德行善的目的。

　　寶德大道院大量吸收了佛教的觀念，雖然仍具傳統鸞堂雜揉儒釋道三教的特徵，然而似乎與傳統鸞堂以儒教為主的作法，有些出入。柯若樸（Philip Clart）從儀式與經典考察儒宗神教此一鸞堂體系，認為儒宗神教標舉儒教，學習儒家的經典，並以學者的分析性概念，主張以「民

---

[66] 吳有能認為在台灣普遍流傳的淨土法門中，印順法師對淨土的看法與淨土行者李炳南有所差異。參見吳有能：〈台灣人間佛教的兩種淨土觀點—以印順法師與李炳南居士為例〉，《台大佛學研究》，14（2007年12月），頁164-166，184-201。闞正宗亦指出太虛的人間佛教影響了當初大陸來台的僧侶，如星雲、聖嚴等，而印順及其弟子證嚴的人間佛教與太虛的理念不盡相同。佛光山與法鼓山所標榜的「人間佛教」較貼近太虛法師的理念，與印順法師的「人間佛教」不同。太虛法師的人間佛教在強調淑世利人上，以中國佛教傳統為基點，有「方便」與「適應」的協調；而印順法師的「人間佛教」，強調在離神化、鬼化的過程中行菩薩道，但過程中不宜太過「方便」、「適應」，以免造成佛教的「庸俗化」，闞正宗：〈臺灣佛教略論〉，見氏著：《臺灣佛教史論》（北京：宗教文化出版社，2008），頁18-19。

[67] 邱原章、陳美宇編輯：《四禪淨土遊記》，頁4。

[68] 邱原章、陳美宇編輯：《靈遊際遇》，頁59。

間儒教」視之。[69]王志宇也從儒宗神教派下鸞堂相關的鸞書探討儒宗神教與傳統儒家的關係以及其如何轉化應用儒家思想。[70]李世偉認為臺灣的鸞堂與一貫道等民間教派都是儒家宗教化裡的一環。[71]傳統鸞堂的儒教氣味，從上列諸人的討論，可以說是非常濃烈。寶德大道院大量融入佛教淨土的思想，與傳統鸞堂相較，可說是相當大的變化。

　　寶德大道院除了在其宣揚的四禪淨土教義上，融入了相當多的佛教概念，[72]此外，它亦吸收了一部分以儒教為主的一貫道的觀念。此或許可以從其創堂堂主吳振鋒的宗教經驗裡獲得一部分的解答。在筆者的訪談中，曾詢問吳堂主有關該堂的教義觀念等受到其他教派影響的狀況，吳堂主直言其教義與作法受到佛教、一貫道影響較深，道教影響較少。[73]他於聖德宮活動期間，曾巧遇——貫道道親，並在機緣巧合下，幫助解決該道親的法律問題。後來因而認識了一些一貫道的道親，並探討了一貫道相關的義理，也曾閱讀宋光宇的《天道勾沈》等相關書籍加以閱讀。接觸佛教則是因其舅父、姨媽方面的因緣，屬於佛光山系統。因此年輕時除了鸞門之外，也曾參加佛光山的法會，也閱讀一些佛教方面的書籍。所以當時的宗教活動，可說是一半鸞門、一半佛教。[74]

　　吳堂主的個人經驗以及他對各派宗教的接觸與理解似乎也反映在寶德大道院相關的鸞書之中，在寶德的鸞書裡，也出現對於一貫道某些長處的陳述及與鸞門間之比較，如《新阿鼻地獄遊記》載：

---

[69]　參見柯若樸：〈「民間儒教」概念之試探——以臺灣儒宗神教為例〉，《近代中國研究通訊》，34（2002 年 9 月），頁 31-38。

[70]　參見王志宇：《臺灣的恩主公信仰——儒宗神教與飛鸞勸化》，頁 204-230。

[71]　參見李世偉：〈日據時期鸞堂的儒家教化〉《台北文獻直字》，124（1998 年 6 月），頁 59-79；李世偉：《日據時代臺灣儒教結社與活動》，頁 253-264。

[72]　寶德大道院對於佛教思想的融入似乎為簡易的傳教目的而施作，仍有待日後培養宗教人才投入研究，才可能建立較為扎實的教義系統。例如淨土思想在臺灣的傳布，在觀點上有些歧義，如印順法師重知識化佛學，李炳南居士堅持信院傳統的宗風，兩者對於淨土的詮釋有所歧異，甚至佛教各大山頭對於淨土思想的詮釋也有路線之爭。兩者間的差異以及佛教相關的淨土思想詮釋，可參見吳有能：〈臺灣人間佛教的兩種淨土觀點——以印順法師與李炳南居士為例〉，頁 159-220；江燦騰：《臺灣佛教史》（台北：五南圖書出版股份有限公司，2009），頁 466-479。

[73]　吳振鋒口述，99 年 8 月 19 日訪問。

[74]　吳振鋒口述，98 年 7 月 24 日訪問。

> 因鸞門分支頗多，卻少有系統，亦沒有祖師之宏願，也就是說各
> 分堂之分支，皆很少做聯絡及支援。反觀天道雖分多組，但在各
> 組佛堂之間互為活動支援、講師支援，為一有系統、有組織之傳
> 承組合，故願力集中有力。[75]

　　透過寶德大道院的鸞書可以瞭解該堂對於一貫道的組織長處有所
吸收，然而寶德對於一貫道並非完全接受，而是予以吸收與轉化。民間
宗教在發展的過程中，常因為內外在的種種衝擊與壓力，需要積極面對
及解決，尤其內在的修行問題，常出現的考道問題。如《末法消災錄》
所指出，眾生進入一貫道佛堂求道，已將靈竅開啟，故會受到靈界的影
響。所以如能積極修行，培養本身的防護力，是較佳者；但是一般人並
不讀經，而且護持佛堂亦不知道「迴向」以消冤解業，對祖先方面亦沒
有造功德迴向或拔度出苦，形成冤業及祖先干擾的現象。[76]是以寶德大
道院對於修行的種種問題有其自己的見解，也提出其基礎主張。在寶德
《祥光初現》鸞書之中，對於寶德大道院的修持理論，有極為根本的主
張，即是「末法修行必須仰賴儒門之『綱常』『人倫』為基礎，更以佛
道『理諦』為實修，以使行者『去蕪存菁』，而親近鸞門正統教理；進
而藉以明心見性，了達人生實相，則必能有所受益也。」[77]從上列的資
料看來，寶德大道願仍是以儒門的「綱常」、「人倫」為基礎，而兼融佛
道二教的教義來建構本身的教義體系。

　　如同焦大衛（David K. Jordan）和歐大年（Daniel L. Overmyer）研
究臺灣的扶鸞團體所指出，調和儒釋道的教派宗教將不同的中國傳統修
身養性之道結合在一起，宣稱其包容各教，因而勝於各教。因為他是一
個全新的架構，在概念、本源及神學、邏輯等都要領先於其所借用的傳
統。其所提供的活動，可以滿足各種信徒的需求，因而使信徒有情感上

---

[75] 邱原章、陳美宇編輯：《新阿鼻地獄遊記》（台中豐原：寶德大道院，2008 年 7 月），頁
49。

[76] 邱原章、陳美宇編輯：《末法消災錄》（台中豐原：寶德大道院，2009 年 3 月二版）頁 96。

[77] 邱原章、陳美宇編輯：《祥光初現》（台中豐原：寶德大道院，2008 年 2 月五版增述），
頁 21。

的歸屬。[78]二人的研究似乎也點出了寶德大道院發展上的癥結，與其他的新興鸞堂比較，寶德大道院吸納佛教的淨土思想，發展出四禪淨土，以吸引社會大眾的加入，是其發展特殊之處。如同楊贊儒的聖德寶宮的發展，鄭志明指出楊贊儒所創辦的聖德道場二十年來的宗教形式是從三教混合的鸞門形態，逐漸向佛教科儀制度靠攏，除了楊贊儒個人的修行因緣外，也與台灣社會的整體宗教走向與趨勢是互為表裡的，一方面能有效地整合社會的宗教資源，一方面又能適應現代社會的時代變遷。[79]而寶德大道院有關「四禪淨土」的提出，以及放生法會、共修法會的舉辦，與其教門內延續明正堂、拱衡堂的保調作法相結合，試圖找出鸞門在現代台灣社會的生存方式是至為明顯的。臺灣的新興鸞堂中，如陳桂興所創玄門真宗，也相當強調祖先的超渡，並將渡九玄列為三大使命之一。[80]然而玄門真宗之發展還不止於注重祖先超渡的作法，為了適應臺灣社會，玄門真宗與學術界密切合作，共同辦理研討會、學術計畫等合作，藉以維繫該教派的發展。[81]在佛教勢力大興之下，新興鸞堂吸納佛教神明及教義等以求發展的方式，都可視為新興鸞堂適應現代社會的發展方式之一。

伍、結論

從上面的論述，我們可以發現鸞堂在台灣發展的過程之中，面對其他教派的發展，很快地可以以扶鸞的方式，將其他教派的理念融入到其鸞書之中。在戰後楊明機的鸞書裡，開始出現了一貫道相關的教義概

---

[78] 焦大衛、歐大年著，周育民譯：《飛鸞——中國民間教派面面觀》（香港：中文大學出版社，2005），頁 250-253。

[79] 鄭志明：〈楊贊儒與聖德寶宮〉，頁 147。

[80] 玄門真宗的三大使命為 1.選賢：為精進課程，著重廣開法門，教化渡眾。2.拔聖：又稱了業課程，教導虔敬修行之法心，以明心見性會得元根靈元，並使累世因緣能契合成就今生；又廣開科儀法事，化解累世業力，使聖凡陰陽同修超昇登蓮臺。3.渡九玄：即超渡祖先。見內政部編印：《宗教簡介》（臺北：編者，2005），頁 599-607。

[81] 參見李建弘：〈臺中地區的鸞堂發展——以玄門真宗為主之考察〉，《臺灣史料研究》，25（2005 年 7 月），頁 97-113。

念。戰後受儒宗神教影響的聖賢堂等，其鸞書也開始出現有關一貫道的神學概念，這都是鸞堂吸納其他教派觀念的顯例。[82]豐原寶德大道院的出現，是戰後鸞堂轉型的一個例子，從其神祇供奉中，我們可以發展和楊明機所傳布的三恩主核心體系鸞堂有相當大的差異。除了主神是關聖帝君外，左龕和右龕分別為觀音菩薩和彌勒佛。這一神明供奉體系和寶德大道院所訴求的「鸞門淨土宗」顯然有莫大的關係。寶德大道院所主張的「四禪淨土」一方面保留傳統鸞堂的一些特徵，另一方面也吸收了一貫道的「三期末劫」、「理、氣、象三天論」等概念及宗教組織型式，以及佛教相當普及的「淨土」思想，觀音信仰等，都納入到其所推舉的「四禪淨土」之中。透過寶德大道院的例子，可以清楚看到民間宗教團體如何運用普遍流傳與社會的宗教概念，透過這些普傳的宗教思想，進一步架構自己的教義體系，也印證了楊慶堃（C. K. Yang）所討論的普化宗教（diffused religion）的特徵，即在其雜揉性上。[83]寶德大道院的發展也讓我們看到了民間宗教的靈活性，透過扶鸞的方式，一方面融合相關的教理，一方面也透過儀式進行神聖化的工作，完成其建構教義體系的工作。

臺灣鸞堂的發展本有其複雜性，戰後更面對著政治及社會環境的轉變，政府的宗教政策迥異於日治時期，宗教活動轉而更為興盛，制度化宗教及各類新興教派勃興。鸞堂在這樣的宗教環境下，一方面有著一波波的整合運動，另一方面面對其他宗教教派的競爭，部分鸞堂內部也有所調整。豐原寶德大道院的出現以及其所表現出來異於傳統鸞堂的面貌，應可從此一宗教環境及發展下來觀察。寶德大道院除了保留鸞堂的扶鸞傳統與特徵之外，也融合在臺灣頗佔勢力的佛教、一貫道等的部分特質，如其供奉彌勒祖師、創造四禪淨土、辦理放生法會、共修法會等，

---

[82]　王志宇：《臺灣的恩主公信仰——儒宗神教與飛鸞勸化》，頁 345-355。

[83]　C. K. Yang 認為普化宗教的神明及教義皆取自於制度化宗教（institutional religion），參見 C. K. Yang, *Religion in Chinese Society*, (1961, rpt., Taipei: Southern Materials Center, INC., 1978) pp. 294-300.鄭志明則以其吸納其他教派教義的特性而翻譯為雜揉性宗教，見鄭志明：〈台灣民間鸞書的神道設教〉，見氏著：《臺灣的鸞書》（板橋：正一善書出版社，1990），頁 94。

都可視爲因應臺灣宗教環境下的作法，也是新興鸞堂得以在台灣幾個大教派夾擊下，得以生存的一種方式。從寶德大道院的例子裡，觀察臺灣鸞堂的發展，必須將鸞堂放在整個臺灣宗教發展的環境及脈絡裡來觀察。以這個觀察角度，便可以看到臺灣鸞堂透過自我的調整以及在現實宗教環境下適應現代社會的方式。

參考書目

壹、中文

一、史料

林永根：《鸞門暨台灣聖堂著作之善書經懺考》，台中：聖德雜誌社，1982,1985 再版。

楊明機編輯：《儒門科範》，南投竹山：克明宮，1937，1973 三版。

魏志仲：《台灣儒宗神教法門著造善書經懺史鑑》，台北：清正堂，1977

＊寶德大道院相關出版品請參見表一，此處不再贅列。

二、專書

內政部編印：《宗教簡介》，臺北：編者，2005。

王志宇：《臺灣的恩主公信仰——儒宗神教與飛鸞勸化》，台北：文津出版社，1997。

王見川：《臺灣的齋教與鸞堂》，台北：南天書局，1996。

王見川主編：《民間宗教（第一輯）》，台北：南天書局出版公司，1995。

江燦騰：《日據時期臺灣佛教文化發展史》，臺北：南天，2001。

江燦騰：《臺灣佛教史》，台北：五南圖書出版股份有限公司，2009

李世偉：《日據時代臺灣儒教結社與活動》，台北：文津出版社，1999

黃有興：《澎湖的民間信仰》，台北：台原出版社，1992。

董芳苑：《認識台灣民間信仰》，台北：長春文化事業公司，1986。

鄭志明：《臺灣的鸞書》，板橋：正一善書出版社，1990。

鍾雲鶯：《清末民初民間儒教對主流儒學的吸收與轉化》，臺北：國立臺灣大學出版中心，2008

嚴耀中：《江南佛教史》，上海市：上海人民出版社，2000。

釋慧嚴：《淨土概論》，臺北：東大圖書股份有限公司，1998。

闞正宗：《重讀臺灣佛教：戰後臺灣佛教（正編）》，台北汐止：大千出版社，2004。

闞正宗：《重讀臺灣佛教：戰後臺灣佛教（續編）》，台北汐止：大千出

版社，2004。

闞正宗：《臺灣佛教史論》，北京：宗教文化出版社，2008。

　　三、論文

王世慶：〈日據初期臺灣之降筆會與戒煙運動〉，《臺灣文獻》，34：4（1986
　　　　年 12 月），頁 111-152。

王志宇訪問整理，王翼漢口述：〈台中市明正堂王翼漢先生訪問記錄〉，
　　　　《民間宗教》，2（台北：南天書局出版公司 1996 年 12 月）。

王見川、李世偉：〈戰後以來台灣的「宗教研究」概述—以佛、道教與
　　　　民間宗教爲考查中心〉，《台灣文獻》，51：3（2000 年 9 月），頁
　　　　185-201。

王見川編：〈光復（1945）前台灣鸞堂著作善書名錄〉，收入王見川主編：
　　　　《民間宗教（第一輯）》，台北：南天書局出版公司，1995，頁
　　　　173-194。

吳有能：〈臺灣人間佛教的兩種淨土觀點——以印順法師與李炳南居士
　　　　爲例〉，《台大佛學研究》，14（2007 年 12 月），頁 159-220。

宋光宇：〈中國地獄罪報觀念的形成〉，《台灣省立博物館年刊》，26（1983
　　　　年 12 月），頁 1-36Z。

宋光宇：〈飛鸞勸化：今日台灣功利思想及奢靡風氣的煞車〉，《歷史月
　　　　刊》，9（1988 年 10 月），頁 54-58。

宋光宇：〈從「玉曆寶鈔」談中國俗民的宗教道德觀念〉，《台灣省立博
　　　　物館年刊》，27（1984 年 12 月），頁 3-15。

宋光宇：〈試論四十年來臺灣宗教的發展〉，收入氏編：《臺灣經驗（二）—
　　　　社會文化篇》，台北：東大圖書公司，1994，頁 175-224。

李世偉：〈日據時期鸞堂的儒家教化〉《台北文獻直字》，124（1998 年 6
　　　　月），頁 59-79。

李世偉：〈從大陸到臺灣--近代儒教研究的回顧與展望〉，《思與言》，37:2
　　　　（1999 年 6 月），頁 131-153。

李立涵：〈高雄無極明善天道院的起源與發展〉，逢甲大學歷史與文物研

究所碩士論文，2010。

李建弘：〈臺中地區的鸞堂發展——以玄門真宗爲主之考察〉，《臺灣史料研究》，25（2005 年 7 月），頁 97-113。

周怡然：〈終戰前苗栗客家地區鸞堂之研究〉，中央大學客家文化研究所碩士論文，2008。

林永根：〈台灣的鸞堂：一種蓬勃發展的民間信仰與傳統宗教〉，《台灣風物》，34：1（1984 年 3 月），頁 71-78。

林榮澤：〈民間宗教天書訓文初探〉，收入林榮澤編著：《臺灣民間宗教研究論集》，台北新店：一貫義理編輯苑，2007，頁 13-78。

柯若樸（Philip Clart）：〈「民間儒教」概念之試探--以臺灣儒宗神教爲例〉，《近代中國研究通訊》，34（2002 年 9 月），頁 31-38。

柯若樸著，林聖授譯：〈一部新經典的產生：臺灣鸞堂中的啓示與功德〉，收入王見川主編：《民間宗教（第一輯）》，頁 93-116。

范良貞：〈獅山勸化堂與南庄的地方社會〉，中央大學歷史研究所碩士在職專班碩士論文，2007。

范純武：〈清末民間慈善事業與鸞堂運動〉，中正大學歷史系碩士論文，1996。

康豹（Paul R. Katz）、邱正略：〈鸞務再興——戰後初期埔里地區鸞堂練乩、著書活動〉發表於暨南國際大學人類學研究所主辦，「水沙連區域研究學術研討會：劉枝萬先生與水沙連區域研究」，2008 年 10 月 18-19 日。

張有志：〈日治時期高雄地區鸞堂之研究〉，台南大學臺灣文化研究所，2007

許玉河：〈澎湖鸞堂之研究（1853-2001）〉，台南大學鄉土文化研究所碩士論文，2003。

許玉河：〈澎湖鸞堂發展史〉，《臺灣文獻》，54:4（2003 年 12 月），頁 153-204。

焦大衛、歐大年著，周育民譯：《飛鸞——中國民間教派面面觀》，香港：

中文大學出版社，2005。

陳秀蓉：〈戰後臺灣寺廟管理政策之變遷〉，臺灣師範大學歷史研究所碩
　　士論文，1998。

陳建宏：〈公廟與地方社會──以大溪普濟堂為例（1902-2001）〉，中央
　　大學歷史研究所碩士論文，2004）。

陳建宏：〈寺廟與地方菁英──以大溪普濟堂的興起為例
　　（1902-2001）〉，《兩岸發展史研究》，1（2006年8月），頁209-255。

陳建宏：〈繞境與地方社會──以大溪普濟堂關帝誕辰慶典為例〉，《民
　　俗曲藝》，147（2005年3月），頁261-332。

陳瑞霞：〈從書院到鸞堂：以苗栗西湖劉家的地方精英角色扮演為例
　　（1752-1945）〉，交通大學客家社會與文化教師碩士在職專班碩
　　士論文，2008。

董益銓：〈從彼得・伯格的宗教世俗化觀點探討臺灣鸞堂的演變──以
　　台中寶德大道院為例〉，南華大學宗教學研究所碩士論文，2008

劉智豪：〈傳統與現代──論台灣鸞堂扶鸞儀式及其變遷因素〉，真理大
　　學宗教文化與組織管理學系碩士論文，2008。

蔡合綱：〈真佛心宗組織、儀式及其教義初探〉，真理大學宗教研究所碩
　　士論文，2006。

蔡懋棠：〈台灣現行的善書（佛道等教勸善之書）〉，《台灣風物》，24:4
　　（1974年12月），頁86-117。

蔡懋棠：〈台灣現行的善書（續）〉，《台灣風物》，26:4（1976年12月），
　　頁84-123。

蔡懋棠：〈台灣現行的善書〉，《台灣風物》，29：3（1979年9月），頁
　　21-93。

鄭志明：〈台灣民間新興宗教的發展趨勢：遊記類鸞書的宗教分析〉，《台
　　北文獻直字》，77（1986年9月），頁243-282。

鄭志明：〈近五十年來臺灣地區民間宗教之研究與前瞻〉，《台灣文獻》，
　　52：2（2001年6月），頁127-148。

鄭志明：〈楊贊儒與聖德寶宮〉，《台灣文獻》，51：3（2000 年 9 月），頁 139-163。

鄭志明：〈遊記類鸞書所顯示之宗教新趨勢〉，《中央研究院民族學研究所集刊》，61（1987 年 6 月），頁 105-128

鄭志明：〈臺灣「新興宗教」的名詞界定〉，《臺灣史料研究》，6（1995 年 8 月），頁 42-52。

鄭育陞：〈鍛乩、修行與功德：埔里鸞堂信仰與實踐〉，暨南國際大學人類學研究所，2009。

鄭寶珍：〈日治時期客家地區鸞堂發展：以新竹九芎林飛鳳山代勸堂為例〉，中央大學客家文化研究所碩士論文，2008。

瞿海源、姚麗香：〈台灣地區宗教變遷之探討〉，收入瞿海源、章英華主編：《台灣社會與文化變遷（下冊）》，台北：中央研究院民族學研究所，1986，1998 二刷，頁 655-685。

貳、英文

Clart, Philip, " The Ritual Context of Morality Books: A Case-Study of a Taiwanese Spirit-Writing Cult." Ph.D. dissertation, University of British Columbia, 1996.

Jordan, David K. and Daniel L. Overmyer, The Flying Phoenix: Aspects of Chinese Sectarianism in Taiwan, Princeton N.J. : Princeton University Press, 1986.

Katz, Paul R., "Spirit-writing and Hakka Migration in Taiwan- A case Study of the Canzan Tang 參贊堂 in Puli 埔里, Nantou 南投 County", paper presented at the International Conference on Comparative Study of Ritual in Chinese Local Society, Hong Kong, May 5-7,2008.

Yang, C. K., Religion in Chinese Society, 1961, rpt., Taipei: Southern Materials Center, INC., 1978.

參、口述人資料

吳振鋒，豐原寶德大道院堂主，民國 44 年生。

附錄：

民國五十至七十年代吳振鋒堂主所閱讀宗教書籍及版本

年代	書目
民國五十年代	1.作者不詳，《古本伍柳仙宗全集》，台北市：真善美出版社，民51年重刊
	2.孫不二仙姑，《孫不二女丹詩注》，台北市：真善美出版社，民53年4月初版
	3.劉悟元，《悟道錄》，台北市：真善美出版社，民57年元月初版
	4.蕭廷之，《金丹大成集》，台北市：真善美出版社，民58年初版
	5.趙避塵，《性命法決明指》，台北市：真善美出版社，民58年元旦再版
	6.龍門派柳華陽祖師口授、龍門派了塵師再傳、一丰子楊青藜筆記，《大成捷徑》，台北市：真善美出版社，民59年8月再版
	7.道一子印權，《修真不死方》，台北市：真善美出版社，民59年8月2版
	8.溫州倪清和，《內家八卦掌》，台北市：真善美出版社，民59年3版
民國六十年代	9.永嘉倪清和，《道家長生秘訣》，台北市：真善美出版社，民60年2月三版
	10.永嘉倪清和，《現代道家修煉寶典》，台北市：真善美出版社，民60年2月再版
	11.崇福宮抄本，《天機秘文》，台北市：真善美出版社，民62年1月再版
	12.雲林廣興宮興德堂，《儒門通義》，雲林：明道雜誌社，民67年戊午桂月再版
民國七十年代	13.追雲燕，《三教聖誕千秋錄》，台中：聖賢雜誌社，民70年4月初版
	14.南懷瑾，《靜坐修道與長生不老》，台北市：老古文化事業公司，民70年3月8版
	15.台中聖賢堂，《天律聖典(全)》，台北：三揚出版社，民73年3月
	16.楊明機，《儒門科範》，台北市：聖國印刷有限公司，民78年元月四版

資料來源：據吳振鋒堂主提供書本列表。

附註：另據口述尚有《太上感應篇》及《玉皇普度真經》等善書。

寺廟分合與風水——
以臺灣彰化縣田尾鄉鎮化堂與聖德宮為例

摘　要

　　風水是漢人重要的文化概念，影響漢人的諸多行為。在臺灣的村落中，公廟因具有信仰中心以及公共事務處理中心的角色，地位非常重要。在漢人的文化觀念中，此種公廟的風水也足以影響村莊的發展，故對於公廟的風水非常注重。本文以彰化縣田尾鄉從清代中期即已發展出來的聖德宮為研究對象，論述它在日治時期因為鸞堂大興，田尾地區也出現鸞堂，而鸞堂系統如何進入公廟系統的過程。此一過程涉及地方菁英的角力與互動，更關係到風水對於村莊的影響。原先持有不同意見的兩派地方菁英，在風水觀念的影響下，為了讓村莊得以發展，最後在知名風水師李紫峰的主張下，終於妥協，讓鸞堂與聖德宮結合，形成了公廟之中亦包含鸞堂系統的崇奉現象。而風水與地方菁英的互動過程，也讓我們瞭解風水文化在地方社會的影響力，在整體村莊利益的壓力下，風水文化壓過派系的人際網絡關係，成為寺廟合併的重要原因。

關鍵字：風水、彰化縣田尾鄉、聖德宮、鎮化堂、地方公廟

*本文接受國科會專題研究計畫補助，計畫編號：NSC 99-2410-H-035 -034

壹、前言

　　風水文化發展至清代已經相當普及，成為漢人生活的一部分。王爾敏過去曾指出命理、相術、堪輿、卜卦等術數儒生皆能熟知，但在官紳社群之中，可以保有其知識，而絕不以其為職業。此因儒生重在博文，本不厭廣羅各類知識。然而入世求職謀生，有一定之分際。天文曆算、陰陽五行，被視為正當知識；而命理、相術、堪輿、擇日、雜占，亦往往熟知，惟其區別在於不願憑此術而入世以為謀生之術。所以術數一門，雖構成庶民生活之文化內涵，官紳之間亦時相講究，但有雅俗之別。[1]在風水文化的發達下，儒生所創作的方志，對於臺灣各地的形勢描述，便充斥了相當多的風水論述。[2]受此影響，有關村莊風水與村莊發展間的關係，便受到矚目，如林美容討論聚落與寺廟的地理傳說，指出村廟有村廟的地理，大廟有大廟的地理，庄頭的地理風水可以影響莊內人丁之興衰，甚至居民之脾性，好的地理可以治病，好地理被破壞時，會引起天災人變，都點出村莊與村民的一體性，其命運的好壞乃由村莊的地理決定，不過地理會因為人為的因素而改變。[3]又劉敏耀以風水的「龍、砂、水、穴」來觀察澎湖的寺廟，並指出澎湖一地村廟大多強調風水，居民也相信村廟得活穴而「香火鼎盛，林投村民也因此而生機日盛，生活富足。」[4]本文以臺灣彰化縣田尾鄉聖德宮為例，說明該宮在日治以後的發展與變化，受到鸞堂興起的影響，田尾鄉新創立的鎮化堂本欲與聖德宮結合，但地方菁英間產生的衝突，使得雙方的合併一直出現問題，但是最後廟堂之間還是合併。透過村莊公廟的發展狀況，尤其是與民間教派的合流過程，地方菁英彼此間由原先的爭執至妥協，此間的互動究竟是何種因素影響其間的發展。本文擬藉聖德宮鎮化堂的案例，來

[1]　王爾敏，《明清時代庶民文化生活》（臺北：中央研究院近代史研究所，2000），頁112。

[2]　有關臺灣方志的風水論述參見王志宇，《寺廟與村落──臺灣漢人社會的歷史文化觀察》（臺北：文津出版社，2008），頁142-150。

[3]　林美容，〈由地理與年籤來看台灣漢人村莊的命運共同體〉，見氏著，《鄉土史與村庄史──人類學者看地方》（台北：台原出版社，2000），頁246-251。

[4]　劉敏盛，《澎湖的風水》（馬公：澎湖縣立文化中心，1998），頁94。

加以說明。

貳、清代以來臺灣風水觀念的勃興

風水學理氣派與形勢派的分流，從漢代開始萌芽，唐代開始分野，大致在宋代定型，成為正式流派和體系，此即著名的江西派（形勢派）和福建派（理氣派）。[5]此後理氣與形勢派的發展，將風水學推上高峰，影響到社會各個層面。理氣派強調數、理相關，其理論方法較為複雜，常人不易掌握，因而變得神秘玄妙，也影響到傳播；講求巒頭形勢的形勢派，所論述為看得見的實物，因而在民間流傳較廣。[6]風水術的實際操作，最重覓龍、察砂、觀水、點穴。[7]我們可以從這方面相關的記載，來理解風水觀念在清代台灣的發展。

清代早期台灣幾部地方志，已經習慣用風水的概念來敘述縣治所在，如康熙 34 年（1695）高拱乾撰《臺灣府志》[8]，其風水觀念著重在縣治、郡治所在之地與風水龍脈間的關係。他亦將臺灣諸山形勢，歸之於福建五虎門，穿渡海洋後，在台灣的雞籠山結一腦，此為臺灣與大陸間龍脈的承繼。他並盛讚臺灣龍脈地形的優秀以及縣治、郡治之能得寶地。是以指出從木岡山南到大岡山，層巒聳翠，上出重霄，為臺灣縣治；從大岡山南到沙馬磯頭山，包裹絡繹，環抱鞏固為鳳山縣治；而鳳山、諸羅雖分縣界，而遠峰近岫，莫不明拱暗朝於郡治也。[9]

康熙 53 年（1714）纂修，康熙 56 年（1717）付梓，由周鍾瑄與陳夢林編纂之《諸羅縣志》[10]，以風水觀念來敘述諸羅縣境的山川形勢，

5　羅雋、何曉昕，《風水史》（台北：華成圖書出版股份有限公司，2004），頁 142；褚良才，《易經‧風水‧建築》（上海：學林出版社，2003），頁 54-55。

6　劉沛林，《風水—中國人的環境觀》（上海：三聯書店，1995），頁 85。

7　此所謂形勢四綱，艾定增有相當系統化的討論，見艾定增，《風水鉤沈—中國建築人類學發源》（臺北：田園城市文化事業有限公司，1998），頁 170-182。

8　高拱為清代早期的幾部志書之一，相關介紹見陳捷先，《清代臺灣方志研究》（臺北：臺灣學生書局，1996），頁 36-57。

9　清高拱乾，《臺灣府志》（南投市：臺灣省文獻委員會，1993），頁 8-9。

10　《諸羅縣志》被譽為「臺灣方志中之第一」，相關介紹見陳捷先，《清代臺灣方志研究》，

指出諸羅縣境的山川大勢，其云「邑治負山面海，內拱神州而西向；發
仞於北、叢於東，而附於邑治之肩背延袤於南。」[11]縣志並以大雞籠山
為臺灣郡邑之祖山，大遯山為郡邑諸山之少祖，大武巒山為邑治之主
山，玉山為邑主山之後障，東北方的大福興山與覆鼎金山為邑治之右
肩，東南方的阿里山與大龜佛山為邑治之左肩等等。[12]風水形家敘述風
水中山的走向，講求靠背、屏障等觀念，在此表露無遺。

　　康熙 58 年（1719）纂修的陳文達《鳳山縣志》[13]，於〈形勝〉項下
言：「邑治旗、鼓兩峯，實天生之挺翠；龜、蛇二岫，壯文廟之巨觀」，
[14]已用形勢的概念，說明縣治以及文廟間的關係。他更指出鳳山縣治所
座落的位置，倚仗之山乃從大岡山而來，近於邑治的半屏山為列嶂，龜
山是邑治左肩，蛇山為邑治右肩，邑治之對山則有形似飛鳳的鳳山，有
數座圓淨豐滿小峰的鳳彈及鳳山西南的鳳鼻等山，其中鳳彈俗呼為鳳
卵，為文廟的案山，七鯤身為在邑治西北的外輔，為全臺之拱衛。[15]

　　清代方志所談述的龍脈形勢內容等，與過去的風水理論有所關連。
有關龍脈在臺灣與中國的發源及形勢，歷來在風水地理論者間有個共
識，即中國境內諸山龍脈發源於崑崙山，分成北幹、中幹、南幹三支。
北幹沿黃河，通過北部地區（青島、甘肅、山西、河北及東北各省）終
於朝鮮半島。北京、天津等城市就處於北幹之上。中幹通過黃河與長江
之間的地區（四川、陝西、河南、湖北、安徽、山東）；西安、洛陽、
濟南等各城市處於中幹之上。南幹則沿長江通過南部地區（雲南、貴州、
廣西、湖南、江西、廣東、福建、浙江、江蘇），香港、廣州、福州、
南京、上海處於南幹之上。且龍脈也從福建省越海到臺灣北部。[16]而在

頁 64-79。

[11]　清周鍾瑄，《諸羅縣志》（南投市：臺灣省文獻委員會，1993），頁 6。

[12]　清周鍾瑄，《諸羅縣志》，頁 6-9。

[13]　《鳳山縣志》是清初早期的幾部臺灣志書之一，相關介紹參見陳捷先，《清代臺灣方志研
　　究》，頁 79-84。

[14]　清陳文達，《鳳山縣志》（南投市：臺灣省文獻委員會，1993），頁 4。

[15]　清陳文達，《鳳山縣志》，頁 5-6。

[16]　堀込憲二著，文炯譯，〈風水思想和中國的城市——以清代城市為論述中心〉，見天津大
　　學建築系編著，《景觀‧建築‧風水》（台北：地景出版社，1992），頁 177-178。

台灣的方志編纂中，蔣毓英的《臺灣府志》（1688 成稿）被視爲是臺灣方志中，有關臺灣龍脈發源與走勢中，將雞籠山視爲臺灣諸山龍脈始祖看法的鼻祖。[17]這些論述都顯示了有關風水之術，在清初已傳入臺灣，並影響及紳士階層，而從民間重視風水葬俗而論[18]，其實這一套風水理論也普及於民間。

參、彰化田尾聖德宮創建與發展

聖德宮所在地的田尾鄉睦宜村，是一個從清代初期就已經形成的村莊。乾隆 7 年（1742）劉良璧《重修福建台灣府志》東螺保管下編有：舊社莊、三條圳莊、打馬辰莊、侯心霸莊、大段莊、十張犁莊、興化莊、睦宜莊、埔心莊、眉裏莊、埤頭莊、斗六甲莊、蔴園寮莊等十三莊。[19]顯然睦宜莊的興起甚早，後來的發展乃轉爲田尾饒平厝莊的附屬村莊。饒平厝之地名起源於從廣東省潮州府饒平縣張姓墾戶入墾於此。睦宜村之地名由來不明，住民多陳、李、邱等姓氏。饒平、睦宜一帶皆屬二分水圳灌域，爲稻米、蔬菜之產地。[20]大致而言，聖德宮所在的睦宜村自清代開發以來，僅是一農業聚落，在日治時代以後，也沒有重要的交通建設，仍然是一個農業聚落。

聖德宮之緣起爲何？依日治時期的寺廟台帳所載，田尾庄唯一的媽

---

17 洪健榮，〈當「礦脈」遇上「龍脈」──清季北台雞籠煤務史上的風水論述（上）〉，《臺灣風物》，50：3（2000 年 9 月），頁 29。

18 有關風水葬俗可參見洪健榮，〈風水葬俗在清代臺灣社會的版圖擴張及區域特性〉，《臺北文獻直字》，157（2006 年 9 月），頁 95-149；洪健榮，〈當「風水」成為「禍水」──清代臺灣社會的風水糾紛（上）〉，《臺南文化》，61（2007 年 2 月），頁 27-54；洪健榮，〈當「風水」成為「禍水」──清代臺灣社會的風水糾紛（下）〉，《臺南文化》，62（2008 年 9 月），頁 1-46。邱正略，〈古文書當中的墳墓地〉，收入逢甲大學歷史與文物研究所等編輯，《第六屆臺灣古文書與歷史研究學術研討會論文集》（台中：逢甲大學出版社，2012），頁 279-352。

19 清劉良璧，《重修福建台灣府志》（南投市：台灣省文獻委員會，1993），〈卷五城池〉，頁 79。

20 洪敏麟編著，《臺灣舊地名之沿革（第二冊下）》（南投市：臺灣省文獻委員會，1997），頁 388-389。

祖廟[21]為聖明宮，址在田尾庄饒平厝 126 番地。創立於道光 23 年（1843）12 月，其維持區域含田尾庄饒平厝庄及田中庄外三塊厝。昭和三年（1928）由陳羅漢接管理人。其沿革記載因洪水之故，東螺舊宮遷至悅興街，道光 23 年的洪水使大媽遷至北斗街，二媽遷至饒平厝（田尾鄉現址）。原先陳大瑞等以草屋安奉之，後來由饒平厝庄及今日田中鎮的外三塊厝庄信徒捐貲修建瓦厝。[22]以上沿革與彰南地區的媽祖廟，如北斗奠安宮、二水安德宮、田中北斗交界的悅興街媽祖廟以及田中沙仔崙媽祖廟等，都有類似的傳說。如《北斗鎮志》的記載，指出嘉慶 11 年（1806）漳泉械鬥以後，東螺街的漳州人和泉州人已經無法共存，在遷街時，兩族分庄，漳州人一部分到偏東的沙仔崙建街（即田中鎮舊街），另一部分北遷目宜庄（即今田尾睦宜村），泉州人則到寶斗建北斗街。兩族群原共建的東螺街天后宮以抽籤方式分割前、中、後殿，結果前殿原有法物歸遷居沙仔崙的漳州人所有，日後重建田中乾德宮；中殿原有法物歸遷居睦宜庄漳州人，後來建睦宜村聖德宮。泉州人分得後殿，建北斗奠安宮。[23]然而漳、泉二分廟，甚或漳、泉、客三分廟的說法是史實或是彰南地區械鬥歷史所衍生的集體記憶，實有再討論的空間。[24]

　　聖德宮在清代時僅為一土角厝建築，昭和 4 年（1929）陳羅漢倡導重建，[25]昭和 7 年（1932）落成入火安座之後改名為聖德宮。[26]日治時期的聖德宮在寺廟整理運動[27]時，也有所變化，為了自保，昭和 16 年前後，

[21] 李獻璋述及清代東螺東保還有道光 30 年睦宜莊（獨鰲）的舜天宮是媽祖廟，但不知所據為何。見李獻璋著，鄭彭年譯，《媽祖信仰研究》（澳門：澳門海事博物館，1995），頁 208。

[22] 《寺廟台帳》，昭和年間。

[23] 張素玢，〈開發篇〉，見張哲郎總編纂，《北斗鎮志》（彰化北斗：北斗鎮公所，1997），頁 145-146。

[24] 有關彰南地區族群與媽祖廟的討論，參見王志宇，〈清代台灣彰南地區的媽祖信仰——以東螺街與悅興街的發展為中心〉，頁 143-163；氏著，〈彰南田中地區的媽祖信仰與地域社會——以乾德宮為中心〉，《逢甲人文社會學報》，22（2011 年 6 月），頁 139-159。

[25] 陳鴻禧正鸞、洪能傳校正，《勸世新編》（彰化田尾：鎮化堂，1964），頁 61。

[26] 〈寺廟概況登記表〉，1954 年；陳利雄口述，100 年 4 月 16 日訪問；詹炳勳先生口述，100 年 8 月 27 日訪問。

[27] 寺廟整理運動是小林躋造總督推動皇民化運動的一環，也可以說是消滅台灣宗教信仰的一種政策，許多家庭或廟宇的神佛像在此一運動下遭到焚燬，神明會、祖公會等團體也被強制解散。參見陳玲蓉，《日據時期神道統制下的台灣宗教政策》（台北：自立晚報文化出

聖德宮加入了臨濟宗成為佛教佈教所，由陳羅漢任住持，並迎請了一尊釋迦牟尼佛。[28]後來增建後殿迎入恩主公，此即目前聖德宮後殿鎮化堂內四聖恩主中間有一釋迦牟尼佛的緣故。

民國五十年代間，鎮化堂主李炎（李紫峰）與高賢通、劉強等倡起聖德宮增建後殿，民國 61 年（壬子年）後殿落成，鎮化堂四聖恩主由陳文課宅遷回聖德宮後殿。[29]原奉於主殿的釋迦牟尼佛也就移往鎮化堂安奉。

聖德宮現存有道光癸卯年即 23 年（1843），由「永豐街眾弟子」所獻置的神桌一張，此桌原為聖德宮主神龕供奉神祇所用的神桌，聖德宮改建後才移為放置金紙之用。（見附圖一、附圖二）此年應可能為聖德宮新建成立之年。惟永豐街究竟為過去饒平厝庄眾的自稱，或另有所指，實在不解，僅能期待有新史料的出現來證明。[30]此外，至今聖德宮主殿內尚存有一壬申年夏月的「海國安瀾」匾額，為「闔境善信一同立」，此壬申年應指同治 11 年（1872）。

版部，1992），頁 229-267。
[28] 陳利雄先生口述，100 年 4 月 6 日訪問。另見陳鴻禧正鸞、洪能傳校正，《勸世新編》，頁 61。
[29] 詹炳勳先生口述，100 年 8 月 27 日訪問。
[30] 當地耆老認為永豐街為田中舊街的稱呼，該案桌為當地信徒在本廟創建時所捐獻。陳利雄先生口述，100 年 4 月 6 日訪問；亦有如詹炳勳認為永豐街在悅興街，詹炳勳先生口述，100 年 8 月 27 日訪問；惟在田中舊街詢問當地耆老，並未聞有永豐街一詞。日後待查。

圖一：田尾聖德宮內刻有道光癸卯年的神桌

圖二：神桌邊腳刻有永豐街眾弟子敬立

水災是濁水溪北岸平原各鄉鎮常見的災害，二水、北斗、田尾田中、

二林、福興、芳苑等地都是受災區，並發展出相關的神祇救災等靈驗事蹟及「普圳頭」、「拜溪王」、「拜溪墘」等水崇拜。[31]清代以來聖德宮媽祖對於田尾的影響，或許可從其傳說窺見一二。地方傳言日治初期的戊戌大水災，聖德宮媽祖顯靈騎白馬走過饒平村，所過之處土地不再流失。[32]從此一傳說，也可以看到聖德宮此一媽祖信仰宮廟在田尾一地住民心目中的重要性。

肆、田尾鎮化堂的成立與發展

　　日治初期台灣在日人的政治、經濟等殖民措施下，政治及社會並不穩定，尤其是日人鴉片政策所採取的漸禁主義，激起台灣知識菁英的不滿，也在此一背景下，展開一波降筆會運動，鸞堂透過有效戒除鴉片煙癮的矯治活動，大量的傳布。[33]鎮化堂可說是在日治時期鸞堂大興的背景下所成立的廟堂，據戰後鎮化堂的鸞書《勸世新編》所載，鎮化堂源自埔心的奉天宮三化堂，因為鎮化堂的創堂堂主陳羅漢為三化堂的鸞生，後來於家中供奉恩主，再倡建鎮化堂。[34]陳羅漢為光緒 4 年（1878）生，[35]其生父為田尾庄曾厝崙之鄭俊明，母林氏。乳名長福，因家貧，九歲時賣身陳家，以接陳家宗枝，養父名陳漏，養母呂氏，旋改名陳羅漢。曾任壯丁團團長、保正、庄協議員等。大正 11 年（1922）進入三化堂為鸞生，大正 14 年（1925）[36]成立鎮化堂。後又倡起重建聖德宮。昭和 7 年（1932）「著造」[37]《救時金丹》。[38]《救時金丹》的著造由鎮化

31　張素玢，〈洪患、聚落變遷與傳說信仰──以戊戌水災為中心〉，收錄於陳慶芳總編輯，《彰化研究學術研討會：濁水溪流域自然與人文研究論文集》（彰化市：彰化縣文化局，2005 年 12 月），頁 16-24。

32　張素玢，〈洪患、聚落變遷與傳說信仰──以戊戌水災為中心〉，收錄於陳慶芳總編輯，《彰化研究學術研討會：濁水溪流域自然與人文研究論文集》，頁 22。

33　有關日治初期的降筆會運動，參見王世慶，〈日據初期臺灣之降筆會與戒煙運動〉，《台灣文獻》，37：4（1986 年 12 月），頁 111-151。

34　陳鴻禧正鸞、洪能傳校正，《勸世新編》，頁 60-61。

35　參見《台灣實業名鑑》，頁 174。引自「台灣人物誌資料庫」，漢珍發行。

36　亦有認為是昭和元年，陳鴻禧先生口述，民國 84 年 2 月 19 日訪問。

37　「著造」為鸞堂以扶乩方式編纂鸞書的用語。

堂的三位正鸞葉石添（睦宜村人）、陳聰輝（田中鎮三民里人）、陳江林（田中鎮三光里人）等三人負責，此三人皆由三化堂習得鸞法，著作此書時輪流日夜扶鸞而成。[39]後來鎮化堂的扶鸞活動，至中日戰爭爆發後，卻因時局所迫，而封盤停筆。[40]不過日治時期的鎮化堂在陳羅漢的主持與運作下，顯然有不錯的成績，不僅飛鸞勸化，陳羅漢更提倡漢學，聘請陳見火先生為書房教師，推動當地漢學傳授。在陳羅漢主持下，著造出《救時金丹》一部頒行勸世，卓有成績。[41]

　　日治時期的鎮化堂受到當時鸞堂大興的影響，與其他鸞堂顯然有密切的交流。據永靖諛懿宮《回心寶鑑》所載，諛懿宮原是已故堂主黃目枝於大正 14 年（1925）所開設的鸞堂東興堂，當時已受到新竹鸞堂的影響，由彭元奎前來指導。昭和 2 年（1927）因曾清秀捐獻廟地，建廟落成後，易名諛懿宮，諛懿宮諸生倡導廣善堂（永靖）之重興，醒化、興善、三化、聖德、慎化等堂之創設，皆與這些鸞生有關。[42]前述鎮化堂堂主陳羅漢，先參與三化堂的活動，再創設鎮化堂。而三化堂的扶鸞活動，也受到新竹代勸堂楊福來的影響。後來創立儒宗神教的楊明機也到田中、二水一帶發展，其活動也涵蓋永靖、埔心一帶。

　　楊明機是推廣儒宗神教的推手，光緒 25 年（1899）生於今臺灣省新北市三芝區，卒於民國 74 年，享年 87 歲。原名桂枝，字顯達，號守真，後改名明機，祖籍福建省漳州府龍溪縣。昭和 11 年（1936），楊明機編纂《儒門科範》，為儒宗神教之發展，打下教義及儀軌的基礎。楊明機為推廣儒宗神教四處活動，其足跡大致從基隆到嘉義，他透過親友等血緣及結拜兄弟等擬血緣方式，推廣儒宗神教。[43]他在彰化永靖、北斗一帶活動的時候，也與日治初期傳布鸞堂的楊福來有所接觸。楊福來

38　陳鴻禧正鸞、洪能傳校正，《勸世新編》，頁 58-61。
39　詹炳勳先生口述，100 年 8 月 27 日訪問。
40　陳鴻禧正鸞、洪能傳校正，《勸世新編》，頁 58。
41　陳鴻禧正鸞、洪能傳校正，《勸世新編》，頁 61。
42　黃秋榮編輯，《回心寶鑑》（彰化永靖：諛懿宮，1936），頁 13。
43　參見王志宇，《臺灣的恩主公信仰──儒宗神教與飛鸞勸化》（台北：文津出版社，1997），頁 51-56。

爲廣東省潮州府城人，生於同治 13 年（1874），卒於民國 37 年（1948），享年 75 歲。他爲書房教師，從 26 歲時開始擔任正鸞扶鸞，曾任代勸堂正鸞，著有六部鸞書，並往中南部各堂協著鸞書，在推廣鸞堂上，頗有貢獻。他與楊明機兩人，前者大致往客家區推廣道務，後者則以閩南村落爲發展範疇，由於兩人對鸞堂貢獻卓著，被稱作「鸞門雙雄」。[44]

大致而言，謢懿宮、三化堂、鎮化堂等，皆是日治時期設立的鸞堂，不過各堂成立的確實時間，可能受到創堂之初的運作階段是否計入的影響，各資料之間的時間頗有出入，有時有一、二年之差距。可以判定的是日治時期的鎮化堂，已受到幾個鸞堂傳布運動推動者的影響，如新竹代勸堂的楊福來[45]、獅山勸化堂的彭元奎[46]，三芝智成堂出身的楊明機等的影響。這些人在日治時期奔波各地，指導及聯絡各鸞堂，也讓此一時期的鎮化堂，透過這一層人際網絡的聯繫，與彰化縣內的鸞堂，甚至雲林斗南石龜溪的感化堂都有聯繫。[47]這層人際網絡，使得鎮化堂在日治時期得以穩健地發展，還影響到戰後鎮化堂在田尾一地所扮演的角色。

伍、寺廟與風水—以鎮化堂與聖德宮的分合為例

民間信仰祠廟之祀神本多元化，如鳳山市雙慈亭古廟，原供奉觀音

---

44 有關楊福來的扶鸞活動及與楊明機的比較，參見鄭寶珍，〈日治時期客家地區鸞堂發展：以新竹九芎林飛鳳山代勸堂為例〉（中央大學客家社會文化研究所，2008），頁 110-143。

45 楊福來接觸過彰化地區的修信堂、醒靈宮、誘善堂、醒化堂、協天宮、錫壽堂、興善堂、三化堂、警化堂、聖德宮、覺化堂等，見鄭寶珍，〈日治時期客家地區鸞堂發展：以新竹九芎林飛鳳山代勸堂為例〉，頁 131-133。

46 彭元奎於日治時期和楊福來等四處為鸞堂奔走，彭元奎為新竹獅山勸化堂的鸞生，日治中期參與永靖一帶鸞堂的活動。見王志宇，《臺灣的恩主公信仰——儒宗神教與飛鸞勸化》，頁 48-49。

47 除了上述楊明機、楊福來的活動，我們也可以從鸞書的刊印看到這些鸞堂及鸞生交流的狀況。昭和 11 年（1936）謢懿宮刊印《回心寶鑑》時，書末附上的印送芳名，不只有以堂為單位的捐送，如闡揚堂（二林）、崇修堂（大城），另外如陳羅漢、詹慶雲、張良清，斗南石龜溪的葉清河等，相關鸞堂及鸞生皆有所助印。見《回心寶鑑》，卷二，頁 50-57。

佛祖，後來又在乾隆年間增建前殿，兼祀天上聖母。[48]苑裡慈和宮原僅
供奉媽祖為主神，後來又增建後殿，並參考許多宮廟的神祇安置狀況
後，才決定供奉玉皇大帝。[49]由於民間信仰的雜揉性，一座宮廟之中，
供奉諸多同祀神，在各地的廟宇之中，相當具有普遍性。不過如果是村
莊公廟，這種原具備村莊公法人角色的宮廟，能否允許具有教團性、秘
密性的民間教派進駐，卻是值得進一步探索。

　　從《勸世新編》所記，鎮化堂原來創設的地址，並不在今聖德宮內，
書云：「憶念當時兮，鎮壇飛鸞。欲振無方不幸中斷兮，無奈分雁離……
復鸞緣起兮，喜繼杏壇，合鎮年久逐議遷趾（址）別建。陳家虔獻吉地
兮，可慰可安……」[50]顯然鎮化堂不在聖德宮內，其進入聖德宮與日治
末期陳羅漢的去世以及陳家本身的變化有關。

　　日治時期的鎮化堂雖然在中日戰爭後停鸞，不過陳羅漢宅依舊供奉
恩主，不料民國 34 年農曆 7 月間，陳羅漢去世，同年之中，其妻及另
一家屬亦去世，陳鴻禧也南下擔任警察一職。此年間的變故，使四聖恩
主於陳宅之中無人供奉，後來四聖恩主被員林方面鸞堂迎請暫奉。民國
36 年間，鄉民代表陳文廷、廟祝許復興等發起復鸞，之前的正鸞陳聰
輝也回堂供職；鄰近福田村慎化堂[51]正鸞李欲恭也前來扶鸞助陣。二二
八事件發生後，陳鴻禧頗受此事件所震懾，故將警察一職辭退，回至家
鄉。因其在日治時期的鎮化堂已受乩訓，故亦回堂擔任正鸞。此時的扶
鸞借聖德宮左廂房進行，並挑選了陳德勝、魏春盛、周福星等人接受煅
乩。[52]戰後鎮化堂似乎有中興的跡象，不過好景不長，隨著臺灣地方自

---

[48]　〈重修雙慈亭碑記〉，見何培夫主編，《臺灣地區現存碑碣圖誌-高雄市、高雄縣篇》（臺
　　北：國立中央圖書館臺灣分館，1995），頁 44。

[49]　一般寺廟之中，除了主神還會有許多同祀神，各殿也會供奉各殿的主要神祇，苑裡慈和宮
　　增建後殿為高於主殿的三層樓建築，故何神進駐此殿，便需審慎斟酌，慈和宮也派出觀摩
　　團拜訪諸多公廟，最後才決定供奉玉皇大帝。參見王志宇，〈台灣民間信仰的祀神觀─以
　　苑裡慈和宮的格局與神明配置為例〉，《苗栗文獻》，30（2004 年 12 月），頁 7-16。

[50]　陳鴻禧正鸞、洪能傳校正，《勸世新編》，頁 10。

[51]　慎化堂創設於昭和 5 年（1930），母堂為醒化宮，子堂為警化堂及感化堂，堂址位於田尾
　　鄉福田村。見康妙報主編，《塵海梯航》（彰化埔心：三興堂，1980），頁 34-35。

[52]　詹炳勳先生口述，100 年 8 月 27 日訪問。

治的進行，堂內的幹部也受到不同地方派系的影響。魏春盛爲睦宜村第
一屆至第六屆的村長，時間在民國 35 年至 49 年間，[53]由於陳文廷與魏
春盛所親近的鄉鎮派系不同，意見常相左右，最後導致鎮化堂於民國
46 年左右移出聖德宮。由於陳文廷與陳文課爲堂兄弟，在取得陳文課
的首肯下，撥出部分土地供鎮化堂之用，乃將鎮化堂移至聖德巷的陳文
課宅處。此亦即前引「陳家虔獻吉地兮」之含意。[54]隨著鎮化堂離開聖
德宮，睦宜村內也隱約出現了宮、堂派之分。

　　顯然鎮化堂在進入聖德宮之後，其發展遇到瓶頸與阻礙，然而後來
爲何又能在媽祖廟設置後殿供奉，與地理師李炎有極大關係。李炎，字
紫峰，爲李川次子，世居田尾鄉小紅毛社。李紫峰對地理、日課情有獨
鍾，往台北求師學藝。其後再赴中國大陸，拜洪朝和（即洪潮和）[55]裔
孫洪鑾聲爲師，深得妙理，是以遠近聞名。[56]台灣流通的通書中，並有
刻意強調洪鑾聲、李紫峰門派者[57]，顯見李紫峰在風水曆算方面的名氣。

　　戰後李紫峰顯然加入了鎮化堂的陣容，他對於鎮化堂後來移出媽祖
廟聖德宮頗有意見。李紫峰認爲媽祖廟地（聖德宮）爲仙人佈網穴[58]，
佈網需要男神協助，以媽祖獨座，力有未逮，需要關恩主加入，才能發
揮。另一方面，睦宜村在鎮化堂移出聖德宮後，一般村眾也覺得不安，
而實際表現出來的狀況，則是實質的經濟問題的呈現。在此時期，莊民
認爲村庄中土地因村庄衰敗，土地漸次轉移到外莊人手中，村莊經濟日

53　參見 http://community.bocach.gov.tw/ch/03_things/02_info.asp？community_id=564(彰化縣社
　　區總體營造網)；臺灣省政府民政廳編印，《臺灣選政（一）》（南投市：編者，1960，
　　1970 再版），頁 306-315。

54　詹炳勳先生口述，100 年 8 月 27 日訪問。

55　泉州繼成堂洪潮和通書是閩台浙贛等東南地區流傳最廣、影響最大的通書，尤其受其傳承
　　而來的台灣地區的通書及其門人，對台灣風水影響相當大。參見黃一農，〈通書——中國
　　傳統天文與社會的交融〉，《漢學研究》，14：2（1996 年 12 月），頁 159-186；陳進國，
　　〈民間通書的流行與風水術的民俗化〉，《台灣宗教研究通訊》，4（2002 年 10 月），頁
　　200-206。

56　陳鴻禧正鸞、洪能傳校正，《勸世新編》，頁 72-73。

57　黃一農，〈通書——中國傳統天文與社會的交融〉，頁 180。

58　亦有言爲船舵地，媽祖無力獨撐，需與恩主合力共理，才能興旺村莊。陳利雄口述，100
　　年 4 月 16 日訪問。

走下坡，莊民也面臨實質的壓力。[59]田尾鄉經濟的發展，將其放在戰後台灣經濟發展的角度而言，村民所觀察到的現象，應是台灣經濟發展的結果。民國四十年代到六十年代初期，正是台灣推動工業化，經濟邁入高成長的階段，即劉進慶所指稱的摸索成長期（1953-63），以及高度成長期（1964-73），尤其在高度成長期，超過百萬的農村過剩人口，也在1968 年前後，大致為都市工業所吸收，可謂已達「充分就業」的狀態。[60]此如同廖正宏所指稱，民國 53、54 年以後，非農業部門的就業機會增多，農村勞力外流，至 59 年達到最高峰，其後隨景氣變遷，勞力外流隨著波動。[61]也就是說台灣經濟的發展將農村人口吸引到城市，而且農業家庭的收入，基本上是逐年降低的。[62]此種發展與田尾鄉此一農業鄉鎮所面臨的人口外流與財富收入減少的現象是一致的。這個農村經濟的衰落現象，看在地方菁英眼中，是和村中公廟的風水有所關連。王志宇指出台灣的寺廟與村莊關係密切，不僅村莊公廟有其處理公共事務的性質，村莊公廟的風水更影響村莊的發展及人才之有無，是以村莊公廟的發展受到村民相當的重視。[63]在李紫峰的主張下，與高賢通、劉強等人發起增建後殿，重新迎回四聖恩主，重建鎮化堂。民國 61 年後殿完工落成，四聖恩主也入火安座。[64]

---

[59]　詹炳勳、高坤口述、李柱口述，99 年 3 月 9 日訪問。詹炳勳先生口述，100 年 8 月 27 日訪問。

[60]　劉進慶著，陳豔紅譯，《中日會診台灣—轉型期的經濟》（台北：故鄉出版有限公司，1988），頁 48。

[61]　詳見廖正宏，〈台灣農業人力資源之變遷〉，收入瞿海源、張英華主編，《台灣社會與文化變遷》（台北：中央研究院民族學研究所，1986），頁 179-208。

[62]　蕭新煌指出戰後的台灣農業受到農業政策影響，農民階層受到擠壓，在 1953-1968 之間，農家收入與非農家收入的比率從 1953 的 75%，降至 1968 的 58%見廖正宏、黃俊傑、蕭新煌著，《光復後台灣農業政策的演變》（台北：中央研究院民族學研究所，1986），頁 64；段承璞等亦言臺灣在 1966 年後因國際分工造成臺灣農工產業發展不均，臺灣當局對農業長期實行低糧價和高賦稅，並擴大農工產品差價對農業實行不平等交換。臺灣發展勞動密集型工業，農業勞力大量向城市轉移，造成農業勞動力短缺。所有這些，都抑制臺灣農業的發展。見段承璞編著，《臺灣戰後經濟》（臺北：人間出版社，1994 一版二刷），頁 128。

[63]　由於村莊與村莊公廟的緊密性，透過人的運作，三者之間構成天、地、人的關係，村莊社會也形成一社會文化空間，在此一場域，各類上下層文化得以交流。參見王志宇，《寺廟與村落——台灣漢人社會的歷史文化觀察》，頁 132-189，268-278。

[64]　詹炳勳、高坤口述、李柱口述，99 年 3 月 9 日訪問。詹炳勳先生口述，100 年 8 月 27 日訪

　　從上面的論述，可以發現戰後鎮化堂的復鸞顯然與李紫峰有密切的
關係，李氏是鎮化堂復鸞之時，捐獻最多款額，又擔任復鸞後首任堂主。
[65]除了李氏之外，陳羅漢在《勸世新編》裡，以第三殿檢察司的神祇身
份回堂降詩給鎮化堂諸生，詩中所提李紫峰、張連宗、張連通、詹省、
陳鴻禧等諸生，[66]正是鎮化堂復鸞後的核心幹部。李紫峰是堂主，張連
宗是副堂主，而陳鴻禧則是正鸞。從〈鎮化堂重建入火安座碑記〉所載
幾位主要捐款人中，都可以看到支持鎮化堂的人際網絡，有原日治時期
鎮化堂的人脈，如捐款最多的葉石添，明治 28 年出生於田尾庄曾厝崙；
曾任田尾庄協議會員、田尾信用組合理事。[67]捐款第二多的福田村陳紹
輝，以及重建委員裡所列的順天宮（即福田慎化堂）、奉天宮（即三化
堂）、感化堂（斗南石龜溪）等，都是日治時期即已建立的人際網絡。
日治時期的陳羅漢顯然是田尾地區非常活躍的地方菁英，他曾任田尾庄
協議會議員，也是昭和 8 年（1933）成立的田尾庄饒平厝部落振興會的
會長，由於陳羅漢的努力，田尾庄饒平厝部落振興會也成為台中州的指
定部落。[68]如同施添福研究民雄地區的地域社會時，從空間結構上指出
在此一地域內，透過庄役場、庄協議會、信用組合、方面委員、共榮會
等，發展出地域社會的「街庄民空間」，另外透過警察系統發展出壯丁
團和保甲，進行保防、警戒、修橋、鋪路、救災等活動，是為「警察官
空間」，此外經由保甲、青年團、國語講習所、農事實行組合、部落自
治振興會、區和部落會等推動各種社會教化活動，成為「部落民空間」。
[69]上述的種種組織都是地域社會整合的機制。而陳羅漢擔任此一機制內
的多項職務，可以充分看出他在田尾庄的影響力，這一影響力在他於日

　　　問。

65　陳鴻禧正鸞、洪能傳校正，《勸世新編》，頁 74。

66　陳鴻禧正鸞、洪能傳校正，《勸世新編》，頁 52-53。

67　洪寶昆編，《北斗郡大觀（昭和 12 年版）》（台北市：成文出版社有限公司，1985），頁
　　161-162。

68　〈北斗郡田尾庄饒平厝部落振興會概況〉，見《向陽》，第 353 號，1940 年 2 月 7 日，頁
　　4。

69　各類團體的成立，參見施添福，〈日治時代臺灣地域社會的空間結構及其發展機制—以民
　　雄地方為例〉，《臺灣史研究》，8：1（2001 年 10 月），頁 1-39。

治末期去世後仍然持續發揮，並將其人脈網絡繼續由鎮化堂承接。

　　戰後的鸞堂發展，仍保有相當的活力，且彼此之間延續日治時期的交誼，這是戰後鎮化堂復鸞，並能吸引本村村眾與取得其他鸞堂支持的一個因素。民國 72 年間，奉天宮三化堂正扶鸞準備出版《奉宣導化》一書，邀來友堂正鸞扶鸞共襄盛舉，鎮化堂的正鸞陳鴻禧也參與其事，由鎮化堂主席降鸞賜詩，其第三首詩云：「原緣陳生老首由，不退效勞渡眾修。聖感分堂聖德宇，歷經五十母子儔。」此詩之後有文說明陳羅漢原參與三化堂，其後於聖德宮創立鎮化堂的緣由。[70]案三化堂乃曾智結先刻恩主聖像於家堂，後來創設三化堂，飛鸞闡教，代天宣化。曾智結任堂主，曾杉任副堂主，並由曾朝宗（道號廣化）、周有連（道號妙化）擔任正鸞。[71]鎮化堂的復鸞，除了上述永靖、田尾鸞堂的交流外，當然也與陳文廷、許復興、李炎、陳鴻禧等人的倡導，希望鸞堂發揮其教化力量有關。從戰後初期睦宜村人所建立的鎮化堂能進入聖德宮，可以看出台灣民間信仰的多元性，村莊公廟對於民間教派並不排斥，不過戰後鎮化堂的後續發展，卻因為地方菁英間的人際網絡圈的不同，雙方意見無法妥協，而有了問題，導致退出聖德宮。

　　過去陳世榮的研究討論地方菁英，認為業主、莊主、地主或漢佃戶，或是獲得官方給予「墾批」開墾原住民地業的漢墾戶，也包括傳統漢人社會中的耆老、族長、民隘首、義首、約長、業戶管事（租館職員）、鋪戶（不具功名的殷實商人）、小租戶、屯佃首等，以及各個業主、墾戶合組的大型合資墾號等，還包括地方公廟的爐主、各類祭典醮儀的總理、董事、緣首和神明會的首事等。此外，還有鄉治代理人，如官設對保差役、屯目和經官方驗充的墾首、領有官方牌戳的墾戶與業戶、總理、副總理、地保、董事、保正、管事、職員、甲長、牌長、街庄正（長）、屯丁首、官隘首、團練紳董、土目、番業主、通事、副通事等，以及地

---

[70]　曾舜成、曾有本編輯，《奉宣導化》（彰化埔心：奉天宮三化堂，1984），頁 231-233。

[71]　原文指出民國 16 年曾智結於家中奉恩主次年設三化堂，不過時間上比對其他資料，應有誤差。見〈奉天宮三化堂沿革誌〉，收入曾舜成、曾有本編輯，《奉宣導化》，頁 1。

方士紳（或紳士）都可視爲地方菁英。[72]在戰後的台灣社會，地方菁英的影響力或許與其所維繫的政治人脈有較爲密切的關係。台灣地方自治的發展，產生了若干的地方派系，在鄉鎮一級，派系雖不嚴重，但仍有一些影響。若林正丈曾指出：「戰後台灣，因『光復』後各種民意代表選舉而形成了以日本統治時代舊社會精英爲中心的『派系』。舊社會精英在各地方擁有傳統的社會威信（如地主對佃農的權威），五○年代初期選舉侍從主義還不是很清楚。他們並不是沒有照顧當地人民，但是，這並不是爲了要交換選票而做的。因此，這個時期的選舉還不腐敗，可以說還是乾淨的。但是，舊社會精英在農地改革、白色恐怖等一連串打擊中走向衰退。地方選舉快速地變成選舉侍從主義的世界。」[73]台灣的地方派系表現在縣市長、省議員的選舉中，但是在鄉鎮級選舉中，地方菁英也會有意見相左的情況，不過通常情況較爲緩和。

　　田尾鄉從日治時期開始，庄協議會議員等舊地方菁英已有相當活躍的活動，戰後部分舊菁英也進入了地方政壇，在地方自治發展的過程中，逐漸形成農會派與公所派，地方上稱之爲七仔派與如動仔派。[74]公所派以陳七爲代表，陳氏自日治時期起，即爲田尾庄中堅人物，明治41 年生於田尾庄溪子頂。曾任田尾庄信用組合理事，第十四保保正等。[75]戰後陳七也連任過多屆鄉民代表會主席及田尾鄉長一職，[76]在地方上有其重要的影響力。而農會派的發展，當然與田尾鄉農會有關。田尾鄉農會在戰後初期即曾以農會內私人關係網絡深厚，受到報紙的注意，以「家族農會」爲標題，刊登彰化縣議會議員質詢時直指縣府官員透過鄉鎮農會理事長的選舉以及聘任總幹事等厚植個人勢力，爲日後的選舉鋪路。

---

[72]　見陳世榮，〈近代大嵙崁的菁英家族與地方公廟：以李家與福人宮爲中心〉，《民俗曲藝》，138（2000 年 12 月），頁 245-256。

[73]　若林正丈著，洪金珠、許佩賢譯，《台灣—分裂國家與民主化》（台北：月旦出版社股份有限公司，1994，1996 一版三刷），頁 134。

[74]　詹炳勳先生口述，民國 100 年 8 月 27 日訪問。

[75]　洪寶昆編，《北斗郡大觀（昭和 12 年版）》，頁 141-142。

[76]　參見臺灣省政府民政廳編印，《臺灣選政（一）》，頁 164，179，196，212，228，288；台灣省政府民政廳編印，《臺灣選政（二）》（南投市：編者，1960），頁 163。

並以田尾鄉農會為例，指出農會 23 個職員，有 13 個職員是嫡親關係，且與彭姓鄉長及前後任理事長等有關，故村民謂為「家族農會」。[77]此一彭姓鄉長，應是指日治時期曾擔任過庄協議會議員的彭如勳。彭如勳，明治 42 年（1909）出生於田尾庄溪子頂十三張犁。曾任田尾庄方面委員、八保圳水利組合評議員、田尾庄協議會員等，[78]戰後出任第一屆至第三屆（民國 40 年至 49 年初）的民選鄉長，[79]地方政治經歷豐富。

　　公所派與農會派在派系色彩不濃厚的田尾鄉，本應只是鄉民間茶餘飯後的閒聊題材，對整體政治影響不大，不過卻對田尾的宗教發展造成一些影響。田尾鄉的地方菁英在地方自治發展過程中，彼此間的派系角色及相互間的扞格，卻因此而影響了村廟的運作。當鎮化堂與村公廟合併運作時，在寺廟活動的地方菁英，因各有親近的派系而分裂，最後導致鎮化堂的移出。不過從風水角度而言，由於村公廟代表著村莊的整體運勢，鎮化堂的鸞生勢力也不小，尤其堂主李炎更在風水術上有其影響力，故當他提出村公廟所佔有的「仙人佈網」穴與村莊興衰的風水關連時，兩派間的紛爭，便不得不在村莊整體利益下低頭，使得鎮化堂最後能回到聖德宮中。

陸、結語

　　漢人入台以後，也將明清時期在大陸廣泛流傳的風水觀念傳入。村莊公廟與地方風水的良否，象徵該地能否富足、能否出人才，已是普遍流傳的觀念。如新竹地區對於開台進士鄭用錫種種的傳說軼聞，其中強調鄭氏的科考中試與淡水廳文廟風水的關係。[80]從田尾鄉聖德宮與鎮化堂的發展個案而言，清代已設廟的聖德宮已是睦宜村的公廟，然而日治

---

[77]　《聯合報》，1953 年 12 月 22 日，頁 4。

[78]　洪寶昆編，《北斗郡大觀（昭和 12 年版）》，頁 156。

[79]　參見臺灣省政府民政廳編印，《臺灣選政（一）》，頁 244、258、272。

[80]　洪健榮，〈清代臺灣士紳與風水文化的互動：以「開台進士」鄭用錫為例〉，《臺灣史研究》，19：4（2012 年 12 月），頁 53-57。

時期興起的鸞堂鎮化堂，在尋求活動空間的壓力下，謀求與聖德宮合併設堂。本來民間信仰裡，多神並祀的方式相當常見，鸞堂與村廟合廟運作的例子也不少，但受到地方自治發展而形成的派系，卻影響了宗教信仰的發展。在聖德宮與鎮化堂合併的案例中，地方菁英面對與村莊發展密切相關的村莊公廟，其態度明顯受到傳統風水觀念的左右。田尾鄉的地方菁英雖因受到派系人脈的影響，而對公廟與民間教派鸞堂間的結合意見相左，然而面對村莊經濟日漸衰落的威脅，在知名風水師李紫峰的表態下，終能捨棄成見互相妥協，讓鸞堂與媽祖廟結合，以成就該廟的地理風水特性。事實上，這樣的妥協更彰顯了風水觀念在台灣發展的普遍化，地方菁英深受影響，風水觀成為地方菁英的共同意識。如同洪健榮所言，日治時代有關竹塹地區風水的論述與當地鄭用錫、郭成金等文人的關連，顯示民間的傳說是「地方社會集體意識的一種投射，也是一種反映群眾意念的『歷史事實』。」[81]以田尾鄉聖德宮與鎮化堂的分合關係發展，地方菁英在彼此折衝的過程中，無疑地風水觀念成為最終廟堂能否合一的關鍵，而此一過程也清楚地呈現隱藏在地方菁英背後的風水觀念，做為地方社會的共同意識，其影響是如此的強大。

---

[81]　洪健榮，〈清代臺灣士紳與風水文化的互動：以「開台進士」鄭用錫為例〉，頁58。

參考書目

壹、中文

一、宗教史料

田尾鄉聖德宮,〈寺廟概況登記表〉,1954 年。

康妙報主編,《塵海梯航》(彰化埔心:三興堂,1980)。

陳鴻禧正鸞、洪能傳校正,《勸世新編》(彰化田尾:鎮化堂,1964 年)。

曾舜成、曾有本編輯,《奉宣導化》(彰化埔心:奉天宮三化堂,1984 年)。

黃秋榮編輯,《回心寶鑑》(彰化永靖:諏懿宮,1936 年)。

二、專書

《台灣實業名鑑》,見「台灣人物誌資料庫」,漢珍發行。

天津大學建築系編著,《景觀‧建築‧風水》(台北:地景出版社,1992 年)。

王志宇,《台灣的恩主公信仰》(台北:文津,1997 年)。

王志宇,《寺廟與村落──臺灣漢人社會的歷史文化觀察》(台北:文津出版社,2008 年)。

王爾敏,《明清時代庶民文化生活》(臺北:中央研究院近代史研究所,2000 年)。

台灣省政府民政廳編印,《臺灣選政(二)》(南投市:編者,1960 年)。

何培夫主編,《臺灣地區現存碑碣圖誌──高雄市、高雄縣篇》(臺北:國立中央圖書館臺灣分館,1995 年)。

李獻璋著,鄭彭年譯,《媽祖信仰研究》(澳門:澳門海事博物館,1995 年)。

林美容,《鄉土史與村庄史─人類學者看地方》(台北:台原出版社,2000 年)。

艾定增,《風水鉤沈─中國建築人類學發源》(臺北:田園城市文化事業

有限公司，1998 年）。

段承璞編著，《臺灣戰後經濟》（臺北：人間出版社，1994 一版二刷）。

若林正丈著，洪金珠、許佩賢譯，《台灣—分裂國家與民主化》（台北：
　　月旦出版社股份有限公司，1994，1996 年一版三刷）。

洪敏麟編著，《臺灣舊地名之沿革（第二冊下）》（南投市：臺灣省文獻
　　委員會，1997 年）。

洪寶昆編，《北斗郡大觀（昭和 12 年版）》（台北市：成文出版社有限公
　　司，1985 年）。

張哲郎總編纂，《北斗鎮志》（彰化北斗：北斗鎮公所，1997 年）。

清周鍾瑄，《諸羅縣志》（南投市：臺灣省文獻委員會，1993 年）。

清高拱乾，《臺灣府志》（南投市：臺灣省文獻委員會，1993 年）。

清陳文達，《鳳山縣志》（南投市：臺灣省文獻委員會，1993 年）。

清劉良璧，《重修福建台灣府志》（南投市：台灣省文獻委員會，1993
　　年）。

陳玲蓉，《日據時期神道統治下的臺灣宗教政策》（臺北：自立晚報社，
　　1992 年）。

陳捷先，《清代臺灣方志研究》（臺北：臺灣學生書局，1996 年）。

臺灣省政府民政廳編印，《臺灣選政（一）》（南投市：編者，1960，1970
　　年再版）。

劉沛林，《風水—中國人的環境觀》（上海：三聯書店，1995 年）。

劉敏盛，《澎湖的風水》（馬公：澎湖縣立文化中心，1998 年）。

劉進慶著，陳豔紅譯，《中日會診台灣—轉型期的經濟》（台北：故鄉出
　　版有限公司，1988 年）。

廖正宏、黃俊傑、蕭新煌著，《光復後台灣農業政策的演變》（台北：中
　　央研究院民族學研究所，1986 年）。

褚良才，《易經‧風水‧建築》（上海：學林出版社，2003 年）。

蔡錦堂，《日本帝國主義下台灣の宗教政策》（東京：同成社，1994 年）。

鄭志明，《台灣民間宗教論集》（台北：台灣學生書局，1984 年）。

瞿海源、張英華主編，《台灣社會與文化變遷》（台北：中央研究院民族
　　學研究所，1986 年）。

羅雋、何曉昕，《風水史》（台北：華成圖書出版股份有限公司，2004
　　年）。

戴炎輝，《清代台灣之鄉治》（台北：聯經出版事業有限公司，1984 年
　　初版二刷）。

　　三、論文

王世慶，〈日據初期臺灣之降筆會與戒煙運動〉，《台灣文獻》，37：
　　4（1986 年 12 月），頁 111-152。

王世慶，〈皇民化運動前的台灣社會生活改善運動—以海山地區為例
　　（1914-1937）〉，《思與言》，29：4（1991 年 12 月），頁 7-64。

王志宇，〈民間教派興衰史〉，收入漢寶德、呂芳上等著，《中華民國史——
　　教育與文化（上）》（台北：聯經出版事業股份有限公司，2011），
　　頁 125-157。

王志宇，〈彰南田中地區的媽祖信仰與地域社會——以乾德宮為中心〉，
　　《逢甲人文社會學報》，第 22 期（2011 年 6 月），頁 139-159。

王志宇，〈清代臺灣彰南地區的媽祖信仰—以東螺街及悅興街的發展為
　　中心〉，《逢甲人文社會學報》，第 15 期（2007 年 12 月），頁 143-162。

王志宇，〈台灣民間信仰的祀神觀－以苑裡慈和宮的格局與神明配置為
　　例〉，《苗栗文獻》，第 30 期（2004 年 12 月），頁 7-16。

林美容，〈台灣民間信仰的分類〉，《台灣民間信仰研究書目》（台北：中
　　央研究院民族學研究所，1991 年），頁 IV。

施添福，〈日治時代臺灣地域社會的空間結構及其發展機制—以民雄地
　　方為例〉，《臺灣史研究》，8：1（2001 年 10 月），頁 1-39。

邱正略，〈古文書當中的墳墓地〉，收入逢甲大學歷史與文物研究所等編
　　輯，《第六屆臺灣古文書與歷史研究學術研討會論文集》（台中：
　　逢甲大學出版社，2012 年），頁 279-352。

洪秋芬，〈台灣保甲和「生活改善」運動，1937-1945〉，《思與言》，29：

4（1991年12月），頁115-153。

洪健榮，〈風水習俗與清代臺灣區域開發的互動〉，《臺灣文獻》，57：1（2006年3月），頁225-254。

洪健榮，〈當「風水」成為「禍水」--清代臺灣社會的風水糾紛（上）〉，《臺南文化》，第61期（2007年2月），頁27-54。

洪健榮，〈當「風水」成為「禍水」--清代臺灣社會的風水糾紛（下）〉，《臺南文化》，第62期（2008年9月），頁1-46。

洪健榮，〈清代臺灣士紳與風水文化的互動：以「開臺進士」鄭用錫為例〉，《臺灣史研究》，19：4（2012年12月），頁49-79。

黃一農，〈通書——中國傳統天文與社會的交融〉，《漢學研究》，14：2（1996年12月），頁159-186。

康豹、邱正略，〈鸞務再興——戰後初期埔里地區鸞堂練乩、著書活動〉，2008年水沙連區域研究學術研討會發表論文，2008年10月18-19日。

張素玢，〈洪患、聚落變遷與傳說信仰——以戊戌水災為中心〉，收錄於陳慶芳總編輯，《彰化研究學術研討會：濁水溪流域自然與人文研究論文集》（彰化市：彰化縣文化局，2005年），頁7-43。

陳世榮，〈近代大科崁的菁英家族與地方公廟：以李家與福人宮為中心〉，《民俗曲藝》，第138期（2000年12月），頁245-256。

陳進國，〈民間通書的流行與風水術的民俗化〉，《台灣宗教研究通訊》，第4期（2002年10月），頁195-230。

蔡慧玉，〈日治台灣街庄行政（1920-1945）的編制與運作〉，《台灣史研究》，3：2（1996年12月），頁93-141。

蔡錦堂，〈日據時期台灣之宗教政策〉，《台灣風物》，42：2（1992），頁105-136。

鄭寶珍，〈日治時期客家地區鸞堂發展：以新竹九芎林飛鳳山代勸堂為例〉，中央大學客家社會文化研究所，2008年。

四、報紙

《向陽》，第 353 號，1940 年 2 月 7 日。

《聯合報》，1953 年 12 月 22 日。

貳、口述人資料

高坤，民國 19 年生，田尾鄉睦宜村人。

李柱，民國 20 年生，田尾鄉睦宜村人。

陳鴻禧，民國 7 年生，田尾鄉睦宜村人，戰後初期鎮化堂正鸞。（已去
世）

陳利雄，民國 33 年生，田尾鄉睦宜村人。

詹炳勳，民國 22 年生，田尾鄉睦宜村人，曾任鎮化堂正鸞。

中秋烤肉
——論戰後台灣中秋節俗活動的變遷

摘　要

　　中秋節是中國傳統的節日，漢人入台後也將此一節俗傳入台灣。清代台灣的中秋節的節俗活動在台灣方志裡有許多記載，諸如賞月、吃月餅、飲酒、賭餅等都是過去常見的節俗活動。日治時期由於西方觀念的傳入，以及日人在台灣的建設，爲了彰顯其殖民成果，日人也鼓勵台人某些參觀旅遊活動，此舉也進一步影響到秋節節俗活動，台人也開始有到公園賞月或乘汽船賞月的情況。戰後，旅遊賞月曾一度出現。後來在工業化的影響下，鄉村人口流入都市，此一社會變遷背景，成爲秋節活動產生變化的舞台。當游離人口需要溫情慰藉，簡單易行又可聯誼與豐富情感交流的烤肉活動出現，很快地在短短十幾年間即傳開普及，成爲台灣秋節活動的一大特色。

關鍵詞：中秋節、工業化、烤肉、社會變遷、旅遊

壹、前言

　　中秋節是華人的重要節日，其起源甚早，據研究中秋節的起源大致有三種說法：（一）祭拜月神活動的孑餘；（二）春祈秋報遺俗說；（三）東晉南京的「牛渚玩月」的傳說等，但中秋節作為一個民俗節日的形成大約在唐宋之時。[1]漢人進入台灣以後，此一習俗也在台灣發展，然而中秋節的節俗活動隨著台灣社會發展的不同，歷經清代、日治及戰後階段的發展，秋節的節俗活動顯然有了變化。日治時期《漢文台灣日日新報》刊載了許多到郊外或特定地點賞月的活動消息，戰後的報紙更刊載了秋節旅遊活動的訊息（詳見下文），新近出版的《大里市史》更記載了大里一地的中秋景象，特別指出了中秋烤肉流行的現象，並附上中秋烤肉情況的照片，[2]戰後曾出現的秋節旅遊活動與現今流行的秋節烤肉，這是過去傳統中秋節日所未出現的景象。尤其是烤肉活動，在今日幾乎是中秋節的主角，近幾年來許多有關節日論述的專書，都注意到了這個現象，不過都僅止於順筆一提，如民國 86 年陳正之《台灣歲時記》裡，談到中秋節，在最後特別點到了到山嶺水際或者公園共賞明月，品嚐文旦或月餅是件人生樂事，「千萬別烤肉汙染了空氣」，[3]顯然在此時烤肉已成普遍性的活動，也才有此呼籲。又李秀娥《台灣民俗節慶》描述到中秋節俗，也帶上一句「如今民間普遍盛行的是中秋拜土地公闔家賞月、烤肉之俗。」[4]甚至大陸出版的節俗專書，也以小標題「台灣的烤肉賞月」來呈現台灣的中秋節俗特色，其內容相當簡略但卻點出烤肉活動在台灣中秋節活動中的重要性，書云：「台灣的中秋節很重視賞月，可謂『古風猶存』。中秋之夜人們來到戶外，賞月、烤肉、游玩，或參加晚會、觀看演出。」[5]戰後台灣的中秋節為何出現旅遊活動，甚至出

---

[1]　張曉華主編，《中國傳統節日研究 6：中秋節》（北京：中國青年出版社，2007），頁 2-4。

[2]　王志宇，《大里市史・宗教禮俗篇》（臺中大里：大里區公所，2012），頁 1215。

[3]　陳正之，《台灣歲時記》（臺中：台灣省政府新聞處，1997），頁 154。

[4]　李秀娥，《台灣民俗節慶》（臺中：晨星出版社，2004），頁 162。

[5]　黃濤，《中秋》（北京：生活・讀書・新知三聯書店，2010），頁 81。

現現今流行的烤肉活動？本文試圖從清代到戰後的中秋節活動及社會變遷加以探討，討論兩間之間的關聯及發展，以釐清戰後台灣秋節活動變化的種種問題。

貳、清代台灣的中秋節俗活動

清代台灣的中秋節相關活動，可以從方志的記載來加以了解。康熙年間的高拱乾《台灣府志》已載：

> 中秋，祀當境土神。蓋古者祭祀之禮，與二月二日同；春祈而秋報也。是夜，士子遞為燕飲賞月；制大麵餅，名為「中秋餅」，以紅硃書一「元」字，用骰子擲四紅以奪之，取「秋闈奪元」之義。山橋野店，歌吹相聞；謂之「社戲」。[6]

顯然祭祀、飲酒、賞月、中秋餅，甚至賭餅、社戲等都是清代中秋節的節俗活動。清末的《雲林縣采訪冊》記載：「八月中秋節，家以月餅祀福神；村莊演劇酬謝，倣古秋報也。斗六街於中秋節前後，夜間迎本土福神繞境，火把動至數千枝，往來繹絡，頗為熱鬧。」[7]《台陽見聞錄》也指出中秋祀神的盛況，書云：「距滬尾十里許，有一古廟，不知所祀何神。節屆中秋，進香者人多於蟻。臺民素性佞佛，如八枝蘭、拜接堡、龍潭等處，香火猶盛。」[8]《嘉義管內采訪冊》更生動的描述農村裡的中秋節景象，書云：

> 八月十五日，曰「中秋節」。街衢家家以圓餅祀福德神，莊社農家以糯米挨末為粿，曰「求米薯」。以此祀福德神。是夜曰「中秋夜」。家家燒金、放炮，亦有演戲酬神，仿古秋報也。[9]

6　清·高拱乾，《台灣府志》（南投市：臺灣省文獻委員會，1993），頁 192。
7　清·倪贊元，《雲林縣采訪冊》（南投市：臺灣省文獻委員會，1993），頁 27。
8　清·唐贊袞，《台陽見聞錄》（南投市：臺灣省文獻委員會，1996），頁 133。
9　台灣銀行經濟研究室編，《嘉義管內采訪冊》（南投市：臺灣省文獻委員會，1993），頁 39-40。

　　上列的記載都說明了清代時期台灣中秋節俗裡的相關活動，然而除了這些活動，某些地區也有特別的賞月遊玩方式，胡建偉《澎湖紀略》就指出秋節活動除飲酒、賞月外，還有泛舟賞月的情事，更感嘆澎湖較難有此賞月活動，書云：「中秋節，燕飲賞月、以月餅相遺，亦與內地相同，無足異者。惟於是夜風晴月朗時，買扁舟一葉，放乎中流；斯時微波不動，星月交輝，水天一色，極目無際，心曠神怡，恍如置身瓊樓玉宇之中，真奇觀也。」不過澎湖一到中秋，即多風少晴，所以感嘆在澎湖無法如此賞月遊玩。[10]鄭用錫也有一詩作，言：「解組歸田學杜門，龍鍾一老敢稱尊。衰年黃巷仍為伴，故物青氈幸尚存。差喜足音到空谷，相攜佳句倒芳樽。最愁風雨中秋夜（是日中秋風雨大作），莫共乘槎貫月論。」[11]點出秋節風雨無法乘船賞月的遺憾，顯然古人的秋節賞月活動，進香祭神，甚至泛舟賞月都是過節的方式。

參、日治時期中秋節俗活動的開展

　　日治時期的片岡巖猶記載：「中秋節，又稱太陰菩薩聖誕。各戶點燈結綵慶祝。這夜在月下設香案供鮮花、水果、月餅，燃金放炮敬拜月娘（月亮），拜畢一家團員（主要是婦女）在月下斟酒、吃中秋月餅歡渡佳節。讀書人在皎皎月光下相聚，吟詩唱歌，這稱『賞月之宴』。這日書房的老師以中秋餅贈學生，學生向老師贈送紅包（裡面有二角內外）作答禮。」[12]此日家家戶戶也要在戶外庭院設「香案」，上面供有鮮花、水果、月餅等，並且燒金紙鳴砲拜「月娘」。全家人在團圓的氣氛中，一邊吃月餅一邊賞月，叫作「拜月」。[13]日人的研究僅指出了一部分現象，實際上日治時期許多文人都在中秋節時，趁著中秋佳節發起有相關的詩

[10]　清·胡建偉，《澎湖紀略》（南投市：臺灣省文獻委員會，1993），頁156-157。
[11]　清·鄭用錫，《北郭園詩鈔》（南投市：臺灣省文獻委員會，1994），頁40。
[12]　片岡巖著，《臺灣風俗誌》陳金田譯（臺北：眾文圖書出版股份有限公司，1990二版二刷），頁47。
[13]　鈴木清一郎著，《增訂臺灣舊慣習俗信仰》馮作民譯（臺北：眾文圖書出版股份有限公司，1994一版二刷），頁607。

會活動，或者組織觀月會互為吟詠。茲以《漢文台灣日日新報》所報導，略舉數則消息，以了解當時文人的秋節活動。報載：

> 嘉義通信／中秋觀月
> 中秋觀月嘉義山仔頂區長徐茂才杰夫昆仲。皆羅山吟社社員也。去三日。折東
> 邀請官紳文人騷客六七十人。於舊曆十五日下午六點鐘。在其宅內。開中秋觀月會。屆期定有一番盛況。徐氏能及時行樂。且能與眾樂樂。其風流瀟灑。於此可見一班。[14]

在桃園地區也有詩社成員，選擇中秋開設吟會，報載：

> 吟社大會
> 桃園吟社詩人簡若川。鄭永南及簡朗山諸氏。倡開秋季大會及擊缽吟會。諸會員全部贊成。豫定舊歷中秋節前後開會。該廳參事及鄭香秋諸氏均擬出席。而贊助員簡阿牛氏。欲寄附金三十元。以充購買賞品之用云。[15]

又在嘉義方面也有相關的中秋活動報導，點出了中秋夜的種種賞月活動景象，報導云：

> 嘉義通信／中秋盛會
> 舊曆中秋夜。王田庄苗圃。光景最佳。都人士聯袂往遊者。踵相接。或飲酒。或賦詩。或猜謎或隨所適。逍遙永夜。真良辰美景。其樂無窮者。十五六兩日。陳養正廣文宅裏。亦多邀集騷人逸士。聚會一堂。抽題唱和。限刻繳稿。逾刻者依金谷之罰。中選者贈古玩書畫。文人韻事。真不負良宵佳節也。[16]

大致而言，日治時期的賞月活動，據許世融的研究，是以賞月、猜燈謎、觀賞戲劇、聆聽樂音等為主要活動。[17]不過除了上述與清代傳統

14　《漢文台灣日日新報》，版3，1911年10月11日。

15　《漢文台灣日日新報》，版2，1911年8月30日。

16　《漢文台灣日日新報》，版2，1910年9月23日。

17　有關日治時期的中秋節活動，參見許世融，〈明月幾時有？—日治時期臺中中秋節的「月

中秋節俗一致的活動之外，日治時期受到一些新事物傳入的影響，賞月活動也有些許變化，如商人間流行乘船賞月飲酒，船上並置藝妓彈唱，以助酒興。報載：

> 彩船遊江安平商船會社及大阪組。於中秋夜備彩船一艘。懸燈球萬點。遍插旌旗。臨風飄揚。置酒筵於其中。藝妓彈唱。笙歌之聲。洋洋盈耳。放乎中流。聽其所止而休焉。月白風清。如此行樂。其興當不淺也。[18]

甚至商賈間組織觀月會乘小汽船賞月，儼然成為一種時尚。

> 觀月泛舟
> 例年陰曆中秋節市內地人商人。組織觀月台。常赴打狗地方。獨安平英商查□。與內地糖商鈴木。組織觀月會與會者二十餘人。即召內地檢番妓女。二十餘與北產藝妓十一二人。乘小汽船。由安平海關口起。至四艸湖止。一葉孤舟。泛泛中流。管絃合奏。飛觴醉月。迨鐘鳴十二。乃返棹歸云。[19]

大里地區的富豪魏衍槐，甚且大放煙火，並找來歌妓列坐演唱，報載：

> 少年豪興
> 中秋之夕。大里杙莊魏衍槐特於其家。陳設花壇。大放煙火。五花十色。光沖霄漢。男女觀者無慮數千人。又以北妓數人列坐分唱。燈月交輝。簫管雜奏。迨至夜闌始罷。亦一時之豪興也。（1991.10.11 版三）

在賞月活動中，報紙所刊登的種種賞月訊息，相當特別的是賞月活動與日人在台的新建設結合，如有關在公園賞月或利用鐵道、汽輪等賞

見」頻率及相關節慶活動的變遷〉，發表於國史館臺灣文獻館、臺北市立教育大學歷史與地理學系、國立臺中教育大學區域與社會發展學系、逢甲大學歷史與文物研究所、中華民國口述歷史學會合辦，大眾史學研討會發表論文，2011 年 1 月 8-9 日，頁 1-39。

[18] 同註 16，版 4。

[19] 《漢文台灣日日新報》，版 3，1911 年 10 月 15 日。

月。結合日人新建設所呈現的賞月活動，似乎是種新模式，《漢文台灣日日新報》在這方面有許多刊載，不無宣揚日人殖民統治成就的意圖。報載：

> 北投淡水觀月列車
> 鐵道部訂以來二十一及二十二之兩日。運轉其中秋觀月之列車。其場所廿一夜為北投及淡水。廿二夜則僅在北投。往復車資。北投二十錢。淡水二十五錢。雖可各乘列車以行。然至適意而歸。應乘淡水十時出發之臨時列車。他如通用之車票。則北投限二日間。淡水限一日間。其赴北投者。即一泊乃歸。仍無妨礙也。[20]

又如「打狗鐵道部出張所員。舉行觀月會。該會場在淡水溪邊。是日設有觀月列車。以便諸會員。該員亦隨意帶眷賞月。三三兩兩。以樂太平之氣象。」[21]蔡龍保指出納涼、賞月列車的行駛是民眾最常參加之旅遊活動，最初由鐵道部舉辦，且只有北部地區辦理，後來因民眾反應良好，其他民間旅行機構加以跟進，且漸擴張至全台各地，參加人數也增加。而這種賞月列車等的活動是配合政府推動的觀光旅遊活動而舉辦。[22]

此外，日治時期新引入的公園建設，使得到公園賞月也成為民眾普遍的賞月活動之一，《漢文台灣日日新報》載：

> 中秋賞月
> 昨夕為舊歷中秋之節。明月團圓。秋光可愛。正人生行樂之時也。是夜臺中市民多赴公園觀月。士女翩翾。行歌互答。或登臨於大墩之上。或並立於水閣之邊。或席座於北門之下。或醉倚於古木之間良宵美景。樂事賞心。對月感懷。徘徊而不忍去。迫至夜闌露冷。始覺興盡而散。[23]

---

20 《漢文台灣日日新報》，版5，1907年9月25日。
21 《漢文台灣日日新報》，版4，1909年10月2日。
22 蔡龍保，〈日治時期台灣鐵路與觀光事業的發展〉，《台北文獻》直字142（2002年12月），頁74-77。
23 同註14，版3。

　　無論是鐵道列車賞月或公園賞月的活動，事實上都與日人推動觀光旅遊密切相關，而觀光旅遊的推動則與日人發揚其殖民成果緊密相連。葉龍彥便指出：「『觀光』首重交通，日人立即建設鐵公路及航運，尤其是航運的發達，表示日本帝國對新殖民地資本主義的經營，積極而有效率，更明顯表現日本對經營台灣做為南進基地的野心。」[24]而呂紹理更直接點出：「從殖民統治政治而言，旅行是促使台人觀看日本近代性重要的管道，也是促使日人及全世界看到日本統治台灣成功的管道，因此殖民政府花了不少力量建構各種有利旅行的條件，製造許多促成旅行的活動。」[25]

　　日人企圖凸顯其在台殖民成就，從其博覽會的舉辦，看得更為清楚。從明治年間開始，日人開始辦理各種博覽會，它是由中央政府開始發起，再由地方政府承續，最後民間團體響應。博覽會是政府宣傳經濟政策的重要管道，也是形塑政治認同的場域。因明治期間的展示活動有強烈的政治性，觀察日人在台灣所舉辦的各式展示活動，就不能忽略它所具有的政治政策意涵。[26]1907 年《漢文台灣日日新報》刊載〈觀博覽會者感情〉一文，文中指出：

> ……博覽會之效用。於振興產業。開發人智。有偉大之能力。……吾願觀會歸為者。攜繪圖帖說之大部調查公告書。而報告於眾。襲懸象著。之十全標本一覽表。而表白於人。勿徒於互市場作小貿易。或如適寶山者空手返。僅以江山憑眺之細詩。瑣碎不完全之日記塞責也。則個人之旅費不虛縻矣。[27]

　　從報紙所刊登的相關消息與論述，可以清楚看到此時日人辦理博覽會的企圖，啟發民智、彰顯帝國的進步，可說是其重要目的。而種種企圖引進現代化的做法，對於中秋節俗的影響便是公園、鐵道等新式設施

24　葉龍彥，〈日治時期台灣觀光行程之研究〉，《台北文獻》直字 145（2003 年 9 月），頁105。
25　呂紹理，《展示台灣》（臺北：麥田出版，2005），頁 348。
26　同註 25，頁 91-93。
27　《漢文台灣日日新報》，版 2，1907 年 5 月 17 日。

的利用被融入到中秋節俗活動中，且為日人所鼓勵，造成此期新一波的中秋節俗活動的開展。

肆、戰後初期的中秋節俗活動

民國 62 年廖漢臣的《台灣的年節》出版，書中猶言戰後中秋節的行事，「相沿至今，未有改變，而各地所有行事，亦多相同」，[28] 不過中秋節日活動是否都維持傳統不變，可能需要從更多的資料加以觀察。

民國 41 年，中秋節當天《聯合報》載：「今為農曆八月十五日中秋佳節，此間風俗在此一日均備辦魚肉酒禮及月餅拜月娘後，闔家團聚圍吃一頓豐餐，及到月上樹梢，大家又在家中的陽台上，庭院中或是到野外去賞月，並大嚼月餅。但今年的月餅，銷路據說較往年相差甚遠，因政府倡導節約，大家都不送禮，不受禮。月餅銷路便受了影響。」[29] 第二天又針對此一中秋節節俗活動報導：「本省中秋之夕，家家戶戶都備酒饌，拜拜福德正神，並酬佳節，又在中庭供奉芒花香臘及中秋月餅，燃香礦頭，這叫做拜月亮（娘），俗傳此日是太陰娘娘的生日，假使家裏有病弱孩兒，則為母親的，自要借此機會，為孩兒們祈禱健康，本省婦女都很信仰太陰娘娘，又這天晚上，依照習俗，都不歡喜早睡，要開夜車，越是遲睡，越能長命。」[30] 又云：「中秋節夜，青年男女多攜酒肴在海濱或近郊選擇風景幽美之區，拜賞月華，對月飛觴，歌聲鬢影，頗饒詩趣，至夜深猶不肯散去至男女間的愛情，於中秋夜特別濃得很⋯⋯」。[31] 也有詩人特別在中秋舉行詩會活動來過節。[32] 戰後初期，台

---

[28]　這些行事包含祭拜土地神、拜月、燈猜、婦女往寺廟進香，出門飲酒賞月等。見廖漢臣，《台灣的年節》（臺中：臺灣省文獻委員會，1973，1988 再版），頁 160-161。

[29]　《聯合報》，第 3 版，1952 年 10 月 3 日，聯合知識庫。(http://udndata.com/library/)，2013 年 3 月 14 日檢索。

[30]　《聯合報》，第 4 版，1952 年 10 月 4 日，聯合知識庫。(http://udndata.com/library/)，2013 年 3 月 14 日檢索。

[31]　同註 20。

[32]　「嘉義詩人中秋聯吟：嘉義鷗社，係此間詩人所組織。已為卅餘年之悠久歷史，擁有社員五十多人，每年春秋二季，均召開大會，今年亦于中秋節翌日假座弘仁醫院舉行秋季雅集，

灣的中秋節活動，仍不脫傳統中秋節的影響，團圓吃飯、吃月餅、賞月、拜神等，仍然是戰後中秋節俗的主要活動。

　　雖然闔家團聚、吃月餅、賞月甚至是詩會等活動都是中秋節的節俗活動，但是在日治時期蓬勃的旅遊活動影響下，中秋旅遊似乎也成為過節的活動之一，它可以說是日治時期新興賞月活動的項目之一。戰後初期此一中秋旅遊的活動方式，似乎也被保留下來。民國 41 年中秋前夕，《聯合報》特別刊出了中秋旅遊的活動招攬消息，內容如下：「中秋佳節即屆，台灣旅行社及台灣風景協會將舉辦中秋節旅行團三組，前往霧社、日月潭、獅頭山及花蓮太魯閣等風景勝地旅行並賞月，霧社日月潭組，十月二日出發，五日返北，參加費用每人三百七十元。獅頭山組十月三日出發，四日返台北，費用一百六十元。花蓮太魯閣十月三日乘班機出發，四日經蘇澳乘火車返台北，費用三百二十元。（費用都包括交通膳宿月餅水果等費），每組團員限二十人，即日起開始受理報名，有意利用佳節旅行者，可向台灣旅行社總社及市區內各服務處洽索總章。」[33]

　　然而從這個賞月旅遊景點來觀察，可說完全落在前述日治時期建構的八景十二勝景點中，戰後初期的旅遊從這方面看來，頗受到日治時期台灣總督府旅遊景點形塑的影響。[34] 呂紹理認為：「1949 年以後，日治

<hr />

嘉義縣聯吟會，及市區羅山，玉峰，淡交，麗澤等各吟社均派代表與會，且有遠自台南、鹿港、北港前來參加之詩人六十餘人，大會由社長方梅魂主持，並報告社務情形，賴柏舟報告會計概況，繼即拈題首唱「試寒」，推舉林臥雲，吳紉秋兩氏為左右詞宗，次唱「月餅」，選賴惠川，黃文淘為詞宗，既而搜索枯腸，至六時交卷，旋即聚餐，並朗吟嘉義縣聯吟會黃文淘，羅山吟社李德和女史，吳文龍諸氏詩詞，八時揭曉，首題雙元為許蔡堂，蔡如笙，次題雙元為陳波，蔡明憲等，席間觥籌交錯，談笑風生，至十時許，各盡興而散。」見《聯合報》，第 7 版，1951 年 9 月 19 日，聯合知識庫。(http://udndata.com/library/)，2013 年 3 月 14 日檢索。

[33]　《聯合報》，第 3 版，1952 年 9 月 15 日，聯合知識庫。(http://udndata.com/library/)，2013 年 3 月 14 日檢索。

[34]　許毓良討論戰後《旅遊雜誌》，尤其在北部的十二處景點中，有半數沒有在雜誌中被介紹，而認為日治時期台灣總督府所形塑的八景十二勝在戰後沒有被延續，不過在其論證上似乎有些瑕疵，雖然半數沒有被介紹，但仍有半數被介紹。另外如從本文所引述戰後相關的旅行社招攬廣告看，似乎日治時期的景點是被延續下來的。從日治時期的觀光發展也可看到這個趨勢，是以張倩容也認為國民政府來台後，在觀光的發展上，乃延續日治時期已完成

時期所創造出來的符號化台灣地景和複雜的觀覽文化並沒有因為日治殖民政權的終結而消散。」[35]而葉龍彥也將戰後戲院與旅行業的復甦，追溯至日治時期休閒風氣的興盛，尤其是旅遊風氣的形成是由日人積極發展觀光業並與以教育制度體制化的結果。[36]不過這個賞月旅遊的風氣，在台灣社會變遷的影響下，其發展並沒有太長久，慢慢地也為其他秋節活動所取代。

伍、民國六十年代後中秋節俗活動的轉變

在戰後旅行業復甦的狀況下，民眾在中秋旅遊的情況仍持續一段時間，直至民國 61 年，仍有中秋旅遊的相關消息刊出，《經濟日報》載：

> 農曆八月中秋，隨著生活水準的提高，團圓的家人，孤零零的個人，也都想借此機會，懷念過去，思量現在，計劃將來一番，因此，各地風景區總會因此有人滿之患。…… 中菲行旅遊中心舉辦的是八、九兩天的南方澳賞月嚐津、福隆中秋賞月、夢夢谷野宴賞月等三項活動。九月八日下午三時出發的南方澳賞月嚐津，當晚在礁溪住一晚，十一日就是中秋，所以那晚 的月亮也夠圓亮的。在礁溪溫泉鄉憑欄賞月，任何人總會有很大收穫的。……福隆中秋賞月是在福隆海濱與寧靜谷舉行，那晚，寧靜谷、吊人樹等任你暢遊，包括門票，一宿三餐等等，每人只收費一百十元。九月十一日中秋節當晚，在夢夢谷的野宴賞月會，是以吃烤肉營火會賞月等為主要活動。……。[37]

這則消息讓我們看到秋節旅遊仍然有其市場，但值得注意的是烤肉

的建設繼續開發，現今台灣各地的觀光建設，可說都在日治時期就已經有所開發並打下基礎。見張倩容，〈日治時期台灣的觀光旅遊活動〉，（東海大學歷史系碩士論文），2007，頁 143。

[35]　同註 25，頁 389。

[36]　此部分詳見葉龍彥，〈台灣戰後初期旅遊業的復甦（1945-1955）〉，《台北文獻》直字 163（2008 年 3 月），頁 23。

[37]　《經濟日報》，第 7 版，1973 年 9 月 2 日，聯合知識庫。(http://udndata.com/library/)，2013年 3 月 14 日檢索。

活動，已在此時出現在旅遊的安排中。至民國 70 年，部分單位舉辦的中秋賞月活動，似乎已將烤肉活動，獨立成一個活動項目，報載：「中華民國露營協會台北市分會舉辦「花好月圓」賞月活動，內容有聆憶圓月故事、拋繡球、追蹤旅行、烤肉大餐、營火晚會、舉碗同樂等洽詢電話……台北基督教女青年會定十二、十三日中秋節假期，舉辦「溪頭、日月潭」旅遊活動，報名電話……。」[38]

　　民國 79 年的《聯合晚報》已經指出賞月、吃月餅的傳統活動已經式微，並點出烤肉活動的興起，報載：「……這種傳統形式的逐漸淡薄，也使得歡度中秋的方式更加多元化，像近年來月下烤肉就處處可見，大家埋頭烤肉之際，不知道記不記得抬頭欣賞月色。」[39]民國 80 年的晚報更點出了家家戶戶都有烤肉活動，此一活動的普遍性特色，報載：「今年中秋流行什麼？台中市中秋夜流行自家門口烤肉，尤其是四、五期重劃區一帶，昨天晚上幾乎家家戶戶在門口辦起中秋烤肉，簡直是「一路香」大人、小孩烤的烤、玩的玩、吃的吃，不亦樂乎。……」[40]民國 82 年報紙以「中秋烤肉，成了新時尚」為標題，報導：「台北市各式賣場秋節期間禮盒生意普遍不佳。一般而言，業績大約要比去年衰退三成，甚至達五成。不過多家超市中秋當天烤肉用品很受歡迎，有人戲稱中秋節已成烤肉節。至於尚未賣完的文旦，部分超市已開始降價求售。」[41]顯然烤肉活動在民國七十年代以後，已經成為台灣中秋節俗活動的重要項目，甚至是最主要的活動。戰後台灣的中秋節俗為何如此發展？恐須從台灣的工業化過程，鄉村人口流入都市的發展歷程來觀察。

　　劉進慶討論戰後台灣的經濟發展時，指出 1963-1964 年是台灣經濟

---

[38] 《聯合報》，第 7 版，1981 年 9 月 6 日，聯合知識庫。(http://udndata.com/library/)，2013 年 3 月 14 日檢索。

[39] 《聯合晚報》，第 15 版，1990 年 10 月 7 日，聯合知識庫。(http://udndata.com/library/)，2013 年 3 月 14 日檢索。

[40] 《聯合晚報》，第 10 版，1991 年 9 月 23 日，聯合知識庫。(http://udndata.com/library/)，2013 年 3 月 14 日檢索。

[41] 《聯合報》，第 16 版，1993 年 10 月 2 日，聯合知識庫。(http://udndata.com/library/)，2013 年 3 月 14 日檢索。

發的第二次轉型期，以此為轉機，1964 年開始的高度經濟成長到 1979
年的石油危機才停止，此期期工業化重點由進口替代轉為出口導向。從
進口體代轉為出口導向代表一種經濟起飛，得以如此全繫於外資以及吸
引外來投資的廉價勞力供給。[42]在高度成長期（1964-73），超過百萬的
農村過剩人口，也在 1968 年前後，大致為都市工業所吸收，可謂已達
「充分就業」的狀態。[43]此如同廖正宏所指稱，民國 53、54 年以後，非
農業部門的就業機會增多，農村勞力外流，至 59 年達到最高峰，其後
隨景氣變遷，勞力外流隨著波動。[44]大量流入都市的農村人口，進入企
業工廠工作，其異地工作的心理需求及工作壓力的調解等，都有賴於建
立新人際關係來調整。工人作家楊青矗在民國 66 年，發表一篇〈工廠
的舞會〉，反映廠方利用女工辦舞會：

> 「公司每個月辦一次生日舞會，是為了要調劑作業員單調的生活
> 情緒。」奧百桑說：「妳不跳也不會叫妳參加。」
> 「向外說得很好聽：公司拿錢辦舞會調劑員工生活情緒。其實錢
> 是大家的福利金；說調劑嘛，實在是我們出身體娛樂他們！」[45]

　　這段對話雖是控訴廠商利用女工辦舞會以及對於員工權利的漠
視，但卻也反映出經濟起飛年代，勞工情緒的調解及歸屬的問題。從上
述中秋團體旅遊，烤肉成為一種獨立項目，可以看到做為人與人相處，
尤其是初見面或團體活動裡，烤肉無疑是一種相當方便的方式，因為烤
肉從升火到烤熟的過程裡，一方面需要多人合作，一方面在其過程中，
又會有許多空檔時間，讓人可以閒話家常，因此適合不是很熟的朋友一
起活動，而熟悉的親友也很適合。

　　另一方面，面對工業化社會，農村人口流入都市，離家的工作，反

---

[42]　劉進慶著，《中日會診台灣—轉型期的經濟》陳豔紅譯（臺北：故鄉出版有限公司，1988），
　　頁 44-45。

[43]　同註 42，頁 48。

[44]　詳見廖正宏，〈台灣農業人力資源之變遷〉，收入瞿海源、張英華主編，《台灣社會與文
　　化變遷》（臺北：中央研究院民族學研究所，1986），頁 179-208。

[45]　楊青矗，《工廠女兒圈》（臺北：遠景出版股份有限公司，1982），頁 211。

倒使得團圓聚會在家庭關係的維持上更為重要。許多學者討論到中秋節俗活動，都指出中秋團圓的重要性。婁子匡點出天上月圓的中秋節有其民族心理，因為大家都喜歡團圓。「道教在創始時，便以上元、中元、下元都是天上月圓的時候，天官賜福，福固莫大於骨肉團圓，地官赦罪，水官解厄，仍然有裨於骨肉團圓。」[46]黃有志言：「由天上的月圓，來象徵人間團圓美好的事物。那一天在異鄉的人都要回家和家人團圓，所以又叫『團圓節』。」[47]在此一團圓的時刻，不需太多工夫準備的烤肉活動，便很適合此一時間至上的工業社會的需要。民國六十年代烤肉活動開始見於報紙內容，當然我們無法判定誰先開始，但從此時開始到民國 79年報紙已指出烤肉活動的普遍性，短短十多年間，烤肉活動成為台灣賞月活動的主流，從台灣社會的人口流動以及工業化社會的發展，這種社會變遷所產生的人際網絡及家庭歸屬的強烈需求，應該是容易準備及方便的烤肉活動得以普遍發展，成為台灣中秋賞月奇景的背景條件。

陸、結論

中秋節雖是漢人由來已久的傳統節日，但是台灣一地受到日人統治及戰後社會狀況的改變影響，有關中秋節的節俗活動內容，顯然有些變化。日治時期，因為日人在台的統治影響，日人因殖民統治及縱貫鐵路的建設等，其所推展的博覽會及觀光活動等，也影響到了節俗活動的進行，日治時期台灣的中秋節活動，到公園及某些旅遊景點賞月遊玩，似乎已經是一種流行時尚。在日人所建構的台灣八景或二十景等景點推波助瀾下，到這些景點觀光，已漸成一種制度化的旅遊活動。這個觀念在戰後初期的中秋節旅遊活動中，似乎仍有其影響力。然而戰後台灣的社會環境，隨著台灣的工業化及經濟起飛，社會情況再次丕變。在工業化過程中，人口由鄉村流入都市，民國六十年代，正是台灣工業化急遽發

---

[46]　婁子匡，《台灣民俗源流》（臺中：臺灣省新聞處，1971），頁 25。
[47]　黃有志，《社會變遷與傳統禮俗》（臺北：幼獅文化事業公司，1991），頁 176。

展轉換的年代，進入都市的遊子，在中秋節活動中，除了賞月旅遊，在陌生的都市中如何發展其新人際關係，烤肉似乎是聯誼活動中一個不錯的方式。在此一年代，烤肉在定點旅遊活動中出現，很快地在十年之後，部分單位的賞月活動裡，烤肉已成為一個重要的項目，再過幾年報紙已開始報導烤肉活動在秋節活動的普及性，民國 82 年報紙以標題「中秋烤肉，成了新時尚」，似乎已經確定了烤肉在台灣中秋節活動中的主角地位。

　　從戰後台灣中秋節俗活動的變遷而論，台灣的工業化所造成的人口移動是中秋烤肉活動發展的契機，傳統中秋節所具有的團圓意涵，在現代繁忙的工商社會中，可說漸漸展現了它的價值。現代社會人與人間的競爭與疏離，使得家成為人最後的堡壘，以及心靈和情緒的歸屬所在。中秋在傳統價值中所代表的家人團聚，在需要升火、上架、上醬料等共同合作的烤肉活動中，陣陣肉香，更拉近了家庭成員彼此的距離。台灣中秋節烤肉活動的盛行，其實有它社會變遷的背景，以及現代人面對此一變遷的實質需求。

參考書目

一、傳統文獻

清·胡建偉，《澎湖紀略》（南投市：臺灣省文獻委員會，1993 年）。

清·倪贊元，《雲林縣采訪冊》（南投市：臺灣省文獻委員會，1993 年）。

清·唐贊袞，《台陽見聞錄》（南投市：臺灣省文獻委員會，1996 年）。

清·高拱乾，《台灣府志》（南投市：臺灣省文獻委員會，1993 年）。

清·鄭用錫，《北郭園詩鈔》（南投市：臺灣省文獻委員會，1994 年）。

二、近代論著

王志宇，《大里市史·宗教禮俗篇》（臺中大里：大里區公所，2012 年）。

台灣銀行經濟研究室編，《嘉義管內采訪冊》（南投市：臺灣省文獻委員會，1993 年）。

呂紹理，《展示台灣》（臺北：麥田出版，2005 年）。

李秀娥《台灣民俗節慶》（臺中：晨星出版社，2004 年）。

婁子匡，《台灣民俗源流》（臺中：台灣省新聞處，1971 年）。

陳正之，《台灣歲時記》（臺中：台灣省政府新聞處，1997 年）。

張曉華主編，《中國傳統節日研究6：中秋節》（北京：中國青年出版社，2007 年）。

黃有志，《社會變遷與傳統禮俗》（臺北：幼獅，1991 年）（530 4444）。

黃　濤，《中秋》（北京：三聯，2010 年）（538.59 4408-3V5）。

楊青矗，《工廠女兒圈》（臺北：遠景出版股份有限公司，1982 年）。

廖漢臣，《台灣的年節》（臺中：台灣省文獻委員會，1973 年）。

劉進慶著，《中日會診台灣—轉型期的經濟》陳豔紅譯（臺北：故鄉出版有限公司，1988 年）。

瞿海源、章英華主編，《台灣社會與文化變遷》（臺北：中央研究院民族學研究所，1986 年）。

日‧片岡巖著，《臺灣風俗誌》陳金田譯（臺北：眾文圖書出版股份有
　　限公司，1990 年二版二刷）。

日‧鈴木清一郎著，《增訂臺灣舊慣習俗信仰》馮作民譯（臺北：眾文
　　圖書出版股份有限公司，1994 一版二刷）。

三、期刊論文

吳兆宗，〈昭和 2 年臺灣八景募集活動及其影響〉，彰化師範大學歷史研
　　究所碩士論文，2012 年。

吳亞梅等，〈月是故鄉明:各地中秋漫談〉，《民俗曲藝》43（1986 年
　　9 月），頁 36-48。

林雅慧，〈「修」台灣「學」日本：日治時期台灣修學旅行之研究〉，政
　　治大學台灣史研究所碩士論文，2009 年。

林衡道，〈談臺灣的中秋民俗〉，《南瀛文獻》28（1983 年 6 月），頁
　　101-105。

張倩容，〈日治時期台灣的觀光旅遊活動〉，東海大學歷史所碩士論文，
　　2007 年。

許世融，〈明月幾時有？—日治時期臺灣中秋節的「月見」頻率及相關
　　節慶活動的變遷〉，發表於國史館臺灣文獻館、臺北市立教育大
　　學歷史與地理學系、國立臺中教育大學區域與社會發展學系、逢
　　甲大學歷史與文物研究所、中華民國口述歷史學會合辦，大眾史
　　學研討會發表論文（2011 年 1 月 8-9 日），頁 1-39。

許毓良，〈戰後初期《旅行雜誌》介紹的南臺灣印象
　　（1945~1950）〉，《高雄文獻》1：1（2011 年 6 月），頁 111-131。

許毓良，〈戰後城鄉旅遊的書寫：1945~1949 年《旅行雜誌》報
　　導下的北臺灣〉，《台北文獻》179（2012 年 3 月），頁 197-236。

葉龍彥，〈一九○八年在臺灣觀光史上的意義〉，《台北文獻》151
　　（2005 年 3 月），頁 103-135。

葉龍彥，〈日治時期台灣觀光行程之研究〉，《台北文獻》145（2002 年 9

月），頁 82-110。

葉龍彥，〈臺灣戰後初期旅遊業的復甦(1945-1955)〉，《台北文獻》
　　　163（2008 年 3 月），頁 21-54。

劉　亮，〈中秋節在臺灣〉，《暢流》70：2（1984 年 9 月），頁 37-40。

蔡龍保，〈日治時期台灣鐵路與觀光事業的發展〉，《台北文獻》142（2002
　　　年 12 月），頁 69-86。

鄭政誠，〈日治時期臺灣原住民的修學旅行──以蕃童教育所為
　　　例〉，《台灣教育史研究會通訊》46（2006 年 9 月），頁 2-14。

賴子清，〈臺灣旅遊觀光攬勝(上)〉，《台北文獻》41（1977 年 9 月），
　　　頁 1-122。

賴子清，〈臺灣旅遊觀光攬勝(下)〉，《台北文獻》43（1978 年 3 月），
　　　頁 87-159。

簡松村，〈皎皎明月話中秋〉，《故宮文物月刊》2：6（1984 年 9 月），
　　　頁 120-124。

四、資料庫

《台灣日日新報》，1898-1944，漢珍數位電子資料庫。

《經濟日報》，1967 年-2012 年。

《漢文台灣日日新報》，1905 年-1911 年，漢珍數位電子資料庫。

《聯合晚報》，1988 年-2012 年。

《聯合報》，1953 年-2012 年。

信仰與政治
——以金門城隍的祈雨活動為例

摘要

　　古時遭逢旱災，常見的處理方式便是由官員出面祈雨，在傳統道德政治之下，以主祭官的身份，祈求上蒼諸神垂憐百姓，解決凡間的苦痛。本文將金門地區祈雨儀式的變化，置於金門特殊的地理環境以及歷史因素進行考察。以金門的城隍祈雨活動來說，史料中可見道光年間縣丞向城隍祈雨以及在中港渡頭祈雨的紀錄，這與清代許多地方發生旱災時，由官員祈雨的情況如出一轍，此舉背後其實存在著以一套天人感應為基礎的政治道德觀。日人佔領期間以迄戰後，金門地區遭遇旱魃，祈雨的方式逐漸改變，官員不再主動祈雨，而是由民間發起，拜請蘇王爺或廣澤尊王等神祇赴城隍廟祈雨，祈雨主角「由神到人」的轉變發展，有其時代環境的影響，本文即將以金門城隍的祈雨活動為例，深入探討信仰與政治間的關係，並試圖釐清其發展脈絡。

關鍵詞：天人感應、信仰、政治、城隍、祈雨、金門

壹、前言

　　水旱災是人類所常面對的天然災害，在人類無法控制此一自然災害時，便試圖透過宗教信仰等來解決此一問題，是以求雨儀式很早便產生了。回顧中國的歷史，旱澇之災相當常見，臺灣與金門等地當然也不例外。面對旱災，傳統時代的官民常見的處理方式便是祈雨，尤其是官員，在傳統道德政治之下，常需以主祭官的身份，祈求上蒼諸神垂憐百姓，解決凡間的苦痛。不過在現今社會，雖然科學昌明，遇到旱災，在臺灣的政治社會環境下，祈雨不只是市井小民常行之道，也是大小官員必須展現的「官場行為」。以戰後臺灣為例，翻閱《聯合報》系列的報紙便可看到種種的訊息，如民國 91-92 年間，臺灣大旱，此間的報紙，不斷報導有哪些官員和政治人物出來祈雨。[1]當然，對此輩官員與政治人物，報社也提出某些質疑，如以「官員祈雨不如讓巫師治國」等標題，加以反省。[2]同樣地，民國 82 年的久旱不雨，各地官員也同樣出來祈雨，報紙也以「官員祈雨與民主、科學」、「祈雨官老爺的秀止得了渴？」等標題及文章加以反省。[3]這些官員祈雨，有到天公廟、媽祖廟或佛寺等，但是少見到城隍廟。以此反觀金門地區過去的資料所呈現的祈雨方式，在清朝是官員到城隍廟祈雨，日軍佔領期則是由蘇王爺到城隍廟祈雨，戰後更出現廣澤尊王到城隍廟祈雨的情況，祈雨儀式與城隍緊密相連，這與台灣地區的狀況明顯有所不同。

　　金門地區祈雨儀式的變化，將其放在金門的歷史發展脈絡下觀察，其實有其信仰與政治文化等的意義存在，值得一探究竟。金門本有其特殊的地理環境，以及歷史發展過程。本文以金門的城隍祈雨活動為例，

---

[1]　如新竹縣長鄭永金、當時的臺北市長馬英九、全國農田水利會聯合會長兼桃園農田水利會長李總集、嘉南農田水利會長徐金錫、中和市長呂芳煙許許多多的官員和政治人物等，在此期的報紙有相當多的報導。在此僅舉出部分日期，如《聯合報》，2003 年 1 月 18 日，18 版，2002 年的 6.19，18 版，6.6，23 版，5.16，18 版，5.15，17 版，5.8，20 版，資料相當多，不一一列明。

[2]　見《聯合報》，2002 年 5 月 5 日，15 版。

[3]　分見《聯合報》，1993 年 9 月 27 日，15 版及同年 9 月 12 日，11 版。

將其置放於金門特殊歷史發展過程，觀察該信仰與政治間的關係，並試圖釐清其發展脈絡。

貳、金門地區的開發

　　歷來對金門的開發有種種的說法，謝重光認爲漢族統治權力進入金門的最早記載始於唐貞元年間。貞元 13 年（797），朝臣柳冕出任福州刺使，兼福建都團練觀察使，奏置萬安監牧於泉州界，致有群牧五，但五牧地點難詳考，不過金門和馬巷各有一牧則大體可信。[4] 五代時歸同安縣，兩宋之際及宋末元初，大批避難百姓逃居金門，乃增設浯洲鹽場。明時金門仍屬同安縣，洪武 23 年（1387），設立金門守禦千戶所及峰上、官澳、田浦陳坑四個巡檢司，隨後又置烈嶼巡檢司。明末鄭成功以金、廈爲根據地，金門爲其軍事大本營。清康熙 19 年（1680），清兵入金門，仍沿明朝舊制，隸屬同安，至金門鎮總兵官，轄中、左、右三營，後裁撤中營。雍正元年（1723），設浯洲鹽場大使，12 年（1734）設置縣丞署，派一位同安縣丞常駐金門。乾隆 31 年（1766），同安縣丞移駐灌口，以晉江縣安海通判移駐金門；41 年（1776），通判移馬巷，金門田賦歸馬巷廳分徵。45 年（1780），金門復設縣丞，成爲制度。同治 7 年（1868），裁金門鎮，改置協鎮副將及中軍都司。民國 3 年，在廈門設立思明縣，金門屬之。同年金門獲准設縣。民國 4 年，金門及原有四島成立金門縣。[5]

　　金門四面臨海，其組成由金門本島及其他諸小島所組成，《金門志》云：「浯洲，在縣治東南，自大海中崛起。凡海嶼皆縣治，水門羅星，而此特其總匯。」[6] 由於金門地理形勢的特色，此種環境容易爲海盜所入侵，故其防戍特別重要，《誦清堂文集》載：「金門四面環海，所轄洋

---

[4] 見謝重光、楊彥杰、汪毅夫，《金門史稿》（廈門市：鷺江出版社，2003），頁 12-13。

[5] 金門設治沿革請參考謝重光、楊彥杰、汪毅夫，《金門史稿》，頁 14-17。

[6] 林焜熿，《金門志》（南投：臺灣省文獻委員會，臺灣歷史文獻叢刊，1993），頁 6。

面七百餘里，屬汛亦多，在在需兵防守。」[7]又金門「島地斥鹵而瘠，田不足於耕。近山者多耕，近海者耕而兼魚。水田稀少，所耕皆磽确山園，栽種雜糧、番薯、落花生豆，且常苦旱歉登。」[8]此為當地自然環境影響之下，對於農業的影響，也造成地瘠人貧的情況。在地理環境的影響下，海盜甚多，明清時期，發生過多起海盜入侵事件。地瘠、人貧、多海盜，對金門地區的群眾而言，壓力甚大，而此種壓力反應至民間信仰上面，即是許多信仰與禦患、防災有關，城隍信仰即其中之一。

參、金門城隍信仰的形成

　　城隍一詞首見於《周易》，至魏晉南北朝時已有明確的祀城隍神的記載。[9]亦有學者認為城隍神的雛形是村落保護神，從神格而言是自然神，從功能而言是地方保護神，到了漢代，已出現了正直之人死後為城隍的觀念，城隍神從自然神演變為社會神。[10]有關城隍信仰形成的論述頗多，如有主張始於堯的王永謙、韋煙灶，始於堯、漢、三國的張澤洪、葉倫會，始於秦漢的李冕世、鄭土有、王賢淼，始於齊梁的鄧嗣禹、巫仁恕等，論點不一，楊天厚已進行相當完善的整理，可參考其〈金門城隍信仰研究〉[11]一文，在此不再贅述。

　　金門地區目前存在三座古城隍廟，楊天厚認為以金城鎮金門城村古地城隍廟最早，始建於明洪武 20 年（1387），金沙鎮田埔村東嶽泰山廟，建於明洪武 25 年（1392），最後建造的是金城城隍廟，為康熙 19 年（1680）係由古地城隍廟遷治而來，因廟觀宏偉，信徒廣被，香火鼎盛，儼然為金門地區居民的共同信仰中心，每年四月十二日的城隍廟遊行，已是金門地區最大的廟會慶典。[12]

7　見《誦清堂文集》，轉引自林焜熿，《金門志》，頁 93。
8　林焜熿，《金門志》，頁 394。
9　見張澤洪，〈城隍神及其信仰〉，《世界宗教研究》，1995 年第 1 期，頁 109-110。
10　見鄭土有、王賢淼，《中國城隍信仰》（上海：三聯書店上海分店，1994），頁 25-28，84-93。
11　楊天厚，〈金門城隍信仰研究〉（中山大學中文系碩士在職專班碩士論文，2003），頁 9-10。
12　見楊天厚，〈金門城隍信仰研究〉，頁 94-101；楊天厚、林麗寬，《金門寺廟巡禮》（台

　　對於金門城隍信仰活動熱烈的狀況，道光年間的林焜熿《金門志》載：「每年春季，迎天后，曰進香；多歲始舉行。夏仲，迎城隍，曰出巡；間五歲一舉（或議迎城隍當停罷，論甚妥。無已，或二十年一舉）。先期鳴金鼓，暗繞境內。至日，窮華極侈，閱遊鄉邨，粧飾人物執事，旌旆飛揚，音樂間作，人家置几檯焚香楮甚恭。正神端拱輦上，餘神馳輦擁進。旋廟，設醮演劇極夥。」[13]從林氏的記載可知金門城隍信仰的普遍性與活動的熱絡性，在金門可說是與媽祖信仰的進香活動互別苗頭。

　　然而浯島城隍廟為何能凌駕其他城隍廟，成為金門城隍信仰的代表?今之浯島城隍即《金門志》〈祠祀〉所載：「城隍廟　在後浦左營署旁，久圮。嘉慶十六年，文應舉為左營遊擊，倡捐銀二千二百（□）重建。」[14]此一城隍廟應是清初陳龍總兵以「所城稍圮，人烟稀少，移住後浦，為前會元許獬居。」[15]後浦城隍廟雖在《金門志》中，未確實記載為陳龍所建，但從陳龍在康熙年間遷總兵署於後浦，又〈祠祀〉載城隍廟在後浦左營署旁，久圮」之語，以及陳龍傳提及陳龍「念此邦夙敦詩禮，立書院，延里中士黃顥為諸生師。」[16]以其重文教之精神，金門在康熙 19 年（1680）設金門鎮總兵，陳龍當時擔任此一職務，明清時之城隍廟又是官方祀典之一，是以極有可能是陳龍遷移鎮署時所建。

　　有關陳龍遷建總鎮署於後浦一事，楊天厚引述《金門珠浦許氏族譜》所載，以「陳艱於子息，有嗾之家於浦者」，認為「艱於子息」才是陳龍遷於後浦的原因，而「所城稍圮，人烟稀少」恐只是掩人耳目的幌子。[17]楊氏的分析不無道理，但是恐怕也要注意陳龍遷總鎮署於許家，引起許家不悅，故有言「壬戌陳遂移駐吾家，於是荒城兵墟漸成堅壘，我有藩籬彼自毀之，我有田疇彼自闢之，莫敢以問矣。」這種強人之下，有

　　北：稻田出版有限公司，1998），頁 71。
13　林焜熿，《金門志》，頁 396-397。
14　林焜熿，《金門志》，頁 54。
15　林焜熿，《金門志》，頁 50。
16　林焜熿，《金門志》，頁 162。
17　見楊天厚，〈金門城隍研究〉，頁 77。

怨難伸的情況。「艱於子息」之說，或可視爲是陳龍遷總鎭署的「一說」。

　　由於浯島城隍乃康熙年間隨總兵署所建立，又位在後浦此一官衙所在之處，是以有其代表性，遂逐漸發展出迎城隍活動，成爲金門地區重要的信仰活動之一。

肆、金門城隍的祈雨活動

　　金門的城隍信仰除了迎城隍的熱烈慶典外，受到相當注目的，應該就是過去城隍的祈雨活動。金門城隍的祈雨活動由來久矣，《金門志》曾記載道光 2 年（1822），「旱，大疫，縣丞蕭重投詩於城隍、龍神，三日大雨；仍爲詩謝焉。」又載道光 29 年（1849），「大旱，饑。縣丞李湘洲祈雨，於中港渡頭禳旱魃，遂雨。[18]」前者在《金門志》〈名宦列傳〉中，特別再提此事，書云：「蕭重，號遠村，直隸靜海人；博學工詩……遷金門縣丞，寬厚愛人。金門地磽确，常苦旱。重賦詩禱城隍，是夕大雨，復依韻謝焉。」[19]這二次的祈雨活動都是以金門縣丞爲主，差別只是在於一個是投詩禱於城隍，另一個是到中港渡頭祈雨。

　　日軍占領金門時期，也傳出旱災，同樣的也有祈雨活動，但與清代時期稍有不同。《金門民俗志》載：「父老傳：淪日期間，民國三十一年，天旱，罌粟不收，日人令浯眾於城隍廟，迎蘇王爺祈雨，日顧問佐佐木親臨上香。無何，雨滂沱，浯人遂賽蘇王爺，男女傾城，四鄉畢集，行列達於新頭。」[20] 1968 年版之《金門縣志》〈歷代祥異記〉載：「三十二年，多大旱，三十三年元月十五日，島民迎新頭蘇王爺祈雨，三日後大雨，民眾舉行酬賽會。」[21]但在其卷三〈人民志禮俗篇〉的雜俗一章中，又載爲：「久旱不雨，則乞靈於神，香案禱祝。民國三十一年旱，浯眾迎蘇王爺於城隍廟祈雨，無何大雨滂沱，浯人遂行賽神，男女傾城，

---

[18]　林焜熿，《金門志》，頁 409。

[19]　林焜熿，《金門志》，頁 167。

[20]　許如中編著，《金門民俗志》（臺北：東方文化書局，1971），頁 33。

[21]　見陳漢光總編修，《金門縣志（上冊）》（金門：金門縣文獻委員會，1968），頁 103。

四鄉畢集，行列達於新頭。」[22]

《金門民俗志》、《金門縣志》所記民國 31 年前後的旱災與祈雨活動互有出入。而在後來的口述資料中，談及蘇王爺赴城隍廟祈雨一事，有言為民國 32 年左右，金門因連接數月未雨，而有祈雨一事。楊天厚乃綜合各家看法認為以許如中所言之 31 年可信性較高。[23]

對於民國 31 年蘇王爺至城隍廟祈雨的過程，楊天厚訪問當時蘇王爺的乩童陳念壹，並做成口述資料，其文如下：

> 時逢日寇竊據金門的當兒，依推算，應該是民國三十年的七至九月間，持續數月的旱象，導致民不聊生，民眾苦不堪言。身為父母官的縣長在百般無奈之餘，只得親赴香火鼎盛的「伍德宮」，跪求蘇王爺代為祈賜靈雨。或許是受到縣長真誠的感召，蘇王爺允了聖筊，祈雨的事就此展開。
>
> 蘇王爺的乩童在浯島城隍廟起乩之後，揚言「未時」降雨的訊息，並且曉諭信眾要備妥一擔「五湖水」，置放在祈雨壇前面的水槽。這種湖水必須遠自金湖鎮西村附近的水池汲取，在交通不發達的日據時代，的確是一件相當吃力的工作。主事者在貪圖方便的情景下，竟以一般水企圖蒙混過關。
>
> 升壇入座的蘇王爺「金身」，特別指示信眾要幫祂去頂戴，解開神襖，頭戴青巾，正式拉開祈雨的序幕。正當圍觀的群眾屏息以待之際，忽見一隻母豬自人群中跑出，且不偏不倚往壇前的水槽衝撞，這一衝可把槽中的水給撞翻了。起乩中的蘇王爺「筆頭」立即乩示，此乃筆因於槽中的水並非道地的「五湖水」的緣故，才會出現這小插曲。主其事者在滿懷歉疚下，立即差人專程前往西村挑取真正的「五湖水」，祈雨的工作方得以順利推展。午時的天空仍烈焰高漲，晴空萬里，根本看不出下雨的徵兆，但未時一到，金城鎮古崗村一帶的海灘即烏雲密布，霎時傾盆豪雨入瀉而下，苦旱立獲紓解。令人百思不得其解的是，滂沱大雨中的蘇王爺金身，以及香爐中的三炷香竟如平常一般，香照燃，蘇

22　見陳漢光總編修，《金門縣志（上冊）》，頁 322。
23　楊天厚，〈金門城隍研究〉，頁 87。

王爺的金身也完全沒被雨給淋濕，靈異的景觀令圍觀的群眾嘖嘖
稱奇。[24]

　　對此一迎神祈雨活動，陳念祺的口述也談及特別邀請新頭蘇王爺至
金城城隍廟祈雨一事。「是日，迎神隊伍由新頭直排到金城，抬神輿之
人也穿釘鞋準備迎神。孰料從早到午後，雖施法求神降雨卻仍艷陽高
照，後由長老議請蘇王爺至城隍廟前廣場來膜拜，方突降甘霖，狂雨不
休。」[25]不過其中部分回憶恐有誤記，如談及縣長主祭，日治時代的金
門已無縣長之編制，而是以地方維持會與自衛團的編制維持公共權力，
其後又改為偽行政公署。另外如是當時蘇王爺起乩的乩童，這些過程，
乩童本身應該是不太清楚的，按照黃有興的研究，他指出「訓練乩童最
好能使神靈投入乩童身上十分之九以上。投入九點五到十的境地，可說
已臻上乘。上乘的乩童，神『退駕』以後什麼都不知道。」[26]如果如此，
乩童的記憶應是事後與眾人討論或因記憶扭曲所形成，這中間恐有部分
失實，需要其他證據補強。[27]

　　除了蘇王爺到城隍廟祈雨，民國 52 年的旱災，「鄉老迎呂厝廣澤尊
王在城隍廟禱雨，三日雨降。惟科學時代，信者稀少，無復如前盛大之
報賽矣。」[28]又民國 59 年金門也面臨乾旱，7 月 10 日，呂厝朝山寺[29]的
廣澤尊王到城隍廟祈雨，並預言 7 月 15 日將普降甘霖，後 15 日當天晚
上果然降雨。24 日上午廣澤尊王回駕至朝山寺。城區四里居民為答謝

---

[24]　引見楊天厚，〈金門城隍研究〉，頁 86-87。

[25]　城中晨風編輯小組：〈訪鄉親說金門傳奇二十二──迎神求雨的故事〉，金城陳念祺口述，
　　載《金門日報・浯江副刊》，1990 年 5 月 17 日。轉引自林麗寬，〈金門王爺民間信仰傳
　　說之研究〉（中國文化大學中文所碩士論文，2001），頁 155。

[26]　黃有興，《澎湖的民間信仰》（台北：台原出版社，1992），頁 96。

[27]　口述受訪者可能有若干問題，如選擇性回憶，甚或回憶記不清楚等，必須靠研究者找出可
　　靠的資料來印證文字和口述兩種證據。見唐諾・里齊（Donald A. Ritchie）著，王芝芝譯，
　　《大家來做口述歷史》（台北：遠流出版事業有限公司，1997），頁 198-201。另外張廣智、
　　陳恆等也提及口述歷史面對記憶有失憶性與扭曲性等可能的問題，見張廣智、陳恆，著《口
　　述史學》（台北：揚智文化，2003），頁 129-134。

[28]　陳漢光總編修，《金門縣志（上冊）》，頁 322。

[29]　朝山寺始建年代不詳，1970 年修建，民國 83 年拆除重建。見楊天厚、林麗寬，《金門寺
　　廟巡禮》，頁 201-202。

廣澤尊王的德惠，22 日在城隍廟設下「漢席」，當天晚上並由莒光閩劇社在城隍廟前演出地方戲劇一場。24 日全縣有十數個村里準備了神轎與鑼鼓隊到城隍廟會合，參加尊王返回朝山寺的酬神大會。由於酬神會過於盛大，引來城區警察機關勸導，迎神隊伍停駐於郊外，遏止了酬神大會過於鋪張的情況。[30]

　　爲何要向城隍或到城隍廟祈雨？祈雨儀式起源甚早，殷商時期已有「燋」、「舞」的求雨法，「燋」是將人或牲畜在柴堆上焚燒，以祭告雨神降雨。「舞」是由巫覡舞蹈呼叫以求降雨。「燋」後來轉變爲「暴」，「舞」至周代轉變爲「雩」，是種求雨之際。誠如鄭土有所言：「在這種求雨方式中，帝王官員是主角，從事樂舞的巫覡則充當配角，場面極其壯觀，是自周至清，歷代統治者的主要求雨形式……向城隍祈雨的方式至遲在唐代時已盛行。」[31]張澤洪也指出唐時的祭城隍文，多爲淫雨求晴，天旱乞雨之作。[32]可知城隍信仰發展過程中，其興風作雨的功能起源甚早，而其能致雨乃是地方最高長官將祈雨文焚燒於城隍神像前，請他把旱情呈報給玉帝，下雨救民。[33]

　　然而又爲何是蘇王爺和廣澤尊王到城隍廟祈雨？群眾找來蘇王爺與廣澤尊王至城隍廟求雨，從一般人對於神明的觀念而論，其實都有一套邏輯關係。過去筆者研究台灣的村莊與公廟間的關係，指出村莊住民、地方公廟與祀神之間，存在著一個非常密切的關係。透過寺廟歷史、風水與村莊的興衰等，將否此互相聯繫成爲一個文化關係場域，筆者名之曰「社會文化空間」，住民、神祇與寺廟與村落之間隱含一層天、地、人的結構，彼此關係密切。[34]蘇王爺與金門住民之間的關係亦若是，有其文化脈絡。首先是金門的蘇王爺信仰在當地實有其與官方連結的歷史

30　《金門日報》，民國 59 年 7 月 25 日，第 2 版。

31　鄭土有、王賢淼，《中國城隍信仰》，頁 33。

32　張澤洪，〈城隍神及其信仰〉，《世界宗教研究》，1995 年第 1 期，頁 110。

33　鄭土有、王賢淼，《中國城隍信仰》，頁 34。

34　詳見王志宇，《寺廟與村落——台灣漢人社會的歷史文化觀察》(台北：文津出版社，2008)，第六章的討論。

正統及其靈顯紀錄。《金門志》載：「觀德堂[35]內祀蘇公之神。神係同牧馬王陳淵來金門者，屢著靈蹟。咸豐三年，廈門會匪傾眾來犯，神先期占示，令各戒備，賊果大敗。被獲者供稱，在海上見沿海兵馬甚多，賊各氣奪，以是致敗。其祖廟在新頭。俗稱四王爺，兩營官兵奉之甚謹。」[36]蘇王爺與金門初始的開發的牧馬王陳淵[37]並舉，在民間的傳說裡，其歷史正統的意味已相當濃郁，更何況蘇王爺更有顯靈退匪的傳說，更強化它在金門民眾心目中的地位。此外，蘇王爺被供奉在觀德堂，受清代水師營兵之奉祀，而其祖廟在新頭，即是新頭之伍德宮。[38]蘇王爺信仰透過與牧馬王陳淵同至金門的傳說，塑造其歷史正統形象，加上顯靈退匪解救金門群眾，以及受到水師官兵的崇奉，在意象上與官方有所關連，都可能是金門遇到乾旱時，被推舉出來到城隍廟祈雨的原因。而廣澤尊王出來祈雨，則因廣澤尊王過去即有祈雨的傳說，相關文獻的記載如下：

> 有謂廣澤尊王姓郭名乾，清時泉州人，秉性忠孝，時感國家危難，某日外出後即一去不返，後發現坐於松樹之上，呼之不應，與死無異，數月後仍有體溫，百姓信之為神，建廟供其不死之身，求雨靈驗，朝廷封為廣澤尊王。[39]

大致而言，明清時期常看到祈雨的對象不只城隍，如龍神、觀音都是祈求的對象，廣澤尊王本身也有求雨靈驗的傳說，是以民眾得以將廣澤尊王請出祈雨。

35　即今之昭德宮，見楊天厚、林麗寬，《金門寺廟巡禮》，頁64。

36　林焜熿，《金門志》，頁57。

37　有關民間傳說牧馬王陳淵為固始馬戶，謝氏認為五代時王氏據閩建國稱帝，固始為帝鄉之故，特別榮耀，固始人特受優待，造成五代以降閩人多妄稱固始人。他認為陳淵和隨他來到金門的人民，大都是閩南或福建本地人，不應把他們視為來自北方的移民。見謝重光、楊彥杰、汪毅夫，《金門史稿》，頁13-14。

38　有關金湖鎮新頭村伍德宮所奉蘇王爺及其與營鎮所奉觀德堂蘇王爺的關係，詳見林麗寬，〈金門王爺民間信仰傳說之研究〉，頁137-138；楊天厚、林麗寬，《金門寺廟巡禮》，頁162-164。

39　見仇德哉，《臺灣之寺廟與神明（四）》（臺中：臺灣省文獻委員會，1983），頁48。

伍、由人到神的祈雨儀式：政治轉變下的信仰
　　 發展

　　上列的討論可以看到向城隍祈雨的儀式起源甚早，也可以瞭解幾個
具有致雨功能或傳說的神明，不過金門地區為何在旱災發展的過程中，
會是清代時由縣丞主祭，但是到了日人佔領期以後乃轉由其他神明到城
隍廟祈雨，這個轉折頗有意思。

　　城隍信仰的發展到明代有相當大的變化，洪武二年（1369），朱元
璋下令封京都及天下城隍神，當時京都（南京應天府）城隍被封為「承
天鑑國司民升福明靈王」，北京開封府城隍被封為「承天鑑國司民靈顯
王」，臨濠府（今安徽省鳳陽縣）城隍被封為「承天鑑國司民升福貞佑
王」，太平府（今安徽省當塗縣）城隍被封為「承天鑑國司民升福英烈
王」，和州（今安徽省和縣）城隍被封為「承天鑑國司民升福靈護王」，
滁州（今安徽省滁縣）城隍被封為「承天鑑國司民升福靈佑王」。開封
府以下的城隍都是正一品，而應天府城隍沒有授與官品則因為被比擬為
皇帝。此一制度首次產生了由國家制訂的城隍制度，且在邏輯上有了明
幽等，代表現世秩序中的「禮樂」，與冥界中的「鬼神」的對應關係，
城隍神成為與現世地方官對稱的冥界地方官的現象正式出現。洪武三年
（1370），又下令對城隍封號改制，取消了神號，使得天下的城隍廟就
簡化為京都（應天府）、府、州縣三級，形成與現世皇帝統治相對應的
一元化城隍序列。顯然「三年改制」強化了前一年新制中規範的城隍作
為冥界一定區域的守護神、管理者的性質，使得城隍帶有與現世行政機
構相對應的冥界行政官的性質。[40]這一改變使地方官與城隍信仰之間有
了一個層級對應的關係。

　　傳統時代官員遇到自然災害以祭祀手段，祈求神靈保佑的情況相當
常見，如 1924 年江西地區山洪爆發，贛江、鄱陽湖同時氾濫，引發大

---

[40]　有關洪武二年朱元璋封天下城隍以及洪武三年的改制，相關發展及意義，參見濱島敦俊著，
　　朱海濱譯，《明清江南農村社會與民間信仰》（福建廈門：廈門大學出版社，2001），頁
　　114-129。

水災，地方官員齋戒沐浴，親往省城隍廟，進香祈求放晴，並禁屠三日，延請僧道設壇誦經。1925 年夏湖南省大旱，省公署內設壇祈雨，趙恒惕發出懺悔通電，自舉七條罪過，以求感召天庭，降下甘霖。地方官在遇到自然災害，設壇祭祀以求上蒼感應，豁免災難的情況相當多。[41]而且這種祈禱神明來解除災禍的情況常常發生，不只是旱災、水災，連虎患也常以此方式行之。黃志繁便指出地方官選擇以祈禱神明來消弭虎患，主要因為中國傳統政治道德認為自然界的異常是人間道德和秩序敗壞的反映，出現了異常的自然現象，如果為政者自責並實施「仁政」，自然就會回歸正常。所以在史籍中不乏從皇帝到地方官祈禱神明，以求感動上天消除災荒的記載。[42]筆者過去也以林豪方志有關災祥的論述為例，指出這種天人感應的觀念以及對於傳統時期仕紳的影響。[43]這是為何在清代金門的祈雨都記載著由縣丞來主導的原因。

　　然而從日人佔領金門以後，為何是由蘇王爺和廣澤尊王到城隍廟祈雨？為何找來蘇王爺及廣澤尊王前已有所說明，但是由過去的以官員為主祭到後來由他神赴城隍廟祈雨，其中還是有其隱含在政治及文化背後的脈絡可循。

　　民國 26 年，日軍佔領金門後，先令金門人王廷植、周永國組織偽後浦地方治安維持會，又成立偽自衛團，以陳太乙為團長；在沙美地區也令王天和為偽沙美地方維持會會長，另派郎壽臣為偽自衛團長。27 年，日海軍大佐佐籐，合併後浦、沙美兩偽維持會為偽金門治安維持會，至 28 年又改為偽金門行政公署，歸廈門市管轄。[44]在宗教信仰的文化因子還深深影響當地民眾的情況下，赴城隍廟祈雨，是當時乾旱氣候下，民眾認為地方官應該有的作為。但是在政治環境丕變的情況下，當時接

---

[41] 民國時期這類地方官設壇禳災的例子可參見，李勤，〈民國時期的災害與巫術救荒〉，《湘潭大學大學學報（哲學社會科學版）》，28：5（2004 年 9 月），頁 80-82。

[42] 黃志繁，〈「山獸之君」、虎患與道德教化──側重於明清南方地區〉，見李文海、夏明方主編，《天有凶年──清代災荒與中國社會》（北京：三聯書店，2007），頁 458。

[43] 詳見王志宇，〈方志論述中的災祥觀──以林豪及其相關著述為例〉，《臺灣文獻》61：1（2010 年 3 月），頁 5-28。

[44] 見陳漢光總編修，《金門縣志（上冊）》，頁 42-45。

受日人扶植的行政公署，恐怕不具有代表性，而日人這個異族統治者恐怕不適合，也不願意擔任主祭的角色（因其隱含對應到明清的地方官與城隍的角色）。是以由蘇王爺到城隍廟祈雨可能是當時較適合，且能安定民心的作法。

戰後，國民黨政權面臨著各種政治、經濟及社會問題的挑戰，其回應方式便是在黨國一體的國家機關主導下，來回應當時所面臨的各種國內外政經危機，而逐步形成戰後臺灣的黨國威權體制，使臺灣人民在政治、社會與經濟層面都受到國家積極的干預與控制。在政治社會方面，為維持社會安定，國民黨政權實施「動員戡亂—戒嚴」之非常體制來限定人民基本人權的行使，並透過國民黨改造後所建立的龐大組織體系及各種黨國機器與外圍組織來滲透社會，以執行全面的監視與控制。[45]在宗教信仰方面，戰後台灣已透過「查禁民間不良習俗辦法」及「推行節約運動實施辦法」等，對於民間信仰及各項祭典活動加以約制。民國37年蔣介石對全國同胞演講，倡導「勤儉建國運動」。從民國41年到民國54年，透過「改善民俗綱要」、「台灣省改善民間祭典喜慶喪葬習俗辦法」及「台灣省改善民間習俗辦法」的公布，在台灣掀起了一股在勤儉建國觀念主導下的民俗改善運動，尤其在民間宗教祭典的壓抑上，受到相當的壓抑。[46]

1948年12月發布全國戒嚴令，金門地區在1949年再依臨時條款發布的戒嚴令，將金門、馬祖地區劃作接戰地域，列入戒嚴範圍，金門也就開始執行戒嚴時期的戰地任務。[47]當台灣地區的民俗改善運動如火如荼地開展，金門戰地政務委員會也在民國52年3月訂頒〈如何建設金門為三民主義模範縣〉，其指導原則有「革除舊習染，養成新風氣。」

---

[45] 龔宜君，《「外來政權」與本土社會——改造後國民黨政權社會基礎的形成》（臺北：稻香出版社，1998），頁37-39。

[46] 有關民國40到50年代的民俗改善運動，請參見劉祐成，〈戰後台灣「改善民俗運動」之探討（1945-1990）〉（逢甲大學歷史與文物研究所碩士論文，2010），頁69-130。

[47] 有關金門戰地任務的階段與組織，請參見吳宗器，〈走過從前：金門地區戰地政務制度實驗與轉型〉，收入於楊加順主編，《2006年金門學學術研討會論文集》（金門金城：金門縣文化局，2007），頁195-197。

其基本要項有管、教、養、衛，其中養的方面，其方法為「例行節約，杜絕浪費，化無用為有用，少用錢，多用力。」[48]民國 52 年 9 月，為改善社會風氣，又成立了民俗改進委員會，並先進行民俗調查，逐項詳實登記。54 年舉辦民俗改良徵文比賽，並釐定四大改革，重點有改革婚姻重聘，改革婚喪喜慶舖張浪費，集會宴客守時，破除迷信節約拜拜等運動。民國 55 年更推行新生活運動。[49]這些發展可說與台灣本島的民俗改善運動相呼應。民國 65 年 9 月訂頒的〈金門縣三民主義實驗六年建設計畫大綱〉，更將改良民俗列為政治建設項下，列明「1.加強推行國民禮儀生活規範。2.節約喜慶舖張浪費，倡導戰地儉樸習俗。3.簡化喪葬，統一祭祀，籌建殯儀館，倡導火葬。4.維護戰地勤勞純樸優良風氣，淨化戰地市招，徹底取締披頭長髮，奇裝異服。」[50]而在金門警察的業務項目裡，也列有端正風俗一項，其內容為：「限制婚喪喜慶宴客數，對跳神巫蠱等均嚴格取締，違者重罰，使民眾養成勤儉節約習慣；加強取締奇裝異服，男子蓄留長髮，嚴格查禁有害身心之不良書刊、圖片、錄影帶，以維護純樸風氣。」[51]1965 年 1 月 22 日，金門的《正氣中華日報》的社論指出近年來縣府積極推動移風易俗運動，並要求各鄉鎮以競賽方式切實遵行，是行政幹部與知識份子的責任。[52]同年 11 月 28 日也刊登了政務委員會的會議檢討，指出金門待改進的民俗有：1.婚姻重聘；2.婚姻宴客浪費；3.喜慶宴客浪費；4.喪葬舖張陋習；5.集會宴客不守時；6.迷信求神陋習等六大項。並要求縣府切實改善。[53]戰後的金門與台灣兩地可說同時在「勤儉建國」的大旗下，針對民間信仰的活動，刻意加以打壓。

　　在政府雷厲風行民俗改善的影響下，雖然許多寺廟與地方居民關係

---

[48]　相關條文見金門縣立社教館編印，《金門縣志》（金門金城：金門縣政府，1992），卷四〈政事志〉，頁 560-562。

[49]　陳漢光總編修，《金門縣志（上冊）》，頁 488。

[50]　相關條文見金門縣立社教館編印，《金門縣志》卷四〈政事志〉，頁 563。

[51]　見金門縣立社教館編印，《金門縣志》卷四〈政事志〉，頁 734。

[52]　《正氣中華日報》，1965 年 1 月 22 日，第 1 版。

[53]　《正氣中華日報》，1965 年 11 月 28 日，第 1 版。

密切，但政府官員在政策的影響下，心存芥蒂，對於民間信仰活動的參與及舉辦有時也會採取觀望的態度。筆者過去討論彰化田中鎮信仰中心乾德宮的發展，透過公所的檔案，即可發現乾德宮因種種因素而由鎮長兼任主委，但在當時的政治氛圍下，沒有人敢貿然辦理該宮的建醮活動，直至民國 72 年間，一方面在民俗上乾德宮因修建而有建醮年限的限制，另一方面政治氛圍也略有轉變的情況下，才由當時的鎮長劉楚傑挺身而出為該廟辦理建醮。[54]以當時的時代氛圍而言，這個影響在執行戰地政務的金門縣，恐怕也難以完全擺脫。

　　從傳統時代的天人感應觀念下，官員為了百姓受旱魃危害，以曝曬或祝禱等方式代表老百姓出面祈雨，透過種種祈禱方式，[55]祈求上蒼能降下甘霖，解救百姓。這種作為有濃厚的天人感應的思維，而其關鍵則在人的德行修為。誠如皮慶生對宋代祈雨行為所做的闡述：「道德情感對祈雨靈驗的作用遠遠超過了科學技術與儀式方法，甚至，在心誠則靈的前提下，儀式的正統與否都不重要……祈雨過程彷彿是非常狀態官員德行證明、自省與修持的過程，這或許是很多地方官員積極參與治地祈雨儀式的深層原因。」[56]而從金門的祈雨活動上，我們可以明顯的發現，在日軍占領期，政治環境的變化，使得傳統中國的天人觀念，在異族的統治下，無法如過去一般運作。日人為了安撫百姓，順應舊慣，轉而要求百姓以蘇王爺至城隍廟祈雨，避開了傳統官員赴城隍廟祈雨的政治宗教架構，應是可以理解之事。戰後的官員在民俗改善大旗下，恐怕也難以名正言順的擔任主祭官員，而由具有祈雨傳說的廣澤尊王代為乞雨，正可平衡政策與民間信仰兩者互為矛盾的壓力。

　　過去張崑振討論傳統城隍與現今信仰的變化，認為改朝換代以後，城隍廟中官方主導祭典的力量撤除，以人格神為主的祭祀活動很自然地

---

[54]　關乾德宮在民國七十年代的建醮活動，參見王志宇，〈彰南田中地區的媽祖信仰與地域社會—以乾德宮為中心〉，《逢甲人文社會學報》22（2011 年 6 月），頁 150-151。

[55]　皮慶生對於宋代的祈雨方式有詳細的論述，指出有傳統禮制規定下的祈雨法、官頒祈雨法、道教祈雨法、佛教祈雨法、民間雜法等五類，詳見皮慶生，《宋代民眾祠神信仰研究》（上海：上海古籍出版社，2008），頁 147-172。

[56]　皮慶生，《宋代民眾祠神信仰研究》，頁 199。

取代了自然神的城隍象徵，也說明了城隍廟由「壇」而「廟」的轉化。傳統官祀城隍祭典主要表現出與山川、社稷、風雲雷雨、祈禱水旱等自然災害間的密切關連，而今城隍祭典則是以遶境、夯枷、祝壽祈福儀式等為主，兩者顯有不同。[57]從金門城隍祈雨的過程，我們可以注意到傳統的官員主祭，到日治和戰後，轉以蘇王爺和廣澤尊王赴城隍廟祈雨，這種轉換正是代表著原先支撐官僚體制的中心思想—天人感應，這種道德政治觀念在新的政治環境中受到壓制而呈現的轉化現象。

陸、結論

城隍信仰是金門地區重要的信仰之一，至今仍有活動規模龐大的迎城隍活動。城隍信仰從漢代時已有正直之人死後為城隍的觀念，其信仰的發展歷史相當長久。明代朱元璋封賜城隍，使城隍成為與陽間官僚系統相對應的冥界行政官體系，強化了城隍信仰的發展。水旱災是中國歷代以來常見的自然災害，人面對此種自然災害，常透過宗教信仰嘗試解決。向城隍祈雨以除旱魃的方式，最遲在唐代已盛行。明清時期在城隍信仰體系被強化之後，也留下許多官員向城隍祈雨的紀錄。

金門的浯島城隍是清康熙年間建於後浦的城隍廟，也是當時金門的行政中樞金門鎮總兵官署的所在地，品級相當於縣城隍。在史料上留有道光年間縣丞向城隍祈雨以及在中港渡頭祈雨的紀錄，這與清代許多地方發生旱災時官員出來祈雨的情況一致，此舉背後其實有一套以天人感應為基礎所發展出來的政治道德觀在支撐。到了日人佔領期及戰後，金門地區遭遇旱魃，祈雨的方式有所改變，官員不再主動祈雨，而由民間發起以其他神祇如蘇王爺或廣澤尊王赴城隍廟祈雨，此一發展有其時代環境的影響。

首先在日人佔領期，政治環境丕變，在日人統治下，日人不受中國

---

[57]　張崑振，〈從儀式變遷看官祀城隍信仰的神格特色〉，《臺灣文獻》57：3（2006年9月），頁29。

傳統道德政治的制約，且在明清帶有陰陽互制的城隍制度下，日人更不可能以主祭身份向城隍祈雨。但從安撫民間的手段而言，透過蘇王爺向城隍祈雨，日人前來上香，不失為一調和之方式。戰後廣澤尊王赴城隍廟祈雨，則是民間所發動，在民國四〇至五〇年代，金門尚屬於戰地，臺灣本島在勤儉建國觀念下，正積極的發動改善民俗運動，金門也不例外。官員主動參與祈雨及相關廟會儀式，不只與官方政策相矛盾，或恐招來相關的懲處。由民間發動廣澤尊王赴城隍廟祈雨，應是一個可以解決民眾面對旱災的焦慮情緒的一種方式。是以金門城隍祈雨方式的轉變，可說是在政治環境變遷下，顧慮及神明的職能及群眾的傳統認知，既能避免官員的主動祈雨的尷尬又能滿足群眾需求的一種變通方式。

參考書目

一、史料

《正氣中華日報》，1965 年度。

《金門日報》，1970 年度。

《聯合報》，1953-2012。

林焜熿，《金門志》，南投：臺灣省文獻委員會，臺灣歷史文獻叢刊，1993

金門縣立社教館編印，《金門縣志》，金門金城：金門縣政府，1992

二、專書

仇德哉，《臺灣之寺廟與神明（四）》，臺中：臺灣省文獻委員會，1983

王志宇，《寺廟與村落─台灣漢人社會的歷史文化觀察》，台北：文津出
　　版社，2008。

唐諾・理齊（Donald A. Rirtchi）著，王芝芝譯，《大家來做口述歷史》，
　　台北：遠流出版事業有限公司，1997。

皮慶生，《宋代民眾祠神信仰研究》，上海：上海古籍出版社，2008

李文海、夏明方主編，《天有凶年——清代災荒與中國社會》，北京：三
　　聯書店，2007。

張廣智、陳恆，《口述史學》，台北：揚智文化，2003。

許如中編著，《金門民俗志》，臺北：東方文化書局，1971。

陳漢光總編修，《金門縣志（上冊）》，金門：金門縣文獻委員會，1968。

黃有興，《澎湖的民間信仰》，台北：台原出版社，1992。

楊天厚，《金門城隍信仰》，金門金寧：金門國家公園管理處，2004。

楊天厚、林麗寬，《金門寺廟巡禮》，臺北永和：稻田，1998。

鄭土有、王賢淼，《中國城隍信仰》，上海：三聯書店上海分店，1994。

賴韻如、張哲銘，《浯島四月十二日迎城隍》，金門金城：金門縣文化局，
　　2009。

濱島敦俊著，朱海濱譯，《明清江南農村社會與民間信仰》，福建廈門：
　　　廈門大學出版社，2001。

謝重光、楊彥杰、汪毅夫，《金門史稿》，廈門市：鷺江出版社，2003

龔宜君，《「外來政權」與本土社會—改造後國民黨政權社會基礎的形
　　　成》，臺北：稻香出版社，1998。

三、論文

王志宇，〈方志論述中的災祥觀——以林豪及其相關著述爲例〉，《臺灣
　　　文獻》61：1（2010 年 3 月），頁 5-28。

王志宇，〈彰南田中地區的媽祖信仰與地域社會——以乾德宮爲中心〉，
　　　《逢甲人文社會學報》22（2011 年 6 月），頁 139-159。

吳宗器，〈走過從前：金門地區戰地政務制度實驗與轉型〉，收入於楊加
　　　順主編，《2006 年金門學學術研討會論文集》，金門金城：金門
　　　縣文化局，2007，頁 195-211。

李　勤，〈民國時期的災害與巫術救荒〉，《湘潭大學大學學報（哲學社
　　　會科學版）》，28：5（2004 年 9 月），頁 79-82+96。

林麗寬，〈金門王爺民間信仰傳說之研究〉，文化大學中文所碩士論文，
　　　2001。

張崑振，〈從儀式變遷看官祀城隍信仰的神格特色〉，《臺灣文獻》
　　　57：3（2006 年 9 月），頁 9-36。

張澤洪，〈城隍神及其信仰〉，《世界宗教研究》，1995 年第 1 期，頁
　　　109-116。

許中昀，〈金門浯島城隍廟會之研究——地方廟會的文化傳統與資產價
　　　值考辨〉，金門大學閩南文化研究所碩士論文，2012。

楊天厚，〈金門城隍信仰研究〉，中山大學中文研究所碩士論文，2002

楊天厚，〈金門城隍研究〉，（中山大學中文系碩士在職專班碩士論文，
　　　2003）。

劉祐成，〈戰後台灣「改善民俗運動」之探討（1945-1990）〉，（逢甲大

學歷史與文物研究所碩士論文，2010）。

謝宗榮，〈城隍信仰與臺灣省城隍〉，《臺北文獻直字》149（2004 年 9
　　月），頁 305-316。

謝貴文，〈論清代臺灣的城隍信仰〉，《高應科大人文社會科學學報》8：
　　1（2011 年 7 月），頁 1-28。

從田中央到田中庄
——彰化平原「田中央」的形成與發展

摘　要

　　田中央爲臺灣相當普遍的地名，清代所發生的民變，官民兩軍的對峙與攻略，常涉及田中央一地。惟田中央地名如此之眾，各戰役所指田中央不盡相同。道光 11 年的《彰化縣志》，其保甲中共列了五個田中央，分屬不同的保。今日彰化縣田中鎮的前身田中央，乃道光 30 年，其鄰近的沙仔崙莊發生水災，部分人口遷移至田中央所形成的聚落，後來更因沙仔崙發生水災和火災，導致剩餘人口再遷住田中央。日治時代田中央的發展有了轉變的契機，因爲縱貫鐵路經過田中央，並在田中央設站，以及田中央有輕便鐵道的設置，聯絡北斗等村莊，使得田中央開始繁榮，大正 9 年的地方改正，田中央改爲田中庄，昭和 15 年（1940）升格爲街，奠定了田中央日後發展的基礎。從彰化縣田中鎮的歷史發展來說，日治時代田中央因爲交通因素的改變，而本身也有榨油、蔬菜、鳳梨、香蕉等產業，因此得以成爲鄰近鄉鎮的貨物集散地，造成此一田中央聚落有了相當不錯的發展機會，改制爲田中庄以後，更確立了未來此一街莊的發展，戰後改制爲田中鎮。相較於其他各處田中央，則逐漸萎縮成爲地頭名，是以容易將其他各地的田中央誤解爲目前的彰化縣田中鎮。

關鍵詞：田中央、沙仔崙、村莊、地名、田中鎮

壹、前言

　　「田中央」為一在台灣方志中常出現的莊名，此一名詞大致為台灣開墾過程中，於開墾水田聚居而成的聚落名[1]。因清代時期墾民於所開墾田地聚居的現象相當普遍，是以此類莊名普遍存在，且南北各地皆有。以中部地區為例，清代的彰化縣在道光年間即有五個保轄下有「田中央」莊的出現。然而各地的田中央莊經過清代及日治時代的發展，聚落變遷的結果，有的消失或成為地頭名，有的則發展成為街庄，進而發展成為戰後的鄉鎮名稱。此一發展結果，不僅增加了現代人閱讀史料時的困擾，甚至也造成治史者於研究彰化縣史實時，觸及此名詞及相關史事，容易產生困惑。當史冊述及「田中央」一詞時，除非對此一史事之時、地、物等非常熟悉，否則往往無法立即瞭解其所指稱的確實莊別。

　　今日彰化縣轄下的田中鎮，其名稱即改自「田中央」一詞，而除了田中鎮之外，原清代彰化縣下的其他「田中央」莊已經淪為一小聚落或地頭名，滄海桑田世事之變異如此之大。由於清代田中央的地名極為普遍，彰化縣下的田中央一詞，常遭誤指為今日田中鎮的前身—田中央一地，本文之目的在指出清代林爽文、陳周全、戴潮春等民變，其史事中的田中央與今日田中鎮之關係，以及說明清代中葉至日治時代田中鎮的前身—田中央聚落的形成。

貳、歷史事件中的「田中央」

　　康熙 23 年（1684），清在台設治，大批閩粵移民來台拓墾，彰化地區乃漸次開發。初時，斗六門（今斗六市）可說是移民最北拓墾之所在，今彰化縣境內尚無漢人開拓的跡象，直到康熙 40 年代閩粵移民的開墾跨過斗六門，情況始完全改觀。《諸羅縣志》云：「當設縣之始，縣治草

---

[1]　此可見洪敏麟相關地名的說明，見氏著，《台灣舊地名之沿革第二冊（下）》（南投：臺灣省文獻委員會，1997 再版），頁 179、241、327。

萊，文武各官僑居佳里興，流移開墾之眾，極遠不過斗六門。北路防汛
至半線、牛罵而止……於是四十三年秩官、營汛悉移歸治；而當是時流
移開墾之眾，已漸過斗六門以北矣。自四十九年……設淡水分防千總，
增大甲以上七塘；蓋數年間而流移開墾之眾，又漸過半線大肚溪以北
矣。[2]」而今日田中鎮一帶大約在康熙四十年代末進入開墾的序列。康
熙 48 年（1709），業戶施長齡入墾大武郡保等地，乾隆初年，泉州籍蕭
姓墾首入墾枋橋頭（在今社頭鄉）、紅毛社（在今田中鎮）、篤好潭（在
今田中鎮）等地，已進入今日田中鎮的境域[3]。雖然今日田中鎮的開發
早在康熙四十年代開始，不過其舊名「田中央」卻到道光年間的《彰化
縣志》中才出現，而且有好幾個相同名稱的村莊，分佈在彰化縣境內。

　　大致而言，彰化平原的開發與清初的墾首制度有關，如施世榜家族
投資彰化的開墾事業即是。當然土地的開發也和水利的興修有密切的關
係。康熙年間彰化縣已築有鹿場陂（在虎尾溪墘）、打馬辰陂（在西螺
社東）、馬龍潭陂（在貓霧捒）、西螺引引莊陂（在西螺社）、打廉莊陂
（在東螺社西北）、燕霧莊陂（在半線社南），而水利的興築對田園的開
拓有密切的關係。彰化平原的開發大約在康熙、雍正朝間，此期八堡圳
之開鑿具有決定性的影響[4]。而乾隆 10 年左右，田增加的速度超過園面
積增加的速度，在在說明水利興築的成果[5]。是以康熙 60 年（1721），
朱一貴事件發生，震動全台。藍鼎元、陳夢林等力主在台灣中北部增置
縣邑，受到重視。[6]雍正元年（1723）劃出諸羅縣虎尾溪與大甲溪間土
地，設彰化縣治，此載於《彰化縣志》，書云：

　　　康熙二十二年夏六月，將軍施琅克澎湖。秋八月鄭克塽降。於是
　　　琅疏請留台灣為外蔽。詔報可。二十三年，設諸羅縣，隸台灣府。

2　周鍾瑄，《諸羅縣志》（南投：臺灣省文獻委員會，1993），頁 109-110。

3　有關彰化縣境內的開發參見林文龍，《臺灣中部的開發》（臺北：常民文化出版社，1998），
　　頁 74-78。

4　王崧興，〈八堡圳與台灣中部的開發〉，《台灣文獻》26：4／27：1（1976），頁 43。

5　有關清代彰化縣的水利興修與田園、人口等的增加情況，參見溫振華，〈清代臺灣中部的
　　開發與社會變遷〉，《師大歷史學報》11（1983），頁 59-69。

6　王世慶，《重修臺灣省通志·政治志·建置沿革篇》，頁 34。

南自蔦松、新港，北至雞籠山後，皆屬焉。雍正元年，乃分諸羅中間百餘裏之地，南截虎尾，北抵大甲，設彰化縣治，而彰化之建置自此始[7]。

漢人入墾彰化平原後，隨著開墾的進行，除原有原住民聚落之外，漸有漢人村莊的建立。《彰化縣志》載：「郊野之民，群居萃處者，曰村莊，又曰草地。番民所居曰社。[8]」乾隆 7 年（1742）劉良璧的《重修福建台灣府志》，彰化縣下有十保，分別為半線保、貓霧捒保、燕霧保、馬芝遴保、東螺保、大武郡保、西螺保、布嶼稟保、二林保、深坑仔保等十保[9]，而乾隆 30 年（1765）余文儀之《續修台灣府志》雖言彰化縣由十保新分及增加至十六保，但實際上僅列出十五保，其中快官莊、貓羅新莊等尚屬於半線保，此實即後來新分貓羅保下之村莊，而各保項下仍無「田中央莊」的出現[10]。

至道光 11 年（1831）成書的《彰化縣志》，該志所記十六保中，有「田中央莊」者，即有五保，分別為燕霧上下保、大武郡東西保、大肚上中下保、貓羅保及二林上下保[11]。這五個「田中央莊」的出現，對不熟悉彰化史事者而言，閱讀相關史料時，確實會帶來些許困擾。如陳周全一案，田中央武秀才林國泰，率義民進攻陳周全一事，便有學者以為此田中央為今日之彰化縣田中鎮[12]，這都是因為受到眾多「田中央」地名中，僅有彰化縣東南邊的田中央莊發展成為今日的田中鎮的影響。以下從林爽文事件、陳周全事件與戴潮春事件為例，說明這些事件中，官民雙方的對峙與軍事行動涉及「田中央莊」的部分，並說明各事件所涉及的「田中央莊」究竟在何處？以及與此相關的一些問題。

一、林爽文事件與田中央

---

[7] 周璽，《彰化縣志》，（南投：台灣省文獻委員會，1993），頁 2。

[8] 周璽，《彰化縣志‧規制志》，頁 39。

[9] 劉良璧，《重修福建台灣府志》，卷五城池，頁 79-80。

[10] 余文儀，《續修台灣府志‧卷二規制》，頁 73-74。

[11] 參見周璽，《彰化縣志‧規制志》，頁 42-51。

[12] 劉妮玲，《清代台灣民變研究》（臺北：師大歷史研究所，1983），頁 203。

　　林爽文案，早期的學者有以反清復明的抗清事件視之[13]，亦有學者將其歸納爲社會治安事件[14]。林爽文爲漳州平和人，乾隆 38 年（1773）渡台，至大里杙定居[15]。乾隆 48 年（1783）嚴煙以賣布爲名來台，次年在溪底阿密裏莊傳授天地會，林爽文於此年 3 月入會[16]。乾隆 51 年（1786）7 月，諸羅縣民楊光勛因爲「爭田聚毆，掠民戕官」，爲福建按察使李永祺渡海推按後誅之。其餘黨蔡福、葉省逃入大里杙，投靠林爽文。而林爽文之勢漸張，附和者眾。11 月，台灣鎮總兵柴大紀巡查營伍，至彰化縣。「林爽文聞之，心不自安，豎旗聚眾。[17]

　　林爽文豎旗舉事後與官軍的第一場戰役就在大墩。彼時官軍武備廢弛，不習戰事，擬往大里杙拘捕林爽文的北路協副將赫生額、彰化知縣俞峻、台灣鎮中營遊擊耿世文等，在 11 月 27 日在大墩汛中敵計，皆戰死。同月 28 日彰化城破，翌日，林爽文自爲大盟主。此後民軍騷擾南北二路，官軍一路敗退。12 月時，民軍已陷諸羅，進逼台南府城，而官軍則緊守鹽埕橋。此外南路民軍首領莊大田亦攻陷鳳山，於是民軍聯合南北進攻府城。然而民軍攻府城並不順利，「七擾鹽埕橋，再攻府城，死傷過半，不能得志」，因而攻勢稍挫。至 12 月 12 日，泉人林湊、黃邦等率眾數千人，又招粵民助之，推署守備陳邦光、千總帥挺爲主，赴彰化攻民軍，大勝。此後官軍漸有起色，官民二軍漸有勝負。「至是鹿港、彰化、竹塹失而旋復」，其後乃有福建總督常青、水師提督黃仕簡、陸路提督任承恩、海壇鎮總兵郝壯猷等領兵東渡[18]。

　　乾隆 52 年 2 月，在大軍四集之下，林爽文與其眾謀議先鞏固其巢穴，是以「沿大里杙東南掘壕二千餘丈，壕內壘土垣。又於斗六門、菴古坑、集集埔、水沙連各要隘豎立木柵，以石築牆，分眾守之。」而且

---

[13] 張菼，〈台灣反清事件的不同性質及其分類問題（上）〉，《台灣文獻》26：2（1975），頁 93。

[14] 見劉妮玲，《清代台灣民變研究》，頁 191-199。

[15] 《平臺紀事本末》（南投：臺灣省文獻委員會，1997），頁 1。

[16] 《欽定平定台灣紀略》（南投：臺灣省文獻委員會，1997），頁 927。

[17] 《平臺紀事本末》，頁 2-3。

[18] 有關林爽文起兵後至常青至泉州，黃仕簡等東渡等事，見《平臺紀事本末》，頁 6-16。

向農民徵稅，並招民入其佔領地。「於是彰化之北大肚溪、烏日莊、九張犁、犁頭店、溝仔墘、西大莊、新莊仔、草官田，彰化之南虎仔坑、林紀埔、萬丹莊、崁頂莊、濁水莊、南北投、田中央、竹仔寮，又自大里杙往諸羅之水沙連、他里霧、九芎林、菴古坑各處，皆賊巢也；納賊糧，服賊役。其民皆於頭髮外又留髮一圈，以為識別。[19]」顯然從今日台中至斗南近山一帶皆為林爽文之勢力範圍，不過上列史料所稱的田中央所指何地，並不容易確認，以此時田中鎮的田中央並未興起，從該史料以大肚溪為界的看法，其彰化以南或許指的是北門外的田中央，亦有可能指今員林鎮溝皂、中央二里之田中央[20]。

　　與田中央有關的史事，主要在參贊藍元枚在乾隆 52 年 5 月統領浙江兵二千名至鹿港之後的戰役。藍氏至鹿港後不久，即出兵欲與彰化民軍決戰。5 月 15 日，藍元枚自率遊擊琢靈阿、穆騰額、守備唐昌宗、潘國材等，攻打彰化，然而民軍偽裝為難民，伺機攻擊，官軍大敗，唐昌宗及兵丁百餘人等皆死之。此即《平臺紀事本末》所記：「參贊藍元枚與賊戰于田中央，敗績[21]」一事。不過在藍元枚的奏章裡，卻宣稱「打死賊匪約五、六百人」，「將柴坑仔、大武郡、渡船頭三莊賊巢燒毀，生獲賊匪王皆、郭丕二名」，擄獲「大礮三尊、竹篙鎗、挑刀、鳥鎗等件，賊旗十桿」，「鎗礮打死賊人甚多」等誇大戰果的陳述[22]。事實上，彰化近山地區的民軍勢力仍極為堅強，所以後來乾隆皇帝屢次傳諭藍元枚要其統兵自北而南，直抵諸羅；進兵大肚溪與徐鼎士夾攻大里杙等[23]。藍元枚卻礙於民軍勢盛，無法突破此種困境，最後招來乾隆皇帝「畏葸不前」、「遷延觀望」的詬責[24]。不過藍元枚於 8 月間以患病身故，且在身故前仍抱病出戰，最後仍使乾隆皇帝肯定其「調度督率，均屬奮勉出

---

19 《平臺紀事本末》，頁 22。

20 參見洪敏麟，《台灣地名之沿革（第二冊下）》，頁 314。

21 《平臺紀事本末》，頁 36。

22 《欽定平定台灣紀略》，頁 356-357。

23 《欽定平定台灣紀略》，頁 518。

24 《欽定平定台灣紀略》，頁 492。

力」，而憫其身故[25]。

二、陳周全事件與田中央

有關陳周全一役，姚瑩於《東槎紀略》記之甚詳，其言：「周全，同安人，生長台灣。乾隆57年（1792），回籍，與同安匪民蘇葉謀反，未成，事敗，逃至鳳山。與陳光愛結會，再敗，逃至彰化湖仔莊泉州人馬江家。復謀潮州人陳容（即陳光輝）、漳州人黃朝、黃親，分漳、泉、粵三股各招千人作亂。周全稱長，拜晉江人洪棟爲軍師，陳光秀、許篇、阮四、吳加令、楊成佳皆封僞將軍。」[26]乾隆60年（1795）3月，陳周全起兵後，先攻鹿港，鹿港失陷後，次日攻彰化西門，以都司焦光宗嚴守，民軍轉攻八卦山。右營遊擊陳大恩在民軍猛攻下，無力維持，燃火藥自焚，是以八卦山及縣城皆失陷。此後民軍攻斗六門大敗，乙巳日民軍又爲田中央社武生林國泰率義民所擊敗，汀州府同知沈颺潛伏城內密招義民討伐民軍，鹿港廩生楊應選亦集義民應之，都司焦光宗亦從田中央率義民至，自西門入，民軍潰走，遂先後復彰化、鹿港[27]。

此役與田中央相關者，即在八卦山失守，都司焦光宗兵敗自殺，爲田中央村民所救，送至田中央林國泰書館中醫治一事。《彰化縣志‧人物志》述之甚詳，書云：「林國泰，邑庠武生，居邑之田中央莊。爲人樸訥，宗族推重。乾隆60年3月，逸匪陳周全滋事，連陷鹿港、縣治。有中營都司焦光宗者，隨北路副將張無咎在八卦山與賊打仗，兵潰自刎，良久復甦。村民遇之，見氣未絕，遂負往國泰書館中醫治，越日賊眾往犁頭店，攻巡檢署，國泰疑賊偵知焦都司未死，以爲將襲己也。遂率莊眾族人⋯⋯爲截殺之計。賊至途次，忽被莊眾衝殺⋯⋯國泰大獲全勢（勝），賊黨皆潰[28]。」此處所言田中央，與林爽文事件時史料所見之藍元枚嚐敗績之田中央，實同一處，皆爲彰化縣城北門外之田中央莊，

25　《欽定平定台灣紀略》，頁565。
26　姚瑩，《東槎紀略》（南投：臺灣省文獻委員會，1996），頁119。
27　姚瑩，《東槎紀略》，頁119-120。
28　周璽，《彰化縣志‧人物志》，頁259。

故言「居邑之田中央莊」。

三、戴潮春事件與田中央

同治元年（1862）的戴潮春事件亦是清代幾次大規模的民變之一，影響臺灣中部極大。有關此次事件，鍾華操曾寫過〈同治初年戴潮春之役〉，點出戴潮春事件中，會黨起事及攻城過程有幾場重要戰役，分別為 1.東大墩之戰鬥與彰化之攻略；2.阿罩霧及鹿港外圍之戰鬥；3.四次圍攻大甲；4.斗六門之殲滅與土庫、鹽水港之攻略 5.三次圍攻嘉義等。清軍反攻亦有數次重要戰役，1.會黨要港梧棲與戴潮春根據地四張犂之失陷；2.彰化城之得而復失；3.斗六門與四塊厝之失陷：4.張三顯再起（戰于八卦山腳），陳弄（據小埔心）、洪欉（據北勢湳）之最後掙扎等。[29]此外，陳哲三在〈戴潮春事件在南投縣境之史事及其史蹟〉一文，也有相當精彩的分析。尤其此次事件彰化縣市主要的戰場，在今日之臺中、霧峰，彰化縣之埤頭、北斗、員林、田中以及南投縣的竹山、草屯皆有重要的戰役。尤其在彰化的陳肇興、邱位南以及沙仔崙廩生陳貞元舉白旗呼應官軍之後，彰化南部的社頭、田中、二水以及南投縣境內的竹山一帶，成為匪軍攻略之地[30]。

本文不擬重述戴潮春事件的整個過程，僅針對與田中央相關的幾個小戰役，說明該處可能之位置與相關之問題。大致而言，與田中央相關的史事主要發生在同治 2 年至 3 年間。吳德功記述，同治 2 年（1863）4 月 28 日，彰化舉人陳肇興、邱位南，沙連舉人林鳳池、生員陳上治，永春生員廖秉均，南投堡義首陳雲龍、吳聯輝，牛牯嶺義首陳捷三，北投堡舉人簡化成、義首林錫爵，沙仔崙廩生陳貞元，約六堡同日樹義幟。此役使此輩多人喪命，而屬今日田中鎮內的沙仔崙莊廩生陳貞元家屋被民軍所燒毀[31]。有關此役蔡青筠更指出「陳貞元兵敗；在沙仔崙之家宅

29　見鍾華操，〈同治初年戴潮春之役〉，《臺灣文獻》25：2（1974），頁 55-65。

30　此事件在彰化及南投兩縣的發展，參見陳哲三，〈戴潮春事件在南投縣境之史事及其史蹟〉，《臺灣史蹟》36（2000），頁 32-39。

31　吳德功，〈戴案紀略〉，《戴施兩案紀略》，台灣文獻史料叢刊第七輯，（台北：大通書

樓閣連雲，亦被賊所燬[32]。」顯然沙仔崙莊在此役中被捲入，損失慘重。後來民軍首領楊目丁蹂躪各處村莊，陳捷三合義民數千人駐紮於沙仔崙，並在六月十六日與民軍戰於濁水溪，陳貞元引莊兵助攻，未勝，幸賴水沙連陳上治引兵由南面包抄，始將民軍擊退[33]。

　　同治 2 年 10 月，丁曰健帶兵三千抵竹塹，旋進牛罵頭。丁氏於其奏摺內說明他先至梧棲港一帶登高察看，並認為「彰化城北，以大肚溪為顯要，大肚溪以葭投莊為屏蔽。賊首陳鮞，現家於此……東有飯店、水師藔等莊，如船之椗。而水里港莊則接濟葭投投糧藥之處……由水裏港迤西一帶福州厝等處數十匪莊，又葭投之藩籬也。」是以在 15 日派范義庭、紳士舉人蔡鴻猷、文生蔡懷斌、訓導楊清珠、義首江殿邦等率兵勇練丁往攻水裏港，「派王楨、都司銜守備陳捷元、鄭榮、義首楊至器等分攻田中央、海陂厝等處；守備陳兆麟率營弁張榮貴、余見成等帶領省兵，往來策應。」在官軍奮力一搏之下，陳捷元攻破田中央莊，殲斃民軍三十餘名[34]。此摺並述及 17 日逕攻葭投老巢，不過顯然沒有將其拿下。是以丁氏於次一摺內說明其部署以及 26 日以後攻打葭投的情況，其言：「隨於二十一日派補用同知候補知縣王楨、都司儘先守備鄭榮率同縣丞張國楷等，帶勇五百名，進紮海陂厝；守備陳捷元……進紮福州厝；通判王成瑞……分紮塗角窟、頭湖莊……程榮森……進紮水裏港；參將田如松、守備陳兆麟帶省兵四百名，進紮田中央……臣率營弁江瑛圖……移紮三塊厝[35]。」官軍攻打葭投以後，取得較大的進展，同年十二月克復彰化城。

　　至同治 2 年 12 月戴潮春被張三顯出賣，於北斗問斬。次年 3 月，張三顯以賞薄，在潮春餘黨陳梓生、陳鮞勸說下，樹青旗舉事，並率民軍數千人據八卦山攻城，後為廿四莊、鹿港等地官軍義勇所破[36]。此役

　　局，1987），頁 39-40。

32　蔡青筠，《戴案紀略》，台灣文獻史料叢刊第七輯，頁 46。

33　蔡青筠，《戴案紀略》，頁 48。

34　丁曰健，《治臺必告錄》（臺北：台灣銀行經濟研究室，1959），頁 430。

35　丁曰健，《治臺必告錄》，頁 436。

36　蔡青筠，《戴案紀略》，頁 55-56；吳德功，〈戴案紀略〉，《戴施兩案紀略》，頁 50-51。

丁曰健亦有奏報，言及同治 3 年 3 月底，民軍又再度蠢動，謠傳以林天河強佔內山賴姓產業，眾心不服，以致賴矮及林姓各民軍會同洪欉並各招撫股首，聚集千餘人，擬分二股，一糾攻阿罩霧山，一攻彰城。28日果有近山民軍先焚沙仔崙等莊[37]。

　　戴潮春一案，所涉及的田中央史事可分二類而言，一是史料中所述及的田中央，另外則是涉及今日田中鎮內的沙仔崙莊。有關沙仔崙莊之史事尚涉及耆老口述史料的問題，容後再敘，此處先討論田中央一地之所在。同治 2 年 10 月，丁曰健派兵攻打陳鮴老巢葭投一事，實涉及兩處田中央。丁曰健用兵葭投，此地今屬台中縣龍井鄉，在葭投聚落之北約 1.2 公里處，此一聚落即為田中央，連同其西北方的竹坑，同屬於葭投此一聚落之範圍[38]。此從丁曰健之部署看來，如其所言「大肚溪以北葭投等莊長亙十餘里，逆首陳鮴踞為老巢；東與竹坑、水師蓁毗連，西與水裏港、福州厝犄角[39]」，顯然其部署與進攻即以鄰近葭投的田中央為對象，此即屬於大肚保之田中央，而非大肚溪南岸的田中央。

　　從上列史料觀之，大肚溪南北兩岸的田中央，實皆為兵家必爭之地，林爽文、陳周全以及戴潮春事變都有戰役在此發生。為何如此？從地理位置上而言，《彰化縣志》「津樑」記載：「大肚溪渡，四處分為上中下渡，水從雙溪口合流，烏溪、貓羅溪、貓霧捒溪三支並入，西出掃帚尾入海」、寮仔渡（在寮仔莊下，為大肚溪下渡）、加滑溪渡（今名新莊仔渡，在田中央之北，上勝腊、新莊仔之南。彰、捒通行要津，距邑治十里）、大甲溪渡（溪南地距數里，淡、彰往來通行要津。溪多員石，石上生苔，圓滑可畏，其水湍急，稱為絕險。[40]）而《臺灣府輿圖纂要》「坊里」亦記載：「田中央渡：在貓羅保。系竹筏[41]。」所以田中央扼守大肚溪津渡，為彰化縣城北一重要之南北交通要道，亦是兵家

---

[37] 丁曰健，《治臺必告錄》，頁 464。
[38] 洪敏麟，《台灣地名之沿革（第二冊）》，頁 179-180。
[39] 丁曰健，《治臺必告錄》，頁 439。
[40] 周璽，《彰化縣志・規制志》，頁 53。
[41] 《臺灣府輿圖纂要》，「坊裏」，頁 247。

必爭之地。而縣志又記載：「快官圳：其水源從八几仙出大哮山麓，逕北投碧山巖前，過月眉曆坡至快官。築圳爲頂陂，流衍田中央、邑治北門外，又西過允龜橋邊，浮現出薊桐腳等處，共灌田又千餘甲。業戶楊、曾合築[42]。」可見田中央約在彰化北門外大肚溪以南之地，即今日彰化市田中里[43]。此地也就是林、陳兩案所指涉的田中央。而戴潮春事件中葭投戰役的發展，其田中央則指大肚溪北邊，葭投北方的田中央，兩地並不相同。

又爲何此林爽文及陳周全事件中所提及之「田中央」非今日之田中鎮？從時間上而言，乾隆 51 年到乾隆 60 年間，彰化南邊的東螺保與大武郡保內尚未出現田中央的地名，今日田中鎮初期的居民乃由田中鎮範圍內較早發展的沙仔崙遷來，其時間已晚至道光年間。此一發展史實仍須從方志、地方文獻以及相關耆老的口述中，逐一建構。

參、清代「田中央」聚落的形成

今日彰化縣田中鎮之範圍分屬於清代武東保與東螺保。因最初的發展曾因水患及火災，村莊有所遷移，因此有關其起源當地的耆老有種種不同的說法。今日田中鎮的前身田中央莊在清代的緣起與悅興街和沙仔崙有密切的關係。不過有關其起源的說法卻相當分歧，有者認爲爲道光 30（1850）年 7 月，濁水溪氾濫成災，原有市街全遭流失，乃在沙阿倫（沙仔崙）搭建竹筒厝，卻接者又發生大火，整條街成廢墟，居民遷移至田中央。[44]亦有認爲清代田中地方以悅興街爲中心，道光 30 年，濁水溪氾濫，市集才遷至沙仔崙。[45]亦有認爲道光 18 年（1838）濁水溪氾濫，沖毀悅興街，大部分居民乃遷至沙仔崙。[46]有關田中鎮的起源似乎有著

---

[42] 周璽，《彰化縣志‧規制志》，頁 57。

[43] 周國屏等編，《彰化市志》（彰化市：彰化市公所，1997），頁 17。

[44] 此爲田中鎮耆老葉茂杞先生之看法，見台灣省文獻委員會編印，《彰化縣鄉土史料》（南投：編者，1999），頁 411。

[45] 此爲謝家也當先生之看法，見見台灣省文獻委員會編印，《彰化縣鄉土史料》，頁 411。

[46] 此爲田中鎮耆老劉金志之看法，見彰化縣立文化中心編印，《彰化縣口述歷史（二）》（彰

種種不同的傳說，是以想釐清田中鎮的起源，或許可從清代的地方誌與日治時代的相關記載來瞭解。

田中鎮的起源究竟從何地開始，或許可從清代的地方誌與日治時代的相關記載來瞭解。清代的彰化縣雖然在雍正元年才設縣，不過與其轄區相關的地方誌有蔣毓英、高拱乾、周元文等先後完成的《台灣府志》，周鍾瑄的《諸羅縣志》以及周璽的《彰化縣志》等。為使讀者能清楚明白清代記載有關彰化縣的方志，茲將相關方志列表於下：

方志名	纂修者	成書年代
台灣府志	蔣毓英	康熙 24 年（1685）
台灣府志	高拱乾	康熙 35 年（1696）
重修台灣府志	周元文	康熙 51 年（1712）
諸羅縣志	周鍾瑄	康熙 56 年（1717）
重修福建台灣府志	劉良璧	乾隆 7 年（1742）
重修台灣府志	范咸	乾隆 12 年（1747）
續修台灣府志	余文儀	乾隆 30 年（1765）
彰化縣志	周璽	道光 11 年（1831）
台灣通志	蔣師轍、薛紹元	光緒 20 年（1894）

欲瞭解田中央的發跡以及後來的發展，由彰化一地的開墾過程以及清代不同時期方志的記載，對照今日田中鎮一帶的相關地名，應可充分顯示田中鎮相關聚落的起源及其發展。

大致而言，彰化平原屬於濁水溪沖積扇，濁水溪在二水出山後，流向原甚分歧，主流偏向西北，稱為東螺溪，由鹿港附近入海。鹿港初興起時，原為河港，而並非海港，自有文字記錄的 260 年以來，主流流向已有好幾次變動，漫流此沖積扇的主要大溪，從南到北計有虎尾溪、舊虎尾溪、新虎尾溪、西螺溪與東螺溪五條。經過人工的壓束，目前係以西螺溪為主流[47]。這個濁水溪沖積扇可說是彰化平原開發的基礎，也是後來得以造就全台第二大城──鹿港興起的背景因素。

化：編者，1996），頁 197。
[47]　陳正祥，《臺灣地誌》（臺北：南天書局，1993），頁 831。

　　彰化地區的的開發從地方誌的記載可窺其端倪，康熙 56 年成稿的
《諸羅縣志》，其街市項下所記，斗六門以北，也只有半線街（今之彰
化市）的出現[48]。而此時的情況如前文所言，《諸羅縣志》描述直至康熙
35 年前後，彰化平原才漸次有漢人進入開發。至乾隆 7 年劉良璧的《重
修福建台灣府志》已記載東螺保管下有舊社莊、三條圳莊、打馬辰莊、
侯心霸莊、大段莊、十張犁莊、興化莊、睦宜莊、埔心莊、眉裏莊、埤
頭莊、斗六甲莊、麻園寮莊。大武郡保管下有舊社莊、崙仔莊、崁頂莊、
枋橋頭莊、陳厝莊、紅毛社莊、油車店莊、火燒莊、濫港東莊、西成莊、
柴頭井莊、馬光厝莊、新莊仔莊、卓乃潭莊、橋頭莊[49]。乾隆 7 年在今
日田中鎮內的十張犁莊、紅毛社莊、卓乃潭莊，皆已出現[50]。而街市方
面鄰近今田中鎮的員林仔街、東螺街亦已出現[51]。值得注意的是悅興街
並未在此出現。

　　乾隆 12 年范咸的《重修台灣府志》比對東螺保與大武郡保管下村
莊與劉志相同。而乾隆 30 年的余文儀《續修台灣府志》所記保與村莊
已出現變化，彰化縣管下由十保增為十六保，村莊亦由一百一十莊增加
到一百三十二莊[52]。原來的大武郡保，分為大武郡東保與大武郡西保。
大武郡東保管下有火燒莊、枋橋頭莊、紅毛社莊、嵌頂莊、篤奶潭莊、
清水溝莊。大武郡西保管下有埔心莊、湳港莊、吳鳳莊、水漆林莊。東
螺保管下有崙仔頂莊、下打廉莊、十張犁莊、舊社樣仔莊、新社店莊、
眉裏新莊、牛稠仔莊、六耳莊、三條圳莊、打馬辰莊、巴難魯莊、麻園
莊等[53]。街市部分田中鎮鄰近除了原來的員林子街、東螺街之外，新增
加了大武郡保內的枋橋頭街[54]。而悅興街仍然沒有出現。

　　道光 11 年周璽的《彰化縣志》在街市部分記載田中鎮鄰近的街市

---

[48]　周鍾瑄，《諸羅縣志・規制志》，頁 32。
[49]　劉良璧，《重修福建台灣府志》，卷五城池，頁 79。
[50]　對照洪敏麟所記田中鎮部分，見氏著，《臺灣舊地名之沿革（第二冊下）》，頁 325-333。
[51]　劉良璧，《重修福建台灣府志》，卷五城池，頁 84-85。
[52]　余文儀，《續修台灣府志》，卷二規制，頁 73。
[53]　余文儀，《續修台灣府志》，卷二規制，頁 74。
[54]　余文儀，《續修台灣府志》，卷二規制，頁 89。

有東螺北斗街，此街因舊東螺街被水沖壞，舉人楊啓元等議移建於此；另外還有原有的員林街、枋橋頭街等。值得注意的是此時出現了東螺保的悅興街（距邑治四十里）、大武郡保的社頭街（距邑治二十五里）以及大武郡保的永靖街[55]。而在保甲部分大武郡保下亦出現了田中央、大新莊、小新莊、三塊厝、紅毛社、卓乃潭、內灣莊、太平莊、石厝莊、錦湖莊、普興莊、香山莊等屬於今日田中鎮的莊名。而東螺東西保亦有四塊厝、梅洲莊、十五莊、同安寮、沙仔崙、三塊厝、內十張犁、外十張犁等屬於今日田中鎮內的村莊[56]。

　　從上述所列舉的史料，可知在乾隆 30 年以前，沙仔崙、田中央以及悅興街都尙未出現，而其村莊的產生應是在乾隆 30 年以後的事。再從日治時代的資料對照，或許能更清楚。伊能嘉矩編《大日本地名辭書續編—（三）台灣》記載乾隆末年東螺溪北岸沙仔崙，屬於內三塊厝莊，已出現街肆，其西南一帶的頂霸、下霸、下水埔等各莊漸次成立。道光 30 年因洪水流失街肆，移至田中央。又所記載彰化地區有田中央一項，指位於武東堡的南端，至北斗街（東螺西堡）的大路上。清道光 30 年（1850）沙仔崙（東螺東堡）的街肆因濁水溪氾濫，流失泰半，居民乃遷居到此地，水田變爲肆店，所以名爲田中央[57]。安倍明義《台灣地名研究》亦記載：「田中：至一九二〇年以前稱爲『田中央』。初期是一片水田，道光 30 年（1850）沙仔崙的街肆因濁水溪氾濫而流失泰半，於是另擇他地，變水田爲肆店。『田中央』的地名由此而來[58]。」而此田中央即洪敏麟所稱雍正初葉，有漳籍墾戶林廖亮者開墾於東螺溪沿岸地域，建沙仔崙莊，乾隆末年發展成街肆。道光 3 年遭洪水，毀街區之泰半，乃遷移田中央建新街，稱田中街[59]。其所指稱的道光 3 年應爲道光 30 年之誤。而田中鎮的耆老亦言及田中央之建街乃因沙仔崙人陳紹年

55　周璽，《彰化縣志》，卷二規制志，頁 40-42。

56　周璽，《彰化縣志》，卷二規制志，頁 45-46，48-49，並對照洪敏麟，《臺灣舊地名之沿革（第二冊下）》，頁 325-333。

57　伊能嘉矩編，《大日本地名辭書續編—（三）台灣》（東京：富山房，1909），頁 83-84。

58　安倍明義，《台灣地名研究》（臺北：蕃語研究會，1938），頁 188。

59　洪敏麟，《臺灣舊地名之沿革（第二冊下）》，頁 325。

極力勸導街民至田中央開墾的結果。[60]此陳紹年在光緒 7 年 10 月的「同立給墾永耕字人東螺社通事貓劉秀同□房眾番等」契中記載,夥同沙崙街(沙仔崙)陳五美、陳紹道共同承買貓劉秀的草地熟園[61],該鎮耆老對此事的描述有其可信度,而此契約也顯示沙仔崙在田中央興起後,居民並未完成撤離,仍有居民留在此地發展。

此外,《大日本地名辭書續編—第三台灣》又記載悅興街在嘉慶初年,李、謝、林三姓建立寶斗莊及其東方的悅興街,與東螺街對峙。後來嘉慶 11 年的漳泉分類械鬥以及次年的水災,東螺街全毀。道光 2 年在北方河洲內建寶斗莊新街,成為後來的北斗街,而悅興街的勢力乃為其兼併[62]。而亦有人認為漳泉械鬥以及東螺街全毀,又使原東螺街的漳泉人分莊,漳人一部分至沙仔崙建街,一部分北遷目宜莊(今田尾鄉睦宜村),泉人則到寶斗建北斗街,而此事又涉及原東螺街天后宮由漳泉人分割,沙仔崙漳人取得前殿建乾德宮,目宜莊漳人取得中殿建聖德宮,泉人取得後殿建奠安宮[63]。此事大致為北斗奠安宮的說法,頗值得存疑,因《彰化縣志》記載東螺街、悅興街皆有天后聖母廟[64],而田中鎮耆老亦有言乾德宮乃由悅興街媽祖廟(名新社宮)遷移而來,先遷至沙仔崙,位於今天受宮址,後再遷至田中央現址之說法[65]。

對照日治時期的寺廟台帳所載,北斗奠安宮為康熙 57 年由鹿港媽祖廟分香而來,原在舊眉庄舊社一帶,嘉慶 11 年間受戰火以及後來濁水溪氾濫所波及,遷至北斗街。同治 7 年,北斗街居民倡議改建,並由東螺東堡及東螺西堡兩地信徒中募捐籌建。[66]而二水安德宮項下所載,安德宮乃在乾隆元年二八水莊民由悅興街乾德宮分香而來,此後並至乾

---

[60] 劉金志,《故鄉田中》(彰化田中:賴許柔文教基金會,2001)。頁 4-6。

[61] 臺灣銀行經濟研究室編,《清代臺灣大租調查書(上)》(南投:臺灣省文獻委員會,1994),頁 432-433。

[62] 伊能嘉矩編,《大日本地名辭書續編—(三)台灣》,頁 85。

[63] 見張素玢,《歷史視野中的地方發展與變遷—濁水溪畔的二水、北斗、二林》(台北:學生書局,2004),頁 176。

[64] 清周璽,《彰化縣志》,卷五祀典志,頁 154。

[65] 劉金志,《故鄉田中》,頁 92-93。

[66] 《北斗郡寺廟台帳》,北斗街「奠安宮」項。

德宮進香，至道光 27 年止。[67]而奠安宮與田尾媽祖相關的部分，亦可由《北斗郡寺廟台帳》所記田尾庄聖明宮之描述來理解。據該書所在田尾饒平厝庄媽祖乃緣起於東螺舊宮，道光 23 年的洪水，使東螺舊宮的大媽遷至北斗街，二媽遷至饒平厝（田尾）。[68]而田中的乾德宮項下所記，則指出其緣起來自悅興街媽祖，受洪水影響，遷移至大新庄，後再遷至田中央現址。[69]日治時代的寺廟台帳所記至少可以讓我們對清代東螺街與悅興街以及當地的媽祖信仰提供一些線索，不過資料仍相當有限，有關此二地的媽祖信仰仍有進一步研究的空間。雖然如此，上列資料至少可提供本文所欲探討的田中央發展的相關問題的部分答案。第一，現今田中鎮的乾德宮可確定與原悅興街媽祖有關，而悅興街為洪水沖毀後，原媽祖廟曾移往沙仔崙（大新庄為原屬沙仔崙街之一部分[70]），再移入田中央，不過劉金志所言的原名「新社宮」仍待查考。第二，從寺廟台帳與實際的進香關係看來，二水安德宮與乾德宮有關，不過真正的成立時間仍待考。第三，沙仔崙媽祖（即悅興街媽祖）、田尾媽祖與北斗奠安宮的關係仍待釐清，田尾媽祖與奠安宮有香火關係可能性高，不過奠安宮是否與沙仔崙媽祖相關，可能會涉及《彰化縣志》所記載的東螺街與悅興街媽祖是否屬於同一來源的媽祖系統的問題，此部分於此文實無法清楚說明，容日後再行撰文解決。

　　不論如何，從上列文獻而言，沙仔崙的出現，應該是比較早的，最初是屬於內三塊厝管內的聚落（即地頭）[71]，然而此地聚居者漸多，是

---

[67] 《員林郡寺廟台帳》，二八水庄「安德宮」項；惟有關安德宮緣起，二水地區另有所謂嘉慶十四年的說法。參見蔡錦堂，《二水鄉志・社會篇》（彰化二水：二水鄉公所，2002），頁 670-673。

[68] 《北斗郡寺廟台帳》，田尾庄「聖明宮」項。

[69] 《員林郡寺廟台帳》，田中庄「乾德宮」項

[70] 洪敏麟，《臺灣舊地名之沿革（第二冊下）》，頁 332。

[71] 清末劉銘傳在台實施清丈，清丈之後臺灣的庄出現了三種類型：其一、由原藍的庄直接單獨成庄；其二、由原來的數個小庄合併成一庄，並以其中較著名的庄為合併後之庄名，其餘則為土名；其三、亦由數小庄合併成庄，但另取庄名，原來各莊皆稱為土名。後二者之土名並非泛指的小地名，在清丈時土名有一定之區域範圍。明治三十一年設置臨時臺灣土地調查局，實施土地調查事業，目的在調製土地台帳和地圖以釐清土地權利，區分土地地目和等則，以及詳細查明地形。地方改制前的堡圖，保留了原官治行政境界（廳、支廳）

以到道光初年已形成爲一村莊而在《彰化縣志》裡出現。而田中央的出現則不僅較晚，直到同治元年戴潮春之亂，涉及田中鎮的史事時，仍舊以沙仔崙爲代表來指稱鄰近各莊，而此時的沙仔崙莊已在道光 30 年受到洪水的衝擊，元氣大傷，仍可爲鄰近各莊之代表。此或可顯示田中央一地於此時雖以成莊，但並不十分繁榮，因而沙仔崙仍可保有凌駕於鄰近各莊的地位。

大致而言，清代彰化縣的田中央莊，最晚到道光 30 年間，在沙仔崙莊的居民移入居住以後，其聚落已經興起。此時的田中央莊，仍是一處以農業生產爲主的街肆，尤以土豆、胡蔴爲著名，田中鎮相關耆老對於原在沙仔崙莊及後來遷到田中央莊後，商人在新街（田中央）開設榨油行一事仍津津樂道，再源、瑞益、再豐、三和、田中等油行陸續成立，且皆相當有名，吸引鄰近鄉鎮居民前來採購[72]。不過此時的田中央仍不會是個繁榮的聚落，而沙仔崙雖因洪水流失大半，仍有相當人數的居民聚居於此，故前述戴潮春之亂到了同治 3 年（1864）3 月底，賴矮及林姓各匪等勾結洪欉，擬攻擊阿罩霧及彰化城，而在同月 28 日先有近山土匪先焚沙仔崙等莊一事。此時焚沙仔崙各莊表示此地仍有相當的住民，而且以沙仔崙代表鄰近各莊也顯示彼時田中央聚落可能尚未十分發達。又今日田中鎮耆老的口述歷史，述及田中央的發展，曾指出沙仔崙先遭水災後又逢火災[73]，雖然耆老的口述對此部分的敘述並不仔細，但據《臺灣日日新報》所載，確有此事。報載明治 31 年（1898）8 月中旬，北斗、員林一帶發生嚴重水災，北斗街全遭淹沒而沙仔崙房屋全遭沖毀者有 63 戶，半倒者有 18 戶，死亡 12 人。[74]至明治 32 年 5 月 21

及自治行政境界（堡、里、鄉、澳和街、庄、社、鄉等），地方改正時撤銷街、庄、社、鄉的稱呼，改稱為大字。原來的土名，其地域改稱為字（亦稱小字）。見施添福，〈《臺灣堡圖》日本治台的基本圖〉，見《臺灣堡圖》（臺北：遠流出版公司，1996），導讀。

[72] 參見彰化縣立文化中心編印，《彰化縣口述歷史（二）》（彰化：編者，1996），頁 203-204。

[73] 田中鎮的耆老大多僅知傳言沙仔崙遭大火後，居民遷至新街（田中央）發展，為以何原因發生大火並不十分清楚，見彰化縣立文化中心編印，《彰化縣口述歷史（二）》，頁 190-194。

[74] 《臺灣日日新報》，明治三十一年八月廿七日，頁 3。

日，沙仔崙街居民梁九方以炊事不慎，引燃大火，燒毀 58 戶。[75]

　　是以清末的沙仔崙在發展過程中，先是遭逢大洪水，部分居民撤出，轉往鄰近的田中央發展，到了日治時代，明治 31、32 年間的水火之災，更讓其他居民放棄原居住地，轉進田中央發展。沙仔崙街在水災及火災的肆虐下，莊民外移，因而漸次沒落，田中央莊則在沙仔崙街居民一波波的移入之後，取代了沙仔崙街的地位。

肆、日治時代「田中庄」的發展

　　田中央一地到了日治時代有了不一樣的發展，它不但成為一市集，吸引鄰近地區的居民前來交易，後來更升格為街，奠定日後的發展基礎。為何田中央有此變化？過去探討聚落發展者，常從富田芳郎的論點開始討論，探討一地的聚落形態。[76]施添福亦提出行政和軍事組織的觀點，做為探討清代臺灣市街規模和發展的基礎，並以此和施堅雅（W. Skinner）的中國市場結構理論相對話。[77]本文之目的不在探討台灣聚落之形態，又田中央的發展已到道光 30 年以後，真正具有行政功能已到日治時代，以此小聚落之發展似乎亦難符合施教授之意旨。故本文擬透過歷史文獻資料探討田中鎮一地之起源，以及得以發展為一市街之原因，透過此初步研究指出清代的田中央轉化為田中庄，並在戰後成為田中鎮的過程，以和清代各地的田中央做一區隔，釐清現代人對清代各地的田中央和今日田中鎮的誤解，以免張冠李戴。

　　清代濁水溪北的田中央莊，如上所述乃到了道光 30 年，因濁水溪沖毀沙仔崙導致居民移入的一個以農業聚落，到了日治時代，田中央莊不僅逐漸繁榮，而且還升格為街，為何有此一發展，或許可從日治時代

---

[75] 《臺灣日日新報》，明治三十二年六月七日，頁 2。

[76] 富田芳郎指出濁水溪是台灣西部聚落型態的重要分界，以南以集村為主，以北以散村為主，見富田芳郎，《台灣聚落の研究》（臺北：清水書店，1943）；另參見溫振華，〈臺灣聚落研究的省思〉，《臺灣史田野研究通訊》18（1991），頁 7-10。

[77] 施添福，〈清代台灣市街的分化與成長：行政、軍事和規模的相關分析（上）〉，《臺灣風物》39：3（1989），頁 1-7。

的資料以及後人的觀察來加以理解。日治時代福建省立甲種農業學校學來台考察，據其學生之觀察，日治時代鐵路經過今日的田中鎮，當時彰化南部鐵路及其支線的複雜，構成一複雜又便利的交通網絡，而田中央正是此交通網絡中的一個重要市集，其觀察如下：

> 嘉義，舊諸羅縣治；由臺中至此，驛站相距皆甚遠，為時甚長。茲記其支道之錯雜：彰化有支道達鹿港，亦有輕便鐵道；鹿港有輕便鐵道達員林。二八水有支道達南投，南投有輕便鐵道至臺中。田中央有支道達北斗，北斗有輕便鐵道至員林。斗六有支道至西螺，他裏霧亦有支道經北溪厝至西螺；北溪厝復有支道至北港，而北港又有達嘉義之支道[78]。

此一觀察道出了日治時期田中庄的特點，除了縱貫鐵路經過之外，亦有輕便鐵道聯絡其他鄉鎮，交通上的便利，使其快速成為彰化地區一重要之市集。所以到了昭和 4 年（1929）間，屬於員林郡田中庄的人口已達 2,614 戶 16,738 人，在員林郡下九個街庄次於員林街的 4,553 戶 27,352 人，永靖庄的 2,698 戶 18,806 人，溪湖的 2,724 戶 16,918 人，居第四位；但是在戶稅生產上總額為 1,283,320 圓，僅次於員林街的 2,373,493 圓，而在街庄歲入歲出預算也達到 64,579 圓，僅次於員林街的 105,910 圓。其農業生產則以甘蔗、蔬菜、香蕉、鳳梨為主，甘蔗年產量達 20,998,450 斤，次於員林、溪湖、埔鹽，居全郡第四位；蔬菜產量達 2,551,800 斤僅次於員林居第二位；香蕉年產量達 5,991,810 斤，次於員林、永靖，居第三位；鳳梨年產量達 1,082,400 斤，次於員林、二水，居第三位[79]。而至昭和十年（1935）間，田中庄在工業方面其木製品年產值達 22,550 圓，僅次於員林，居第二位；竹細工年產值達 5,735 圓，僅次於員林，居第二位；而金銀紙製造年產值達 11,174 為全郡最大產地。綜合木製品、竹細工、藤細工、金銀細工、鍛冶、煉瓦及瓦、

---

[78] 謝鳴珂，〈臺灣旅行記（三）〉，見邱文鸞等，《臺灣旅行記》（大正五年），臺灣歷史文獻叢刊，（南投：臺灣省文獻委員會，1996），頁 97。

[79] 見員林郡役所編，〈員林郡概要（1929 年）〉，《臺灣州郡市街庄一覽輯存》（台北：成文出版社股份公司，1985），頁 413、416、418。

染色、醬油、蘭薦、金銀紙、線香、麵類及其他種種工業產值達 115,676
圓，僅次於員林，亦居全郡第二位80，可見其工商的發達。茲將上列各
項名次至簡表如下：

	項目別＼名次	一	二	三	四
昭和四年	戶口＼人數	員林	永靖	溪湖	田中
	戶稅生產總額	員林	田中	--	--
	街庄歲入歲出	員林	田中	--	--
	甘蔗	員林	溪湖	埔鹽	田中
	蔬菜	員林	田中	--	--
	香蕉	員林	永靖	田中	--
	鳳梨	員林	二水	田中	--
昭和十年	木製品	員林	田中	--	--
	竹細工	員林	田中	--	--
	金銀紙	田中	--	--	--
	工業產值總額	員林	田中	--	--

　　就日人對田中的觀感而言也是如此，日人出版類似今日旅遊書籍的
《臺灣週遊概要》，對田中庄之介紹強調田中平原廣闊，適合農作生產，
其中以麻、香蕉為著名；又此地位於至北斗、溪州、二林等地要衝，此
外亦為社頭、二水、南投等地貨物集散地，往來商旅頻仍。81

　　交通因素的改變常是一聚落繁榮的重要因素。部分學者探討清代早
期的幾個都市，已指出往往因為移墾趨勢，造成幾個地域上的區分，加
上臺灣南北缺乏連貫的交通，以致各區域都有其發達的港口，成為一、
移民停泊的首站；二、其腹地物產集散運輸中心；三、提供予大陸對岸
進行貿易，是以發展成都市。82Donald DeGlopper 探討鹿港的發展，指

80　員林郡役所編，〈員林郡勢要覽（1935 年）〉，《臺灣州郡市街庄一覽輯存》，頁 450-451。
81　見やまと新聞臺灣支局編，《臺灣週遊概要（1927 年）》（臺北：成文出版社股份公司，1985），頁 229。
82　侯怡泓，《早期臺灣都市發展性質的研究》（臺中：臺灣省文獻委員會，1989），頁 35-36。

出 1740 年代臺灣各港口受到淤沙之苦時，鹿港的港口形勢相對優良，因此逐漸發展，十八世紀更成爲對口港，從 1790-1850 之間，成爲鹿港的黃金時期。他將鹿港的發展分爲三級的貿易體系變化，並指出在鹿港港口淤塞之後，鐵路又未經鹿港，使鹿港註定沒落。[83] 上列的研究者都指出了臺灣早期都市的發展，交通路線因素的重要性，而田中央的崛起是否也受此因素的影響？賴志彰指出彰化縣域內的鐵路於 1898 年 2 月完工，而全線縱貫鐵路的開通則要到 1908 年 4 月。彰化縣有彰化市、花壇、員林、社頭、田中（田中央莊）、二水等六站，這些市街因產業運輸之便，市況極爲活絡。田中由於鐵路經過，成爲附近社頭、南投的農產品集散地，也在 1940 年從莊升格爲街[84]，奠定田中發展的基礎。從田中央的歷史發展上看來，其崛起並不偶然，如同臺灣各地的大小都市或聚落，田中央有其基本的甘蔗、蔬菜等農業生產的支持，加上後來鐵路交通的建設，使其市街發展立於不敗之地。

是以今日彰化縣田中鎮，從清代道光 30 年，沙仔崙居民因水災流失市街，移居至田中央，此地開始有了不一樣的發展。清末沙仔崙受水火之災，導致市街的衰落，居民外移至田中央，進一步強化了田中央的聚落發展。日治時代鐵路的經過以及田中庄因有縱貫鐵路以及輕便鐵路的聯繫，成爲二水、北斗、二林等地貨物集散地，加上田中本身的農業生產的支持，奠定了田中庄發展史上的關鍵地位，日後更升格爲田中街，而戰後改制爲彰化縣田中鎮，仍是彰化縣重要的鄉鎮之一。

伍、結論

清代彰化縣「田中央莊」的出現大致在清初漢人大量進入彰化平原開發以後，此時經康熙末年八堡圳以及十五莊圳等水利建設的完成，漢人大量湧入，在水田開發以後，聚居於所開發田地之中，形成聚落，是

---

[83] Donald DeGlopper, "Lu-kang: A City and Its Trading System", in R.G. Knapp, ed. *CHINA'S ISLAND FRONTIER*(Honolulu: University of Hawaii, 1980), pp. 143-166.

[84] 參見賴志彰，〈彰化縣域市街的歷史變遷〉，《彰化文獻》2（2001），頁 87、93。

以得名。不過田中央莊名的大量出現，也造成後來史冊述及此名稱時，會有不易確定其爲何地之「田中央」的困擾。如林爽文、陳周全等事變中，所涉及的田中央，皆爲彰化北門外，大肚溪南岸的田中央。而戴潮春事變中所述官軍進攻今龍井鄉葭投莊一事，所述田中央，乃鄰近葭投，在大肚溪北的田中央。是以本文所引述的歷史事件，涉及田中央一稱時，大致上需從事件發生時間與史冊所述內容上做判斷，始能斷定其爲何處之田中央。形成此種困擾的另一原因，乃因爲日治時期濁水溪北的田中央，因爲縱貫鐵路經過以及輕便鐵道的舖設，此種交通因素的改變，讓田中央成爲鄰近村莊的貨物集散地。大正九年，田中央莊改成田中庄，後來更升格爲田中街，戰後成爲今日的田中鎮。田中央莊改爲田中庄以後，彰化縣的田中央一詞，往往被誤以爲專稱田中庄一地，也造成對清代彰化縣的田中央莊，容易有所誤解，將史冊記載的「田中央」皆視爲「田中庄」一地。事實上，今日田中鎮的前身—「田中央」乃遲至道光 11 年《彰化縣志》才有記載，而其形成街市則是到道光 30 年鄰近沙仔崙街受水災流失大半街屋，其居民乃遷移入田中央，進而形成街市。而當地流傳沙仔崙先經水災再經火災導致居民完全遷出。查驗《臺灣日日新報》，證明上列的傳說屬實，也證明了沙仔崙居民在水火災的肆虐下，一波波移入田中央的史實，此可以說是造成田中央興起的遠因，而日治時代鐵路及輕便鐵道的建設則是刺激田中央發展的近因。

參考書目

壹、中文資料

一、專書

王世慶，《重修臺灣省通志・政治志・建置沿革篇》，南投：臺灣省文獻
　　委員會，1990。

林文龍，《臺灣中部的開發》，臺北：常民文化，1998。

邱文鸞等，《臺灣旅行記》（大正四年），臺灣歷史文獻叢刊，南投：臺
　　灣省文獻委員會，1996。

洪敏麟，《臺灣舊地名之沿革（第一冊）》，台中：臺灣省文獻委員會，
　　1980。

洪敏麟，《臺灣舊地名之沿革（第二冊下）》，南投：台灣省文獻委員會，
　　1997再版。

侯怡泓，《早期臺灣都市發展性質的研究》，臺中：臺灣省文獻委員會，
　　1989。

周國屏等編，《彰化市志》，彰化市：彰化市公所，1997。

張素玢，《歷史視野中的地方發展與變遷—濁水溪畔的二水、北斗、二
　　林》，臺北：學生書局，2004。

清丁曰健，《治臺必告錄》，臺北：台灣銀行經濟研究室，1959。

清不著撰人，《欽定平定臺灣紀略》，南投：臺灣省文獻委員會，1997。

清余文儀，《續修台灣府志》，南投：臺灣省文獻委員會，1993。

清吳德功，《戴施兩案紀略》，台灣文獻史料叢刊第七輯，台北：大通書
　　局，1987。

清周鍾瑄，《諸羅縣志》，南投：臺灣省文獻委員會，1993。

清周璽，《彰化縣志》，南投：台灣省文獻委員會，1993。

清林豪，《臺灣省東瀛紀事》，臺北：成文出版社有限公司，1983。

清姚瑩，《東槎紀略》，南投：臺灣省文獻委員會，1996。

清劉良璧，《重修福建台灣府志》，南投：臺灣省文獻委員會，1993。

清蔡青筠，《戴案紀略》，台灣文獻史料叢刊第七輯，台北：大通書局，
　　　　1987。

連　橫，《台灣通史》，南投：臺灣省文獻委員會，1994 再版。

陳正祥，《臺灣地誌》，臺北：南天，1993。

彰化縣立文化中心編印，《彰化縣口述歷史（二）》，彰化：編者，1996。

臺灣省文獻委員會編印，《彰化縣鄉土史料》，南投：編者，1999。

臺灣銀行經濟研究室編，《清代臺灣大租調查書（上）》，南投：臺灣省
　　　　文獻委員會，1994。

劉妮玲，《清代台灣民變研究》，臺北：師大歷史研究所，1983。

劉金志，《故鄉田中》，彰化田中鎮：賴許柔文教基金會，2001。

　　　二、論文

王崧興，〈八堡圳與臺灣中部的開發〉，《臺灣文獻》26：4／27：1（1976
　　　　年 3 月），頁 42-49。

張　葵，〈台灣反清事件的不同性質及其分類問題（上）〉，《台灣文獻》
　　　　26：2（1975 年 6 月），頁 83-102。

陳哲三，〈戴潮春事件在南投縣境之史事及其史蹟〉，《臺灣史蹟》36（2000
　　　　年 6 月），頁 32-56。

溫振華，〈清代臺灣中部的開發與社會變遷〉，《師大歷史學報》11（1983
　　　　年 6 月），頁 43-95。

溫振華，〈臺灣聚落研究的省思〉，《臺灣史田野研究通訊》18（1991 年
　　　　3 月），頁 7-10。

施添福，〈清代台灣市街的分化與成長：行政、軍事和規模的相關分析
　　　　（上）〉，《臺灣風物》39：3（1989 年 6 月），頁 1-42。

施添福，〈《臺灣堡圖》日本治台的基本圖〉，見《臺灣堡圖》，臺北：遠
　　　　流出版公司，1996，導讀部分。

賴志彰，〈彰化縣域市街的歷史變遷〉，《彰化文獻》2（2001 年 3 月），
　　　　頁 75-104。

鍾華操，〈同治初年戴潮春之役〉，《臺灣文獻》25：2（1974年6月），
　　　頁52-71。

貳、英文資料

Donald DeGlopper, "Lu-kang: A City and Its Trading System", in R.G.
　　　Knapp, ed. *CHINA'S ISLAND FRONTIER*(Honolulu: University of
　　　Hawaii, 1980), pp. 143-166.

參、日文資料

やまと新聞臺灣支局編，《臺灣週遊概要（1927年）》，臺北：成文出版
　　　社有限公司，1985重刊。
不著撰人，《北斗郡寺廟台帳》，日治時代。
不著撰人，《員林郡寺廟台帳》，日治時代。
伊能嘉矩編，《大日本地名辭書續編—（三）台灣》，東京：富山房，1909。
安倍明義，《台灣地名研究》，臺北：蕃語研究會，1938。
員林郡役所編，〈員林郡勢要覽（1935 年）〉，《臺灣州郡市街庄一覽輯
　　　存》，台北：成文出版社有限公司，1985重刊，頁429-462。
員林郡役所編，〈員林郡概要（1929年）〉，《臺灣州郡市街庄一覽輯存》，
　　　頁408-428。
富田芳郎，《台灣聚落の研究》，臺北：清水書店，1943。
臺灣日日新報社，《臺灣日日新報》，1898-1899。

跋

　　從事教職多年，教學、寫作與調查已成為我生活的一部分，多年來的積累，對於宗教與地方史的研究已有一些成果。去歲蒙克華教授邀請，希望將我過去發表的一部分文章能集結出版，方便研究者的參考。應克華教授的囑咐，謹選入近幾年所發表的論文計十一篇，大致為有關地方寺廟與社會、民間教派以及地方史相關的論文，茲將相關文章與原發表期刊載明如下：

　　1.〈台灣的無祀孤魂信仰新論－以竹山地區祠廟為中心的探討〉，《逢甲人文社會學報》，第 6 期，頁 183-210，2003.5。

　　2.〈臺灣民間信仰的鬼神觀－以聖賢堂系列鸞書為中心的探討〉，《逢甲人文社會學報》，第 7 期，頁 117-140，2003.11。

　　3.〈台灣民間信仰的祀神觀－以苑裡慈和宮的格局與神明配置為例〉，《苗栗文獻》，第 30 期，頁 7-16，2004 年 12 月。

　　4.〈廟會活動與地方社會－以台灣苑裡慈和宮為例〉，《逢甲人文社會學報》，第 12 期，頁 239-262，2006 年 6 月。

　　5.〈清代臺灣彰南地區的媽祖信仰－以東螺街及悅興街的發展為中心〉，《逢甲人文社會學報》，第 15 期，頁 143-162，2007 年 12 月。

　　6.〈彰南田中地區的媽祖信仰與地域社會－以乾德宮為中心〉，《逢甲人文社會學報》，第 22 期，頁 139-159，2011 年 6 月。

　　7.〈戰後臺灣新興鸞堂豐原寶德大道院之調查研究——教義與宗教活動面向的觀察〉，《臺灣文獻》第 62 卷第 3 期，頁 351-384，2011 年 9 月。

　　8.〈寺廟分合與風水－以台灣彰化縣田尾鄉鎮化堂與聖德宮為例〉，《逢甲人文社會學報》，第 26 期，頁 51-70，2013 年 6 月。

　　9.〈中秋烤肉－論戰後中秋節俗活動的變遷〉，《興大人文學報》，第 52 期，頁 93-110，2014 年 3 月。

　　10.〈信仰與政治－以金門城隍的祈雨活動為例〉，發表於金門縣文

化局、成功大學人文社會科學中心主辦「2012 年金門學國際學術研討會」，臺南成功大學，2012 年 10 月 5-7 日。後收入《2012 年金門學國際學術研討會論文集》，金門金城，金縣文化局，成大人文社會科學中心，2012.12，頁 441-453。

11.〈從田中央到田中庄－彰化平原「田中央」的形成與發展〉，《逢甲人文社會學報》，第 9 期，頁 91-110，2004 年 12 月。

以上十一篇，大致僅修改錯字，將原先未能校出的錯字及缺漏字修正補上，並加入二張照片，以保全其完整性。另外，中秋烤肉一文，增加台灣二字，以增強其周延性，其餘皆保留原發表文章的全貌，不另增文字，希望對此方面有興趣的研究者或愛好者有所幫助。

逢甲大學歷史與文物研究所

王志宇　謹識

2014 年 2 月 12 日

國家圖書館出版品預行編目資料

王志宇臺灣史研究名家論集/王志宇　著者. -- 初版. -
臺北市：蘭臺, 2016.8
面；　公分
ISBN 978-986-5633-39-4 (精裝)
1.臺灣史　2.文集

733.2107　　　　　　　　　　　　　　　　105010485

王志宇臺灣史研究名家論集

著　　　者：王志宇
主　　　編：卓克華
編　　　輯：高雅婷
封面設計：塗宇樵
出　版　者：蘭臺出版社
發　　　行：蘭臺出版社
地　　　址：台北市中正區重慶南路 1 段 121 號 8 樓之 14
電　　　話：(02)2331-1675 或(02)2331-1691
傳　　　真：(02)2382-6225
E—MAIL：books5w@gmail.com 或 books5w@yahoo.com.tw
網路書店：http://bookstv.com.tw/、http://store.pchome.com.tw/yesbooks/、
　　　　　　http://www.5w.com.tw、華文網路書店、三民書局

經　　　銷：成信文化事業有限公司
電　　　話：(02)2219-2080　　　傳　真：(02)-2219-2180
地　　　址：台北市中正區重慶南路 1 段 121 號 5 樓之 11 室
劃撥戶名：蘭臺出版社　帳號：18995335
網路書店：博客來網路書店 http://www.books.com.tw
香港代理：香港聯合零售有限公司
地　　　址：香港新界大蒲汀麗路 36 號中華商務印刷大樓
　　　　　　C&C Building, 36,Ting, Lai, Road, Tai,Po, New,Territories
電　　　話：(852)2150-2100　　　傳真：(852)2356-0735
總 經 銷：廈門外圖集團有限公司
地　　　址：廈門市湖裡區悅華路 8 號 4 樓
電　　　話：(592)2230177　　　傳　真：(592)-5365089
出版日期：2016 年 8 月初版
定　　　價：新臺幣 2000 元整　　（全套新台幣 28000 元正，不零售）
ISBN：978-986-5633-39-4